KB147332

심리학으로 들여다본

그리스 로마 신화

심리학으로 들여다본
그리스 로마 신화

지은이 | 이동연
발행처 | 도서출판 평단
발행인 | 최석두

신고번호 | 제2015-000132호
신고연월일 | 1988년 07월 06일

초판 1쇄 인쇄 | 2018년 9월 20일
초판 3쇄 발행 | 2019년 4월 10일

우편번호 | 10594
주소 | 경기도 고양시 덕양구 통일로 140(동산동 376)
삼송테크노밸리 A동 351호
전화번호 | (02)325-8144(代)
팩스번호 | (02)325-8143
이메일 | pyongdan@daum.net

ISBN | 978-89-7343-514-2 03180

값 · 16,000원

이 도서의 국립중앙도서관 출판예정도서목록(CIP)은
서지정보유통지원시스템 홈페이지(http://seoji.nl.go.kr)와
국가자료공동목록시스템(http://www.nl.go.kr/kolisnet)에서
이용하실 수 있습니다.

(CIP제어번호: CIP2018028589)

심리학으로 들여다본 그리스 로마 신화

인간의 마음속에 감춰진 은밀한 욕망과 심리

· 이동연 지음 ·

평단

태초에 카오스가 있었다

카오스란 본래 '공허' 그 자체를 의미한다. 그렇다면 신화의 카오스는 천체 물리학의 빅뱅을 예견한 것이다. 그뿐이 아니다. 그리스 로마 신화에 오랜 세월 누적된 인간의 공통 심리가 녹아 있다.

신화는 언제부터 시작되었을까?

약 20만 년 전 아프리카에 나타난 호모사피엔스가 10만 년 전 유라시아로 번져 나간다. 이 시기에 뇌의 진화가 급격히 일어나며 생각을 담당하는 대뇌피질이 최고도로 발전한다. 비로소 인간은 자기와 세계를 이해하려고 노력하며 스토리를 만들기 시작한다. 이것이 신화의 탄생이다.

이후 수많은 신화가 탄생했으며 그리스 로마신화처럼 집단이 선택하고 전승하는 것들만 살아남아 있다. 그 신화 속에 원시 문화가 제도문화로 변해가는 과정이 은유적으로 담겨 있으며, 심리적 원형으로 남아 인간의 보편적이고 기본적인 패턴으로 작용하고 있다.

신화 속에 탄생한 신들의 순서를 보면 초기 인간 지성의 발전과정도 읽을 수 있다. 태초의 카오스로부터 대지의 신 가이아, 어둠의 신인 에레보스와 닉스. 땅속 깊은 곳인 타르타로스, 생명의 신인 에로스가 나왔다. 당시 인지혁명 중이던 7만 년 전은 모계사회로, 모신母神 가이아를 최고의 신으로 숭배했다.

이 가이아로부터 하늘의 남신 '우라노스'가 나온다. 부계사회가 태동했다는 뜻이다. 우라노스가 시간과 농경의 신 크로노스를 낳았다. 크로노스가 낳은 제우스 시대에 이르러 부계사회가 정착하는데, 농경사회가 도래한 1만 년 전이었다.

부계사회 이후 여성의 성적매력과 모성애가 부각되면서. 카오스가 낳은 에로스도 아프로디테의 심부름꾼으로 전락한다. 모계사회 때 제우스가 헤라의 신전을 방문해 헤라의 사랑을 받았다면. 부계사회 이후 제우스가 하나님이 되고 헤라는 질투하는 여신으로 전락했다.

가이아는 인간 자아의 원형이다. 이 가이아가 하늘의 신 우라노스, 즉 초자아를 낳았다. 자아가 신을 추리해 냈다는 뜻이다. 자아가 사회적 경험을 통해 금기를 설정해 놓은 것이 도덕과 종교 등이다. 가이아와 우라노스가 결합하여 크로노스를 비롯해 괴물인 티탄 12족, 키클롭스 3형제,

헤카톤케이레스 3형제 등이 태어났다. 우라노스는 이 괴물들이 부담스러워 타르타로스에 가둔다.

이로써 타르타로스는 근원적 충동인 무의식의 시초가 되었다. 후에 타르타로스는 집단무의식인 하데스에 통합된다. 부계사회로 전환되는 가운데 모계사회의 상징인 가이아를 도왔던 티탄족 등 18신이 괴물로 몰리며 지하에 갇힌 것이다.

이에 가이아가 크로노스에게 낫을 주어 우라노스를 제거하게 한다. 그후 크로노스는 우라노스보다 더 가혹한 가부장체제를 만들고 아내 레아가 출산할 때마다 잡아먹었다. 자신처럼 하극상을 일으킬 후사가 태어날까 봐.

그렇게 다섯 자녀를 잃은 레아는 가이아의 도움으로 간신히 여섯째 아이를 출산한다. 이 아이가 가부장시대의 슈퍼에고를 상징하는 제우스이다.

우라노스가 크로노스로, 다시 제우스로 교체된다는 것은 초자아의 내용도 뒤바뀔 수 있다는 것이다. 크로노스, 제우스의 살부殺父 신화는 오이디푸스 콤플렉스로 이어졌고, 아르고 원정대는 집단 심리의 단면을 보여주고 있다.

또한 시시포스, 페르세우스, 헤라클레스 등의 발자취는 각자 자신이 되어 가는 개성화 과정이다. 수많은 모험을 마친고 개성화를 이룬 오디세우스는 이렇게 외쳤다.

"나는 스스로 있는 자이다."

자아가 무의식과 초자아의 중심을 잡아 가는 과정이 개성화이다. 신화를 보면 인간의 내면이 보인다. 그것을 파고들어 가다 보면 자기 중심을 잡을 수 있다.

이 책은 바로 그런 목적을 갖고 있다. 많은 독자 분들이 자기 중심을 잡고 살아가는 데 도움이 되길 바란다.

2018년 8월

이동연

차례

제3장
카오스, 가이아, 우라노스
- 보편적 인간

제4장
제우스, 하데스
- 초자아와 무의식

제5장
포세이돈, 아폴론, 디오니소스
- 퍼스낼리티의 기본

제6장

프로메테우스, 시시포스, 페르세우스

- 실존의 이유

제7장

아르고 원정대

- 집단심리

제8장

헤라클레스, 테세우스, 카드모스, 오이디푸스

- 방어기제

제9장

아킬레우스, 오디세우스

- 자존감

제1장

사랑, 도대체 무엇일까?

프시케를 만나 깨달은 에로스

에로스의 불장난

무모한 사랑이라는 것이 있을까. 적어도 미의 여신 아프로디테와 전쟁의 신 아레스에게는 해당되지 않는다. 서로에게 호감을 품었을 때 둘은 모두 기혼자였지만 거침없는 정열로 사랑의 신 에로스까지 태어난다.

그래서일까. 둘 사이에서 탄생한 에로스도 거침없이 사랑의 화살을 날려댄다.

에로스의 화살통에는 황금 화살촉과 납 화살촉 두 종류가 있다. 그 중 황금 화살촉에 맞으면 누구든 사랑의 불길에, 납 화살촉을 맞으면 증오의 빙하에 빠진다. 인간뿐 아니라 신도 그랬고, 에로스 자신도 예외가 아니었다.

<눈을 가리고 활을 쏘는 에로스>, 피에로 델라 프란체스카(Piero della Francesca), 1452.

누구나 이 황금 화살촉에 스치기만 해도 처음 본 사람을 무조건 사랑하게 되어 있다. 그런데 이 위험천만한 화살을 에로스는 마치 장난이라도 하듯 신과 인간을 가리지 않고 쏘았다. 이 화살에 맞아 가장 심하게 홍역을 치른 신이 바로 아폴론이다.

태양의 신이자 음악과 궁술의 달인인 아폴론이 활로 장난만 친다고 에로스를 꾸중한 적이 있는데, 에로스는 이에 앙심을 품고 있었다. 그러던 중 아폴론이 리라를 연주하는 자리에 요정의 딸 다프네가 나타나자 이때다 싶어 아폴론에게는 황금 화살을, 다프네에게는 납 화살을 쏘았다. 그 뒤로 아폴론은 자신을 죽도록 미워하는 다프네를 쫓아다녀야만 했다.

이렇게 얼마나 많은 인간과 신이 예기치 못한 화살을 맞고 사랑와 증오의 교차선에서 방황해야 했던가. 하지만 에로스 자신은 정작 사랑이 무엇인지 몰랐다. 그래서 자신이 쏜 화살을 맞고 애증愛憎에 휘둘리는 모습을 보면서도 고뇌하기는커녕 박수치며 좋아했다.

"내 최고의 즐거움은 사랑의 불길에 휩싸인 사람들을 보는 것이다."

'나만 좋으면 그만'이라는 에로스의 방식은 유아기적 심리의 특징이다.

성인이 된 뒤에도 그런 유아기의 심리를 지닌 사람들이 있다. 유아들은 옳고 그름 등의 가치관을 교육받지 못해 아직 초자아가 형성되어 있지 않다. 당연히 본능대로만 움직인다. 따라서 가족이나 사회는 이러한 성장기 아동들이 적절한 초자아를 형성할 수 있게 충분한 경험을 제공해 주어야 한다.

어른이 돼서도 초자아의 결함을 극복하지 못할 경우 사이코패스가 되기도 한다. 하지만 초자아가 빈약한 사람도 적극적으로 노력하거나 개인적 역경을 겪으며 개선될 수 있다. 에로스도 그랬다. 뒤에서 이야기하겠지만, 악동이었던 에로스도 깊은 고뇌의 시절을 보냈다. 그리고 그 과정에서 비로소 사랑이 무엇인지를 깨닫는다.

에로스는 왜 이렇게 되었을까. 심리적 자아가 미약한 어린아이 때의 행복한 기억이 차곡차곡 쌓이면서 심리적으로 건강한 성인이 된다. 그런데 에로스는 아동기에 안정된 애착관계를 경험하지 못했다. 그래서 그가 가장 싫어하는 동생이 상호 사랑을 관장하는 신 안테로스다. 안테로스는 상대의 사랑에 응답하지 않는 자를 벌하는 복수의 신이다. 반면 에로스는 짝사랑을 하든 무엇을 하든 두 연인이 알아서 하게 두고 지켜만 보라는 입장이다.

그렇다면 우리의 심리적 자아는 언제, 어떻게 시작될까?

인간의 생물학적 출생은 눈으로 볼 수 있지만 심리의 탄생은 확인할 수가 없다. 하지만 신체의 산파産婆가 필요하듯 심리적 산파도 필요하다. 에로스의 심리적 산파가 아프로디테였던 것처럼 인간의 심리적 산파는 어머니, 드물게는 아이를 맡아 기르는 양육자다. 어머니(양육자의 총칭)

가 갓 태어난 아이의 신체적 욕구를 채워주고 주변에 이름을 붙여주기도 하면서 심리적 자아가 탄생한다. 이때가 출생 후 5~6개월경으로 이 시기의 유아는 어머니를 자신과 하나의 단일한 전능체로 지각한다. 자타를 구별하지 않는 마술적 융합의 심리상태인 것이다. 그 뒤 3세 무렵까지 자아의 기본심리인 핵심자기nuclear self가 구성된다.

그렇다면 양육자와 미분화된 상태인 유아에게 중요한 일은 무엇일까? 소아과 정신분석학자 도널드 위니캇에 따르면 '일차적 모성 몰두'이다. 이는 양육자가 기꺼이 유아에게 몰두해 '충분히 안아주며, 만족스럽게 다루어주는' 것이다. 그래야 멸절滅絕에 대한 불안감 없이 건강한 심리의 기초를 형성하게 된다. 대상 감각이 없는 유아는 일차적 모성 몰두를 통해 양육자와 자신을 동일시하는 마술적 환상 속에서 전지전능하다는 착각과 함께 안정감을 누린다.

누구나 세상에 태어날 때 최고의 심리적 산파는 일차적 모성 몰두를 해줄 수 있는 존재뿐이다. 그런데 아프로디테는 자신의 삶을 즐기는 데 몰두한 나머지 에로스에게 심리적 산파의 역할을 하지 못했고, 이는 에로스의 아버지 아레스도 마찬가지였다. 이런 환경에서 자라면 후에 깊은 정신적 고뇌를 통해 심리적 성숙을 이룰 수 있다.

악동 에로스 또한 프시케와 사랑의 홍역을 치르고 나서 성숙해졌다. 양심과 사회성이 결여된 에로스처럼 위험한 것이 또 있을까? 사랑이라는 이름으로 무수한 관계와 생명을 훼손할 수 있기 때문이다.

양육자의 온화한 품과 미소를 충분히 느끼면서 그에 대한 반응으로 유아의 사회적 미소가 창조된다. 이것이 충족되지 않으면 타인에 대한 존중감이 내면화되기 어렵고, 그 결과 누구의 진심도 쉽게 받아들이지 못하고 대결하려고만 한다.

사람이 개인적 특성을 갖추기 시작하는 때는 마술적 환상에서 벗어나는 출생 후 5~6개월부터다. 낯가림이 바로 그 신호다. 이러한 분리-개별화 과정의 필수과제가 최적의 좌절이다. 이로써 비현실적 전능감으로 가득했던 무의식적 신념이 교정되면서 핵심자기가 현실감각을 갖추게 된다. 최적의 좌절을 고려해 2세경까지는 큰 위험이 없는 욕구라면 즉시 들어주되, 3세경부터는 서서히 유아기적 자기애가 좌절되는 경험을 하게 해야 한다.

최적의 좌절은 두 가지로 구성된다. 첫째, 바람직한 행동에 대해 충분히 격려하고, 둘째, 과도한 요구도 충분히 경청하고 거절의 이유를 쉽게 설명해주는 것이다. 최적의 좌절은 아동에게만 필요한 것이 아니라 성인과 노년기까지 일생 동안 지속되어야 한다.

적절한 태양과 비바람이 비옥한 토지의 자양분이 되듯 성공과 적당한 좌절의 교집합交集合이 균형 잡힌 인격의 바탕이다. 분리-개별화 과정에서 최적의 좌절을 수행하지 못하면 분리불안을 경험하게 된다. 이러한 분리불안은 성인이 된 뒤에도 정신적으로 독립하지 못하게 영향을 끼치는 경우가 많다.

사랑을 주관하는 신 에로스도 성년이 된 뒤 분리불안에 시달렸다. 그리스신화가 다른 신화보다 인간미가 넘치는 것도 그리스 신들이 인간과 똑같이 희로애락을 겪었기 때문이다. 인간 번식의 기본인 에로스도 신들의 사통에서 탄생했다. 자기애가 강한 여신 아프로디테는 에로스를 낳은 뒤 잘 돌보기보다는 자신의 미적 권위를 지키는 데 에로스를 이용했다. 아버지 아레스 또한 이미 결혼한 네리오가 있었을 뿐 아니라 아프로디테 외에도 여럿과 사통관계를 즐기느라 바빴다. 아레스의 연인 가운데서 무녀 실비아는 로마를 건국한 로물루스와 레무스를 낳았다.

상황이 이러니 아프로디테나 아레스 모두 에로스를 방치하는 게 당연했다. 두 신은 그저 정분을 나누기 위해 잠시 머물렀을 뿐이다. 그런 가운데서도 에로스뿐 아니라 쌍둥이 아들인 데이모스(걱정)와 포보스(공포), 딸 하르모니아(조화)를 낳는다. 아레스는 이 자식들 가운데서 쌍둥이만 전쟁터로 데리고 다녔다.

그런데 전쟁의 신과 미의 신 사이에서 왜 하필 하르모니아가 태어났을까? 아무리 역기능 가정에서 자랐어도 얼마든지 조화로운 성인이 될 수 있다는 의미다.

원래 에로스는 석기시대인 그리스신화 초기에 남녀의 사랑을 초월한 '생명의 충동'이었다. 그러다가 청동기 무렵 남성 위주의 신분사회가 되면서 아프로디테의 아들로 변신했지만 여전히 아프로디테를 초월하는 존재였다. 고대 그리스에서 와서도 에로스는 아름답고 선한 것을 추구하는 힘이었다. 그 당시 미학의 3대 기준이었던 대칭symmetry, 비율propotion, 조화harmony를 구현한 것이다.

그러다가 종교의 시대인 중세로 접어들면서 완전히 아프로디테의 아들로 고착되었다. 그렇게 육체의 욕망 안에 갇히면서 에로스는 얄궂은 짓만 골라 하는 악동이 되었다.

이렇게 에로스는 성장하는 동안 전쟁광이며 바람둥이인 아버지, 자기

애가 강한 어머니 사이에서 배려도 받지 못하고 적절한 좌절도 경험할 수 없게 된 것이다. 따라서 현실적 핵심자기를 형성하지 못하고 유아의 원시적이고 과장된 거대자기에 고착된 모습을 보여주어야 했다. 이 과정에서 에로스는 무모한 성격과 함께 사랑과 증오를 야기하는 고도의 능력을 길렀다. 즉, 에로스가 무분별하게 사랑과 증오의 화살을 날려댄 것은 공감받지 못하고 자라면서 저하된 자존감을 방어하기 위한 행동이었다.

<외모에 대한 사랑>, 아돌프 윌리앙 부그로(Adolphe William Bouguereau), 1890.

프시케, 에로스의 화살을 짓밟다

사랑의 신도 사랑에 허우적댈까? 사랑과 증오의 불만 지르고 다니던 에로스를 사로잡은 여인이 바로 프시케다. 프시케의 본래 의미는 '숨'이고, 거기서 '나비'가 파생했으며, 뒤에 영어의 '정신psycho'이 된다.

프랑수아 제라르의 그림을 보면 에로스가 프시케를 지극히 바라보며 안으려 한다. 그 손길에 애지중지하는 마음이 묻어난다. 그런 에로스와

<프시케와 에로스>, 프랑수아 제라르(François Gérard), 1797, 루브르 박물관.

는 달리 프시케는 다른 곳을 응시하고 있다. 그녀의 머리 위에 떠 있는 나비가 에로스의 심정을 대변하고 있다.

"프시케, 내 호흡이며 내 정신이여!"

에로스의 혼신을 빼앗은 프시케는 어느 왕국의 셋째 딸이었다. 그녀가 태어난 이른 봄날 새벽에 첫 이슬이 봉선화 잎사귀에 내려왔다. 두 언니도 미모가 출중했지만 프시케가 그보다 월등했을 뿐 아니라 내적 성숙에서 우러나오는 오라aura는 그녀의 미를 숭고하게 만들었다. 외모가 아무리 아름다워도 내면의 성숙이 빈약하면 도리어 천박해 보이지 않는가.

다시 제라르의 그림을 보자. 뭔가 골똘히 생각하는 프시케의 눈빛이 무심하리만큼 깊고도 깊다. 그래서 정열의 화신 에로스조차 프시케에게는 조심스럽게 다가서고 있다.

에로스가 프시케의 존재를 알기도 전에 프시케의 숭고미는 이미 먼 나라에까지 소문이 나 있었다. 그녀를 보려고 각지에서 사람들이 몰려왔다. 나날이 인기가 치솟으면서 프시케는 아프로디테만 누리던 미의 숭배까지 받기 시작했다.

프시케가 집 밖에 나오기만 하면 사람들이 몰려와 그녀 앞에 꽃을 뿌렸다. 헌화獻花는 오직 여신에게만 행하는 의식이었으므로 아프로디테는 더 이상 참을 수 없어 아들을 불렀다.

"에로스야, 내 영광을 감히 인간의 딸이 가로채는구나."

"그게 누구입니까? 당장 혼을 내줘야죠."

"저 불경한 프시케다. 프시케가 세상에서 가장 미천하고 혐오스러운 자를 짝사랑하게 만들어라."

에로스는 감히 어머니의 미적 권위에 도전한 프시케를 불행에 빠트리기 위해 찾아간다. 프시케 때문에 자신이 곤욕을 치르게 되리라고는 상상도 못한 채…….

그런데 막상 프시케를 보자 경탄이 절로 나왔다. 수없는 미녀를 보았으나 프시케처럼 내적 바탕에서 우러나오는 아름다움은 본 적이 없었다.

"그래, 어머니가 질투할 만하다."

프시케의 숭고미 앞에 난생처음 가슴이 뛰었다. 에로스는 겨우 억제하고 화살을 뽑아 프시케를 겨누었지만, 화살은 프시케를 향하지 못했다. 이미 심장이 화살을 맞은 것처럼 쿵쾅거려 도저히 활시위를 당길 수 없었던 것이다. 에로스는 그날 처음으로 어머니의 명을 어겼고, 또 처음으로 사랑에 빠졌다.

에로스가 다녀간 줄 알 리 없는 프시케는 평소에 하던 고민을 그날은 더 깊이 하고 있었다.

'왜? 왜? 왜 그 많은 남성이 나를 흠모하면서 정작 청혼은 하지 않는 걸까?'

언니들은 이미 이웃 나라 왕자들과 결혼해서 잘 살고 있었다. 그런데 모두가 프시케를 만인의 연인으로 여길 뿐 프시케를 한 남자가 독점하는 것을 원하지 않았다.

과년한 딸을 지켜보던 프시케의 아버지도 걱정이 되어 아폴론 신전을 찾아갔다.

"네 딸은 사람과 결혼할 팔자가 아니다.

신부 단장을 시켜 산꼭대기에 홀로 두어라.

그곳으로 장래 남편이 찾아오리니,

그는 신도 두려워하는 괴물이니라."

신탁이란 한번 내려지면 거두어질 수 없다. 결국 산 정상에 남겨진 프시케가 부모에게 마지막 작별을 고했다.

"어머니 아버지, 이제 와서 제 운명을 슬퍼하지 마세요. 뭇 사람들이 저를 아프로디테라 칭송할 때 과찬이라고 물리치셔야 했어요. 지난 세월 여신으로 우대받은 죗값이니 어떤 불행이 와도 따르겠어요."

프시케가 홀로 산 정상에서 두려워 떨고 있을 때 서풍四風의 신 제피로스가 살며시 다가와 눈물을 닦아주었다. 그러고는 바람에 태워서 꽃이 만발한 골짜기에 데려다놓았다.

그제야 안정을 찾은 프시케는 꽃밭에 누워 깊이 잠들었다. 얼마가 지났을까. 잠에서 깬 프시케가 숲속의 궁전을 발견하고 신기해하고 있을 때 어디선가 소리가 들려왔다.

"여왕이시여! 이 모든 것이 당신 것이랍니다."

프시케가 주변을 둘러보았지만 아무도 보이지 않고 목소리만 계속 들려왔다.

"저는 당신의 신랑이 보낸 시종입니다. 저를 따라오십시오."

그 목소리를 따라 황금 기둥의 웅장한 궁전 안으로 들어가니 한쪽에 동그란 온천탕과 진수성찬이 차려진 식탁이 있었다.

"먼저 식사부터 하시고 목욕을 하시죠."

프시케가 허기를 채우고 있을 때 악단이 나타나더니 음악을 연주했다. 그리고 대지의 신 가이아는 온천탕에 뜨거운 물을 올려 보내주었다. 식사를 마치고 목욕을 한 뒤 침대에 누워 있는데 신랑이 찾아왔다. 이미 신탁을 받아들이기로 마음먹은 프시케는 말없이 신랑을 받아들였다. 신랑은 다음 날 동트기 전에 떠났다. 다음 날도 그다음 날도 어두워지면 찾아와 날이 새기 전까지만 정열을 불태우고 떠났다.

그러던 어느 날 프시케가 떠나려는 신랑을 붙잡았다.

"이대로 조금만 더 머물 수는 없나요? 저 창에 햇살이 비쳐 들어올 때 당신의 얼굴을 보고 싶어요."

"나는 괴물이 아니라 신이오. 날 보는 순간 두려움을 느끼거나 영원히 이별할 수도 있소. 그대를 사랑하기에 그대에게만은 숭배받길 원치 않소. 동등하게 사랑을 나누고 싶을 뿐이오. 사랑이란 보지 않고도 믿는 것이라오."

그제야 프시케도 에로스의 진심을 알고 안정을 찾았다. 에로스가 소중한 사랑을 지키기 위해 무엇을 참아야 하는지 알게 된 것이다. 이런 것이 초자아를 만들어가는 하나의 과정이다.

프시케는 남편의 얼굴을 볼 수 없다는 것은 받아들였지만 가족과 교류할 수 없는 처지를 힘겨워했다. 그래서 어느 날 에로스에게 고민을 털어놓았다.

"여보, 당신을 볼 수 없는 건 수용하겠는데, 가족을 못 보고 지내는 건 참기가 어렵네요."

다음 날 새벽, 에로스가 궁전을 떠나기 전 제피로스를 불러 말했다.

"프시케의 두 언니를 데려오라."

두 언니는 제피로스의 바람을 타고 산과 들을 넘어 궁전에 도착했다. 프시케가 달려가 두 언니를 얼싸안았다. 언니들은 환상적인 궁전을 둘러보고는 자신들보다 훨씬 잘 사는 동생에게 은근히 질투를 느꼈다.

"네 남편은 어떤 사람이니?"

"아주 멋져. 게다가 상냥하고 자상하지."

"지금 어디 있어? 우리에게도 소개해줘."

"그이는 새벽부터 사냥을 나가 늦은 밤에 들어오기 때문에 만나기가 어려워."

그 말을 이상히 여긴 언니들은 집요하게 남편의 정체를 물었고, 프시케는 결국 솔직히 털어놓았다.

"사실은, 아직 나도 남편의 얼굴을 본 적이 없어."

언니들은 이때다 싶어 호들갑을 떨었다.

"네가 괴물과 결혼할 운명이라던 아폴론의 신탁을 잊지 마. 네 남편이 무섭고 흉측한 뱀이라는 소문이 돌고 있어. 언젠가는 너를 삼켜버리고 말 거야."

프시케가 기겁을 하자 언니들은 일단 남편이 괴물인지 먼저 확인해보라며 방법까지 일러주었다.

"등잔과 예리한 칼을 준비했다가 그가 잠들면 비춰봐. 소문이 사실이라면 괴물의 머리를 베고 자유를 찾아야지."

언니들이 돌아간 뒤 프시케는 등잔과 칼을 숨겨놓았다. 그리고 그날 밤 남편이 잠들자 살며시 일어나 등잔을 켜고 칼을 든 채 남편을 바라

<에로스와 프시케>, 자코포 주치(Jacopo Zucchi), 1589, 보르게즈 갤러리.

보았다. 아뿔싸! 괴물이 아니었다. 눈처럼 하얀 두 어깨의 날개를 보니 세상이 흠모하는 에로스 신이 분명했다.

매력 넘치는 금빛 머리에 백옥처럼 깨끗한 얼굴, 선홍빛 두 뺨이 아름다웠다. 더 자세히 보려고 가까이 다가가는 순간, 등잔기름 한 방울이 에로스의 어깨 위로 툭 떨어졌다.

"앗, 뜨거워!"

날개에 화상을 입은 에로스가 눈을 번쩍 떴다. 에로스는 한동안 프시케를 응시하더니 상처 입은 날개를 펴고 말없이 날아가버렸다.

프시케는 황급히 남편의 뒤를 따라가려 했지만 곧 넘어지고 말았다.

'아! 내가 이렇게 아름다운 사랑의 신을 괴물로 의심하다니……. 이제 어쩌나?'

둘은 결국 파경을 맞았다. 파경의 첫째 원인은 에로스의 오만이다. 에로스는 자신의 정체를 이해시키려 하지 않았다. 수많은 그리스 신 가운데 어느 신인지 밝히지도 않은 채 무조건 믿고 사랑하라고만 했다. 건장한 청년으로 자랐지만 에로스 안에는 아직도 덜 자란 어린아이가 있었던 것이다.

신뢰 없는 사랑은 지속될 수 없다. 신뢰는 서로에 대한 이해를 바탕으로 자라난다. 프시케처럼 운명 같은 사랑을 만났더라도 서로 알아가는 과정을 통해 상호 신뢰가 두터워져야 한다. 그것이 없이는 운명적인 사랑이란 인생의 덫에 불과하다.

유아기적 심리의 에로스는 아무것도 모르는 프시케에게 무조건적인 신뢰와 애정을 요구했다. 이런 일방적인 애정 인출욕구引出欲求를 강요하면 그 자체가 상대방에게 덫이 된다. 사랑의 덫을 놓아 즐기던 에로스가 무의식중에 프시케에게도 사랑의 장난을 강요하고 만 것이다.

프시케가 원한 것은 육체의 정열과 물질, 권력보다 정신적인 교류였다. 사랑이란 내가 원하는 것을 강요하는 것이 아니라 상대가 필요로 하는 것을 채워주는 것이다. 에로스는 프시케에게 화려한 궁전 등 최상의 조건을 제공했지만, 프시케로서는 자신이 사람답게 살지 못한다는 생각에서 벗어나기 어려웠다.

주치의 그림에서 프시케는 오른발로 사랑의 화살을 밟고 있다. 자신이 누군지 알려 하지 말고 향응만 누리라는 에로스의 사랑 방식을 거부한 것이다. 오른손에는 칼을 들고 있다. 이해하지 못할 방식으로 사랑을 강요하는 괴물이라면 없애버리기 위해서다. 의미를 잃어버린 사랑은 의심을 낳고, 의심은 증오와 종말로 치닫는다.

그런데 프시케의 대응도 지나쳤다. 에로스가 자신이 신이라는 사실을 밝혔고, 그 때문에 자신의 모습을 보면 안 된다고 말하지 않았는가. 그런데도 언니들의 충고에 넘어가 에로스를 죽이려고 했다.

언니들의 충동질로 자기 안에서 의심의 회오리가 몰아칠 때, 일단 그런 감정과 '거리두기'를 했어야 한다. 자기와 심리적 거리를 둔다는 것은 자신의 경험과 감정에 매몰되지 않겠다는 것이다. 이를 마르틴 하이데거는 '초연함Gelassenheit'이라 했다. 어떤 존재도 완벽하지 않기 때문에 자기 기분과 격정에 어느 정도 초연할 수 있어야 객관성을 지킬 수 있다.

프시케가 일방적 의심의 회오리에 휘말려 불을 밝히고 바라본 에로스는 괴물이 아니라 최고의 건장한 청년이었다. 프시케가 이때 칼만 들지 않았어도 에로스는 창밖으로 날아가지 않았을 것이다. 사랑의 화살을 짓밟은 데다 칼끝을 자기에게 향하고 있는 프시케를 봤으니 에로스도 더 이상 사랑을 이어갈 엄두가 나지 않았다.

사랑의 삼각구도

프시케는 왜 자신을 사랑한 에로스를 믿지 못한 채 두 언니의 말에 휘둘려 에로스를 괴물로 속단하는 과민반응을 보였을까? 과민반응의 진원지는 과거의 감정이다. 그 과거와 상관없는 현재의 대상에게 자신도 모르게 그 감정을 전이시킨다. 프시케가 보인 과민반응의 진원지는 바로 그녀의 엄청난 인기였다.

그녀는 미와 사랑의 여신 아프로디테보다 더 인기를 누렸다. 그러면서도 개인적으로는 깊은 교감을 나눌 사람이 없는 '대중 속의 고독자'

였다. 에로스를 만나기 전 프시케의 일생은 '대중적 인기와 개인적 고독'으로 축약할 수 있다. 개인적 교감 없이 대중의 인기에 깊이 취하다 보면 현실의 자아를 잊고 '이상화된 자아상'을 갖게 된다. 대중의 인기에 취해 자신의 고독을 덮어둘 수도 있다. 이상화된 자아상은 항상 자신을 과도하게 드러내려는 '과대 자기'로 나타난다.

하지만 대중의 인기가 축소되면 고독감이 부상하고 이상화된 과대 자기가 상처를 받게 된다. 이렇게 되지 않으려면 평소 군중이 자신을 동경하며 만든 이상화된 이미지와 현실적 자기가 다르다는 것을 염두에 두고 있어야 한다.

그런데 프시케는 그러지 못했다. 여신에게 바치는 꽃을 받으며 이상화된 자기 상태로는 누구와도 진심으로 교제하기 어려웠다. 그러다 아폴론의 신탁을 받고 산 정상에 홀로 남았다. 엄청난 환호가 엄청난 고독으로 바뀌는 순간이었다. 프시케는 비로소 자신의 실존, 즉 신도 아니고 평범한 한 사람에 불과한 실존을 뼈저리게 깨닫는다.

과대한 대중의 인기를 누리던 사람들은 인기가 급락한 상황에 처하면 두 가지 반응을 보인다. 예전 인기를 훌훌 털고 연연해하지 않거나, 추락의 정신적 외상에 시달리는 것. 프시케는 후자였다. 이런 사람들은 과거의 영광을 재현시켜줄 만한 대상이라 여기면 과도하게 밀착한다. 프시케도 홀로 산 정상에 남아 실존적 자아를 각성하려는 순간 에로스가 환상적 현실을 제공해주었다. 그런데 그 대상이 기대와는 달리 영광을 재현시켜주기는커녕 더 추락시킬 것처럼 보일 때 대상을 극도로 의심하며 사소한 일에도 과민반응을 하게 된다.

삶이란 눈앞의 현실과 두뇌 속의 환상이 함께 어우러져 형성된다. 대중의 인기를 누리면 누릴수록 대중이 만든 자기 이미지와 현실적 자기 사이에 심리적 거리두기가 항상 필요하다. 이는 거리두기가 필요한 예술 감상에 비유할 수 있다.

영국의 심리학자 에드워드 벌로우는 명작마다 '괄호 열고 닫기'가 포함되어 있다고 했다. 명작을 만든 예술가의 의도가 어떠했든 관람자가 명작에 취하는 각도의 거리에 따라 명작의 맛은 늘 새롭다. 거리두기는 관조觀照의 일종이다. 예술에도 심적 거리가 어떻게 조성되느냐에 따라 다양한 미적 감상을 할 수 있듯이 프시케도 자신에게 환상을 다시 안겨 준 에로스에게 거리를 두고 관조했어야 한다.

그러나 등불과 칼을 들고 다가서다가 에로스가 상처를 입고 날아가자 놀란 프시케는 창문 밑에 쓰러지고, 에로스가 뒤를 돌아보며 말한다.

"어리석다, 프시케. 이것이 내 사랑에 대한 보답이란 말이냐? 나는 어머니의 명령도 거역하고 너를 아내로 맞았다. 그런데도 너는 나보다 언니들의 말을 더 따랐구나. 자, 이제 나를 떠나 네 집으로 돌아가라. 믿음이 없는 곳에 사랑이 살 수는 없다. 사랑이란 신뢰를 먹고 피는 꽃이기 때문이지."

그동안 사랑의 화살로 수없이 많은 장난을 쳤던 에로스. 그가 프시케를 사랑하면서 비로소 상호 이해 없는 불길 같은 찰나적 사랑의 위험성을 체득한 것이다. 어두운 밤에 조심스레 만나 신이 아닌 인간의 사랑을 나누며 신뢰를 다지려 했다. 괴물이 아니라 멋진 신이기 때문에 사랑하는 것은 '소유 양식'의 사랑이다. 에로스는 그런 사랑이 아니라 '존재 양식'의 사랑을 나누고 싶어서 사물의 식별이 어려운 밤에만 프시케를 찾았던 것이다.

겉으로 보이는 멋진 모습이 아니라 아직은 덜 성숙한 내면까지도 이해해주고 보듬어주는 애정을 믿고 싶었다. 그런데 프시케 역시 인기에 파묻혀 살아왔기 때문에 에로스의 아이 같은 심리를 받아줄 만한 여유가 없었다.

사랑은 소유할 수 있는 물건이 아니다. 프시케를 만나기 전 에로스가 마구 화살을 쏘아댄 것도 사랑을 물건으로밖에 이해하지 못해서였다. 만약 사랑이 물건이라면 사고파는 거래만 남게 된다. 그래서 에리히 프롬은 "진정 행복하려면 존재 양식의 사랑을 하라"고 했다. 무엇 때문에 사랑하는 것이 아니라 그냥 그 사람이니까 사랑하는, 그런 사랑을 나누라는 것이다.

그럴 때 사랑이 진실한 용기가 되고 표면, 즉 겉치레를 뚫고 내면으로 돌아가 진정성이 된다. 건강한 사랑은 소유가 아니라 각자 독립적으로 자기 정체성이라는 기둥을 세우고 그 위에 함께 지붕을 씌우는 것이다.

사랑이 소유가 될 때 독점권이 생긴다. 사랑의 대상을 하나의 재산처럼 여겨 자신이 원하는 자리에 조화처럼 꽂아놓기를 바란다. 그곳에는 존재의 교류가 아닌 지배, 존재의 배려가 아닌 집착만이 남는다.

뒤늦게 사랑의 진실을 깨달은 에로스는 프시케와 존재의 교류를 기대했지만, 이에 실패하자 창문 너머 멀리멀리 훨훨 날아가고 말았다. 뒤에 남아 울던 프시케가 정신을 차리고 보니 궁전은 사라지고 황량한 벌판뿐이었다.

이때부터 프시케는 밤낮없이 에로스를 찾아다녔다. 그 모습이 어찌나 가련해 보였던지 대지와 풍요의 여신 데메테르가 아프로디테를 찾아가 도움을 청해보라고 일러주었다. 그 당시 아프로디테는 아들이 실연의 상처에 힘들어 하는 것을 보며 크게 분노하고 있었다. 그런데 프시케가 찾아오자 힐난했다.

"노예들 중에 가장 가치 없는 것아. 이제야 네 위치를 깨달았느냐? 너 때문에 내 아들의 심장이 부서졌다. 만일 내 아들을 만나고 싶거든 먼저 네 솜씨를 보여라."

"에로스만 만날 수 있다면 뭐든 시키시는 대로 하겠습니다."

"내 창고로 가라. 온갖 곡식이 섞여 있으니 해가 지기 전에 보리, 밀, 콩을 종류대로 각각 분류해놓아라."

인간의 힘으로는 불가능한 일이었지만, 프시케는 지푸라기라도 잡는 심정으로 곡식을 한 알 한 알 분류하기 시작했다. 이때 에로스는 하늘에서 프시케를 내려다보고 있었다. 프시케와 이별한 뒤 겨우 분리불안을 극복하고 있었는데, 프시케가 자신을 만나겠다고 불가능한 과제에 매달리는 것을 보니 안쓰러웠다. 에로스는 들판의 개미들을 불러 모았다.

"너희가 저 가련한 프시케를 도와주어라."

곧 수많은 개미떼가 프시케의 주변에 모이는가 싶더니 순식간에 곡식을 분류해놓고 사라졌다. 노을이 질 무렵 아프로디테가 향기로운 머리카락을 날리며 찾아왔다. 그러고는 작업이 완수된 것을 보자 불쾌한 표정을 짓고 돌아갔다.

다음 날 새벽 다시 찾아온 아프로디테는 새로운 과제를 주었다.

"저기 강 건너 금빛 털의 양떼가 보이지? 목동이 없는 야생 짐승이다. 그 가운데서도 거친 숫양의 황금 양털이 최고지. 가서 그 털을 가져오너라."

해가 뜰 무렵 프시케가 황금 양털을 찾아 강가에 이르니 갈대숲에서 강의 신이 나타나 속삭였다.

"시련을 당하는 여인이여. 지금 강을 건너면 강물이 불어날 것이고, 뜨거운 뙤약볕에 화가 난 양떼가 공격할 것이오. 여기서 조금 기다리다가 양들이 그늘에서 쉴 때 건너가면 쉽게 황금 양털을 얻을 것이오."

프시케는 강의 신이 일러준 대로 한 덕분에 쉽게 황금 양털을 구할 수 있었다.

두 가지 어려운 일을 완수해내자 아프로디테는 더 화를 냈다.

"네 힘만으로는 이 일들을 해낼 수가 없다. 이제 어느 누구도 도와줄 수 없는 과제를 주겠다. 저승의 왕 하데스의 아내 페르세포네를 찾아가 미의 액체가 담긴 상자를 받아 오너라. 오늘 밤 신들의 모임에 가기 전 미의 액체로 목욕을 해야겠다."

인간이 어찌 저승을 찾아간단 말인가. 좌절한 프시케가 높은 절벽 위에 올라가 몸을 던지려는데 어디선가 음성이 들렸다.

"무모한 짓을 하지 마라. 저승으로 가는 안전한 방법을 알려주마. 스틱스 강으로 가면 뱃사공 카론이 너를 데려다줄 것이다. 페르세포네가 상자를 주거든 절대로 열어보지 마라. 여는 순간 너는 죽을 것이다."

또다시 불가사의한 존재의 도움을 받아 프시케는 검은 물결이 일렁이는 스틱스 강으로 갔다. 카론에게 노잣돈을 주니 이미 알고 있다는 듯

<에로스와 프시케, 프시케와 케르베로스의 이야기>, 빌헬름 폰 카울바하(Wilhelm von Kaulbach).

말없이 노를 저어 저승으로 향했다.

프시케는 저승 입구를 지키는 개 케르베로스를 빵으로 유혹한 뒤, 페르세포네에게 상자를 받아 무사히 지상으로 돌아왔다. 햇빛을 보자 마음이 들떠 상자 안에 무엇이 들었는지 궁금증이 치솟았다.

"아프로디테 대신 내가 이 액체를 바르면 에로스의 눈에 더 예뻐 보이지 않을까?"

결국 더 참지 못하고 상자를 여는 순간, 영원히 잠드는 연기가 피어올랐다. 미의 액체가 아니라 수면 향香이었던 것이다. 아프로디테의 계략에 말려든 프시케는 길 한가운데에 쓰러졌다. 마침 날개의 상처를 다 치료한 에로스가 하늘 창문으로 프시케의 모습을 보았다. 에로스는 급히 날아와 프시케의 눈에서 영원한 수면 향을 뽑아내 상자에 넣고 얼른 뚜껑을 닫았다.

그제야 프시케가 잠에서 깨어나 꿈에도 그리던 에로스를 바라보았다.

"프시케, 너의 호기심이 또 한 번 너를 죽일 뻔했다. 이 상자를 어머니에게 드려라. 다른 일은 내가 다 알아서 할 테니."

1. <아프로디테 왕좌 앞의 프시케>, 헨리에타 래(Henrietta Rae), 1894.
2. <에로스와 프시케>, 프랑수아 에두아르 피코(François-Édouard Picot), 1817.
3. <황금상자를 여는 프시케>, 존 윌리엄 워터하우스(John William Waterhouse), 1903, 개인소장.
4. <지하세계의 프시케>, 외젠 에르네스트 일마쉐(Eugène Ernest Hillemacher), 1865.

그길로 에로스는 제우스를 찾아가 애원했다.

"제 어머니가 더 이상 프시케를 괴롭히지 않게 설득해주십시오."

이에 제우스는 아프로디테를 찾아가 설득했고, 그제야 프시케의 힘겨운 사랑의 방랑이 끝났다.

프시케와 에로스가 걸어간 사랑의 자취는 세 단계로 되어 있다. 즉, 열정으로 시작해 친밀감이 형성되고, 헌신으로 승화했다.

심리학자 로버트 스턴버그는 이를 사랑의 삼각형 이론으로 설명한다. 사랑을 시작할 때 나타나는 열정은 일체가 되려는 욕망이다. 그 뒤 편한 관계가 되면 열정이 식고 친밀감이 나타난다. 열정과 친밀감은 위기를 만나면 쉽게 차가워질 수 있다. 모두 감정의 영역이기 때문이다. 그래서 필요한 것이 이성적인 헌신이다. 헌신은 신뢰와 책임감이다. 따라서 헌신하는 사이라면 오해할 만한 상황에서도 믿어주고 난관에 부딪쳐도 책임을 진다.

프시케와 에로스도 열정으로 사랑을 시작했고 친밀감까지 생겼으나 헌신으로 나가지 못하고 깨졌다. 그러나 프시케의 헌신적 노력과 에로스의 감동으로 상호 신뢰를 회복하며 서로에게 책임을 지는 존재가 되었다. 이처럼 헌신은 상호 합리적인 노력으로 키워갈 수 있다.

정신을 뜻하는 프시케를 만나기 전 에로스가 화살을 날려 만들어낸 사랑은 우연한 기회에 경험하는 열정이었다. 프시케 없는 에로스는 본능적 해소로 끝이다. 그런데 에로스는 자신을 사랑한 죄로 프시케가 아프로디테에게 고통당하는 것을 보며 헌신이 있어야 사랑이 유지된다는 것을 깨달았다.

그동안 에로스가 프시케를 사랑했지만 그것은 바로 자기애의 발로였다. 사랑한다면서 동반자가 아니라 종속물처럼 대한다는 것은 사랑이 아니라 자기애의 중독이다.

제우스는 사랑의 진정한 의미를 깨달은 에로스에게 프시케를 데려오

<프시케의 납치>, 아돌프 윌리앙 부그로(A. W. Bouguereau), 1895, 개인소장.

게 한다. 사랑의 고뇌를 이겨낸 프시케의 표정이 부그로의 그림에 잘 나타나 있다. 에로스가 강인한 팔로 감개무량한 표정의 프시케를 껴안고 제우스가 초대한 자리로 올라가고 있다. 프시케의 허리에서 풀린 자주색 옷이 에로스의 한쪽 다리를 휘감으며 둘의 배경을 이루고 있다.

프시케를 만난 제우스는 암브로시아를 따라주며 축복의 말을 한다.

"신들만 마시는 음료수다. 이 물을 마시고 불사의 신이 되어라. 이제 너와 에로스는 영원히 헤어지지 않아도 된다."

그렇게 둘은 영원한 연인이 되었으며, 제우스가 지켜보는 가운데 결혼했다.

동등한 입장에서 결혼한 프시케와 에로스 사이에서 태어난 딸이 '볼룹타스(기쁨)'다. 육체적 열정의 에로스와 정신적 헌신의 프시케가 만나는 곳, 즉 심신합일心身合一이 이루어진 곳에 기쁨이 있다.

제2장

헤라, 아프로디테, 아테나

세 여신의 다툼

에리스가 결혼식장에서 던진 황금 사과

"가장 아름다운 여신에게."

최초로 인간의 결혼식이 열리던 곳에서 불화의 여신 에리스가 이 글이 씌어 있는 황금 사과를 높이 쳐들었다. 신랑신부는 물론 하객들이 모두 주목하자 에리스는 황금 사과를 식장 한가운데로 던졌다.

"이 황금 사과를 누가 가져갈 것인가? 너희가 알아서 결정하라."

에리스는 이 한마디를 남기고 획 돌아서 나가버렸다. 그러자 최고의 미녀신으로 자타가 인정하는 헤라, 아테나, 아프로디테가 서로 달려들어 '사과의 주인'이라고 우겨댔다. 인류 최초의 결혼식장에서 인류 최초의 미 경연이 펼쳐진 것이다.

하객들도 처음 보는 장면이라 난감해하며 대장 제우스를 쳐다보았다. 제우스가 결정해주기를 바라서였지만, 제우스는 머리를 흔들었다.

"골치 아프네. 누구 손을 들어줘?"

아테나는 제우스가 혼자 낳은 딸이고, 헤라는 자신의 아내이며, 아프로디테는 고모였다. 그래서 어느 쪽의 손도 들어주기가 어려웠던 것이다.

그러자 세 여신은 더 앙칼지게 다투었다. 그 모습을 보고 에리스는 혼자 웃고 있었다.

에리스는 왜 결혼식을 엉망으로 만들었을까? 이날 결혼식에는 모든 신이 초대를 받았는데, 유독 에리스만 제외되었다. 그러니 에리스가 그냥 넘어갈 리 없었다.

그럼 왜 에리스만 초대하지 않았을까? 이날의 신랑신부인 프티아의 왕 펠레우스와 바다의 요정 테티스는 불화의 신만큼은 결혼식에 부르고 싶지 않았다. 혹시 결혼식장에서 에리스가 분란을 일으키지는 않을까, 새 출발을 하는 가정에 불화의 씨앗이 되지는 않을까 염려했기 때문이다.

<에리스>, 아티카 흑색상 도기, 기원전 550년경, 베를린 고미술관.

하지만 그들의 바람과는 달리 에리스는 결혼식장에 나타났고, 미녀들의 시기심을 촉발하는 황금 사과를 던졌다. 그 결과 한 가족이 아니라 도시 전체를 영원히 지워버리는 트로이 전쟁을 야기

했다. 에리스에 대한 사소한 따돌림이 여신들의 불화로 번졌고, 다시 올림포스 주신들까지 편을 나누어 트로이 전쟁을 후원하는 집단 갈등으로까지 번진 것이다.

과연 에리스는 인류의 첫 결혼식에 소외돼야만 하는 존재였을까? 인간뿐 아니라 그리스 신들조차 긍정과 부정의 양면이 있다. 에리스도 마찬가지다. 에리스는 갈등과 분열을 야기하기도 하지만 유익한 경쟁도 유발했다. 발이 무척 아름다운 요정인데, 그 발로 게으른 자들을 찾아가 이웃의 부와 번영을 보여주어 분발하게 만들었다.

"세상에 공짜는 없다. 뭔가를 얻으려 한다면 뭔가를 포기하는 기회비용을 지불해야 한다."

에리스의 계략으로 그 뒤 장인, 농부, 상인도 더 부유해지려 노력했고, 그 결과 물질문명이 발달한 것이다. 인도신화의 시바도 에리스처럼 갈등을 유발하는 신이다. 파괴를 일으키는 신인 동시에 창조의 신이다.

이처럼 파괴와 창조, 갈등과 변화는 동전의 양면과 같다. 에리스가 성공에 대한 개인의 야심을 자극하면 할수록 아무래도 공동체의 갈등요소가 커진다. 경쟁적 번영과 갈등, 에리스는 이 두 요소를 함께 지녔다. 그런데도 에리스에게는 번영이라는 긍정적 요소는 빠지고 오직 불화만 일으킨다는 낙인이 찍혔다.

그래서 사회심리학의 대가 엘리어트 애런슨은 사회적 낙인의 본질에 대해 이렇게 언급했다.

"미친 짓 하는 사람을 반드시 미쳤다고 할 수는 없다."

한 번 딱지를 부쳐 통용되면 한쪽 면만 부각된다. 그 낙인이 정당하든 부당하든 낙인자의 사회적 신뢰도에 큰 영향을 미친다.

낙인찍기에서는 '프레이밍 효과framing effect'가 발생한다. 프레임은 해석의 틀이기 때문에 누구를 프레이밍 한다는 것은 그의 한쪽 면만을 극대화해서 본다는 것이다. 인간은 전지적 시각을 지니기가 어렵기 때문에 무엇이든 나름대로 해석하려 한다.

사회심리학자 어빙 고프먼에 따르면, 낙인찍기란 나와 타자 또는 우리 집단과 다른 집단을 사회적으로 배제하기 위한 꼬리표이며, 이런 차별과 배제는 다툼으로 이어진다. 에리스를 불화의 신으로만 낙인찍은 대가는 트로이 전쟁이었다. 전쟁이야말로 기술 발전의 총아라는 측면에서 보면 경쟁의 신 에리스가 자신의 낙인을 최대한 활용했다고 볼 수 있다.

하여튼 낙인찍는 것은 해석의 틀을 짜는 행위고, 이렇게 형성된 틀을 통해 대상을 보게 된다. 낙인찍기를 하는 자는 오만하고, 당하는 자는 편견의 대상이 된다. 《오만과 편견》의 저자 제인 오스틴은 두 개념을 이렇게 정리했다.

"오만이 타자가 내게 오는 것을 막는다면, 편견은 내가 타자에게 다가가는 것을 막는다."

다른 신들과 마찬가지로 에리스에게도 형제자매가 많았다. 어머니 닉스는 태초의 신이자 밤의 여신이라 불리며 혼자 복수의 여신 에리니에스, 불평의 신 모모스, 파괴의 여신 케르, 걱정의 여신 오이지스 등을 낳았다. 그리고 카오스가 산출한 어둠의 신 에레보스와 결혼해 죽음의 신 타나토스, 지하 세계의 뱃사공 카론, 잠의 신 힙노스 등을 낳았다.

이렇게 에리스의 형제자매 다수는 에리스 이상의 부조리한 성향을 지닌 신들이다. 그런데 이들은 모두 결혼식에 초대를 받았고 유독 에리스만 콕 집어서 소외당했다. 이런 이중 잣대가 트로이 전쟁을 유발했다. 개인 왕따가 집단 소외로 확장된 것이다. 이와 같이 개인뿐 아니라 집단도 얼마든지 이중 잣대의 대상이 될 수 있다.

사회적 고립과 개인적 고독은 다른 영역이지만 연결된다. 낙인으로 시작된 고립이나 자의적으로 택한 고독이나 출발은 달라도 마주치는 현실은 같다. 그 현실을 극복해내면 진정한 자기 자신일 수 있다. 에리스는 그렇게 하지 못해 유익한 성향을 사장시킨 채 불화의 존재로만 남았다.

사회적 낙인을 두려워할수록 파괴의 늪에서 허우적대기 쉽다. 낮과 어둠이 공존하듯 어느 누구에게나 긍정과 부정은 공존한다. 부처나 소크

<테티스와 펠레우스의 결혼>, 얀 사들러(Jan Sadeler), 1550~1600.

라테스, 넬슨 만델라 등도 편견의 대상이었다. 그 편견을 역으로 잘 활용해 자기 성찰과 성숙의 계기로 삼아야 한다.

어둠 없이 빛만 있을 수는 없다. 어둠의 신 닉스는 딸인 낮의 신 헤메라와 매일 교대한다. 헤메라가 자리를 떠나면 닉스가 온 세상에 검은 나래를 활짝 편다.

그렇다면 유독 에리스만 소외를 시킨 테티스는 누구인가? 일단 요정 테티스와 여신 테티스를 구별해야 한다. 여신 테티스는 우라노스와 가이아의 딸로 티탄족 12신에 속한다. 반면 요정 테티스는 하급 여신으로 호메로스는 그녀를 '은빛 발을 지닌 요정'이라 불렀다. 이 테티스는 바다의 노인 네레우스와 도리스의 딸로 자매만 50여 명이나 된다.

테티스는 자랄 때 주로 헤라가 돌봐주었기 때문에 헤라를 친어머니처럼 따랐고, 헤라의 정숙하고 위엄 있는 가치관이 내면화되었다. 미모도 헤라처럼 뛰어나 양아버지 격인 제우스가 추근거렸지만 헤라를 생각해 단호히 거절했다.

제우스의 형제인 바다의 신 포세이돈도 테티스에게 추파를 던졌다. 테티스를 놓고 다투던 두 형제는 결국 이치理致의 여신 테미스의 신탁을 받으러 갔다.

"테티스가 낳은 아들은 그의 아버지보다 더 강한 존재가 되리라."

제우스와 포세이돈은 누가 테티스를 차지해야 좋은지 신탁을 들으러 갔다가 가장 듣기 싫은 신탁을 듣고 놀랐다. 그리스의 초기 신화는 아들이 아버지를 제거해서 흘린 피로 얼룩져 있다. 크로노스가 아버지 우라노스를 거세했고, 제우스도 아버지 크로노스를 제거했다. 그런데 테티스가 낳은 아들도 그 전례를 따를 것이라는 예언에 제우스와 포세이돈이 놀라는 것은 당연했다.

타오르던 욕정도 생존의 위기 앞에서는 사라지는 법이다. 제우스와 포세이돈은 돌아오는 길에 합의했다.

"테티스가 불멸의 신과 혼인하지 못하게 서둘러 인간과 결혼시키자."

그들이 테티스의 남편감으로 지목한 사람은 영웅 펠레우스다. 그런데 테티스와 펠레우스는 서로 누군지도 모르는 사이였다. 그래서 두 신은 일단 펠레우스를 불러 자극했다.

"물의 요정 테티스를 아느냐? 우리 형제가 서로 차지하려고 다투었는데, 더 이상 의리를 상하고 싶지 않으니 네가 그녀를 데려가라."

"그녀가 머무르는 곳이 어디입니까?"

"두 강이 합류하는 곳에 동굴이 하나 있는데, 그곳이 테티스가 돌고래를 타고 자주 쉬러 가는 곳이다."

펠레우스는 단숨에 달려가 잠자고 있던 테티스를 덮쳤다. 그러자 테티스가 얼른 새로 변신했고, 펠레우스는 그 날개를 붙들었다. 다시 나무로 변신하자 펠레우스는 그 나무에 기어올랐다. 이번에는 테티스가 사자로 변신해서 겨우 펠레우스를 쫓아냈다.

"이래 봬도 내가 요정인데, 감히 인간이 나를 덮치려 하다니……."

얼마 뒤 테티스는 펠레우스 뒤에 제우스와 포세이돈이 있다는 것을 알아차렸다.

"비열한 신들 같으니! 자기들이 차지하기 어려우니 나를 인간과 묶으려 하는구나."

펠레우스는 이후에도 포기하지 않고 계속 덤벼들었고, 테티스는 그럴 때마다 변신에 변신을 거듭해 벗어났다.

펠레우스는 애가 타서 제우스와 포세이돈을 찾아가 양고기를 바치고 하소연했다.

"아무리 노력해도 테티스를 차지할 수 없습니다. 구경만 하지 마시고 도와주십시오."

그러자 제우스가 마른번개를 치며 웃었고, 포세이돈도 바다에 용오름을 치며 깔깔댔다.

"야, 그래도 우리한테 양이 뭐냐? 황소 정도는 바쳐야지. 양고기는 케이론이 좋아하니 케이론을 찾아가봐라."

펠레우스는 그 말대로 바다의 현자 케이론을 찾아가 양 창자를 불태워 바쳤고, 케이론은 그에게 지혜를 주었다.

"힘으로 안 될 때는 머리를 써야지. 변신에 능할수록 밧줄에 약하다."

〈테티스의 행렬〉을 보면 테티스의 동굴 옆에 반인반마半人半馬의 케이론이 서 있다. 펠레우스는 그의 조언대로 동굴 속에서 자고 있던 테티스를 밧줄로 묶은 다음 한 손으로 밧줄 끈을 잡고 바위 뒤에 숨었다. 사랑의 밧줄로 꽁꽁 묶어버린 것이다.

잠에서 깬 테티스가 불, 물, 독사, 표범, 박쥐 등 오만 가지로 변신했지만 밧줄을 쥔 펠레우스의 손에서 벗어날 수는 없었다. 테티스는 결국 한숨을 내쉬며 결혼을 허락했다.

"나보다 높은 신들이 그대를 도우니 어쩔 수 없구나."

둘의 결합을 추진했던 신들이 각기 선물을 들고 결혼식에 참석한 것

<테티스의 행렬>, 바르톨로메오 디 지오반니(Bartolomeo di Giovanni), 17세기경, 루브르 박물관.

은 당연했다. 포세이돈이 명마를, 케이론이 물푸레나무창을, 헤파이스토스가 갑옷을 가져왔다.

아폴론의 리라 연주에 맞춰 뮤즈들이 합창하는 가운데 결혼식이 진행되었다. 흥겨운 그 자리에서 오직 두 여인, 에리스와 테티스는 각기 다른 이유로 괴로워한다. 에리스는 자신보다 훨씬 하급인 테티스에게 외면당한 모멸감에 몸서리쳐야 했다. 또 결혼식의 주역인 테티스도 제우스와 포세이돈에 대한 배신감, 펠레우스의 밧줄을 벗어나지 못했다는 무력감으로 인해 즐겁지 않았다.

에리스의 괴로움이 사회적 낙인인 스티그마stigma에서 비롯되었다면, 테티스의 괴로움은 심리적 상처인 트라우마trauma에서 비롯되었다. 트라우마가 강할수록 자신의 상처를 상기시키는 대상을 회피하려 한다. 테티스에게서 무의식적으로 회피라는 방어기제가 작동되면서 결혼식에 에리스만 초대하지 않게 된다. 신들에게 배신당해 억지로 하는 결혼식에서 불화의 여신을 보고 싶지는 않았던 것이다.

<스틱스 강에 어린 아들 아킬레우스를 담그는 테티스>, 페테르 파울 루벤스(Peter Paul Rubens), 1630~1635, 보이만스 반 뵈닝겐 미술관.

심리 검사 가운데 '단어 연상word association'이 있다. '자극 단어'를 제시하고 가장 먼저 떠오르는 것을 묻는 것이다. 이때 자극 단어와 의미적 연관성을 지닌 다른 이미지가 무의식적으로 연상된다. 그런데 사람마다 연상되는 이미지가 다르다. 왜 그럴까? 인간의 기억은 쉽게 '편집'되고 '간섭'의 영향을 받기 때문이다. 똑같은 장면을 보고도 그 장면을 보기 전후의 어떤 경험에 따라 기억이 간섭을 받거나, 무의식에 쌓여 있는 콤플렉스에 의해 편집을 당하는 것이다.

테티스의 콤플렉스는 사랑하지도 않는 필멸의 인간과의 결혼이었다. 이 콤플렉스 때문에 자신의 자녀만큼은 반드시 불멸의 존재로 만들려고 했다. 테티스는 자식이 태어날 때마다 불사의 몸을 만들어준다며 지옥의 뜨거운 강 스틱스에 집어넣었다. 여섯 명의 자식이 이를 못 견디고 죽었다. 일곱째 아들이 태어나자마자 또 스틱스 강에 담갔는데, 이번에는 다행히 생존했다. 이 아이가 바로 트로이 전쟁의 영웅 아킬레우스다.

자식이 태어날 때마다 죽어 나가자 펠레우스는 의문을 품고 산실을 엿보았다. 그는 테티스가 갓난아이를 뜨거운 물에 담그는 것을 보고 한

탄했다.

"자식을 신으로 만들려다 모조리 죽이는구나!"

이 말을 들은 테티스는 마지막 말을 남기고 바다로 돌아갔다.

"그대는 왜 자녀를 낳으려 하는가? 당신을 닮아 봐야 불멸의 예정된 고통만 받아야 하거늘. 당신 같은 인간들은 너무 이기적이다. 더 이상 당신 같은 인간과 살 수 없다."

이렇게 해서 인간 최초의 결혼은 결말을 맞았다. 테티스와 펠레우스는 결혼 전부터 끊임없이 불화했고, 결혼 후에도 펠레우스의 공세적 사랑을 테티스가 수세적으로 용인하는 형태였다.

제우스와 포세이돈의 말만 듣고도 테티스에게 반해 사랑에 빠진 펠레우스의 상태를 심리학자 도로시 테놉은 '리머런스limerence'라 칭했다. 상대를 잘 알지도 못하면서 도취되었다는 뜻이다. 상대가 완전하고 그 사랑이 영원하리라 믿지만 이는 환상이다. 따라서 진정한 사랑보다는 생리적인 사랑에 가까워 자기 감정에만 충실하고 상대의 본모습을 보지 못한다. 그러면서도 함께 이해하고 성장하는 데는 관심이 없어 결국 불화로 이어지고 만다.

가부장제도의 희생자 헤라

고대 그리스를 풍미한 세 미녀는 헤라, 아테나, 아프로디테다. 이 가운데 헤라는 여신들의 왕이었다. 헤라에서 영웅hero이라는 단어가 나왔고,

<삼미신>, 페테르 파울 루벤스(Peter Paul Rubens), 1636~1638, 프라도 미술관.

로마에서도 유노Juno라 불리며 숭배를 받았다. 그런데 말만 여신들의 왕이었지 실제로는 다른 여신들을 전혀 통제하지 못했다. 왜 그랬을까?

헤라는 남편인 제우스가 바람피우지 못하게 뒤를 쫓아다니다가 자유분방한 여신들 사이에서 권위를 상실했다. 헤라가 여신들 사이에서 중심을 잡지 못하자 세 여신의 상호 견제는 더 심해졌다. 특히 미에 대해서만은 어느 누구도 양보하지 않았다. 그래서 에리스가 황금 사과를 던졌을 때도 서로 내 것이라며 다투었던 것이다.

끝내 정리될 기미가 안 보이자 헤라가 제안했다.

"남의 결혼식에 와서 우리가 좀 심했다. 어차피 우리끼리는 해결이 안 되니 다른 신들에게 부탁하자."

하지만 한쪽 편을 들었다가 다른 두 여신에게 미움을 받을까 봐 어느 신도 선뜻 나서지 못했다. 결국 모든 신이 제우스를 바라보았지만 그 역시 분쟁에 말려들고 싶지 않았다. 그래서 고심 끝에 "이데 산 근처에서 양을 치는 파리스를 찾아가라"고 발뺌했다.

최고의 신 제우스가 신들의 문제를 풀지 못하고 양치기 인간에게 맡긴 것이다. 이처럼 청동기시대 이전의 인류는 신을 창조하면서 인간에게 의지하는 존재로 만들었다. 이런 신들의 이야기를 제의祭儀적으로 정리한 것이 종교다.

신화는 진실이 아니라 세상을 해석하는 방식이다. 따라서 근거가 아닌 특정한 기준으로 구성된다.

"근거를 잘 세웠다는 믿음의 근거를 보면 근거 없는 믿음이 깔려 있다."

이러한 루트비히 비트겐슈타인의 '무근거성'은 모든 종교 행위에 내재되어 있다. 믿음에는 어떤 정당성도 존재하지 않기 때문에 중요한 것은 확신이 아니라 삶인 것이다.

어쨌든 역사 초기의 제의적 행위는 동물적 본능에서 깨어난 인간 정신인 동시에 인간을 가공의 신에게 묶어두는 노예 윤리의 출발이기도 했다. 신의 권위가 유일신교처럼 절대적일수록 인간 정신은 가공된 믿음에 속박되어 풍부한 삶을 은폐당한다. 다행히 그리스신화의 신들은 상대적이었으며, 그만큼 삶 자체의 풍성함을 드러내주었다.

한편, 제우스가 풀지 못한 과제를 떠안은 파리스는 누구의 손을 들어주었을까? 그 대가는 무엇이었을까?

결과를 이야기하기 전에 알아볼 것이 있다. 제우스나 파리스처럼 선택의 기로에 설 때 사람은 어떤 심리적 과정을 겪을까? 또한 선택의 대상이 된 세 여신의 심리적 특징은 무엇일까?

먼저, 시대와 사람에 따라 가변적인 기준은 무엇보다 개인의 내적 성향에 따라 판단한다. 올림포스의 세 미녀신처럼 고대 그리스의 미는 풍만한 몸에 하얀 피부였다. 이와는 달리 조선시대의 미는 달덩이 같은 얼굴에 아담한 체구였다. 이처럼 시대와 개인의 선호가 있을 뿐 절대적인 미의 기준은 없다. 자신의 내적 성향, 즉 경험이나 기호, 습관, 신념 등에 따라 결정을 하는데, 그 과정은 본인도 의식하지 못하는 사이에 순식간에 이루어진다.

한마디로 자기중심적으로 판단한다는 것이다. 이렇게 자동반사적으로 결정하는 것이 '귀인attribution'인데, 이는 직감과 비슷하다. 물론 천재적 직감을 지닌 사람도 있지만 여기에는 한계가 있다. 어떤 것을 판단하려면 개인적·상황적 요인을 함께 고려해야 하는데, 귀인은 개인적 요인에만 의지하기 때문이다. 여기서 '근본적인 귀인 오류'가 발생한다.

지혜로운 제우스는 귀인 오류에 빠지지 않았다. 그 역시 세 여신 가운데 누가 더 아름다운지에 대해 자기 관점이 있었다. 하지만 그대로 이야기했다가는 후폭풍을 감당하기 어렵다는 것도 잘 알았다.

만일 제우스가 아프로디테에게 황금 사과를 준다면? 다른 두 여신은 제우스가 섹시한 여자만 좋아한다고 비난할 것이다. 그렇다고 헤라에게 준다면 자기 아내만 챙긴다고 비난할 것이고, 아테나에게 주면 똑똑한 여자만 좋아한다고 비난할 것이다. 이 경우처럼 객관적 사실보다 주관적 해석에 의존해야 하는 판단일수록 반발은 더 심하다.

이제 세 여신의 심리적 특징을 스위스의 심리학자 카를 융의 관점에서 분석해보자.

융학파에 속하는 심리학자 진 시노다 볼린은 《우리 속에 있는 여신들》을 통해 그리스신화에 나오는 여신들을 세 그룹으로 분류했다.

첫째 그룹인 처녀 여신 아테나, 아르테미스, 헤스티아는 자율적이며 과업을 중시한다.

둘째 그룹인 헤라, 데메테르, 페르세포네는 관계를 중시하며 상처를 잘 받는다.

셋째 그룹인 아프로디테는 자율적인 동시에 관계도 소중히 여긴다.

이들은 사랑과 결혼에 대한 견해도 제각기 다르다. 헤라는 결혼을 약속이라 보았고, 아테나는 결혼을 회피했으며, 아프로디테는 결혼에서 자유로웠다. 가부장적인 문화가 강력할수록 헤라 같은 스타일이 많다.

밤하늘의 수많은 별 가운데 백조자리는 헤라의 남편 제우스가 변신한 모습이다. 스파르타의 왕비 레다를 사랑해서 만나려 하는데 헤라가 감시하자 궁리 끝에 백조로 변신한 것이다. 제우스는 그렇게 변신을 해서라도 올림포스 산을 빠져나가 바람을 피웠다. 백조자리의 별들이 스스로 빛을 발하는 항성恒星이듯 헤라가 아무리 감시해도 제우스를 막을 수는 없었다. 또한 제우스가 아무리 바람을 피워도 헤라는 결혼의 신성성을 굳건히 지켜야 한다는 입장이다.

헤라는 세상 무엇보다 결혼의 약속과 가정을 귀하게 여긴다. 혼전순결을 중시하고 결혼관계 안에서만 성관계를 인정한다. 그런 헤라가 도대체 어떻게 천하의 바람둥이 제우스와 결혼했을까?

물론 제우스가 청혼을 했을 때 헤라는 차갑게 거절했다. 그녀는 처녀 때부터 미모는 물론 위엄도 갖춰 감히 누구도 가까이 다가설 수 없는 대상이었다. 오직 신들의 왕인 제우스만 연정을 품고 수작을 부렸다.

헤라는 제우스의 누이였다. 하지만 신화는 풍유와 축약, 은유로 가득하기 때문에 근친상간으로 봐서는 안 된다. 신화 속에는 초기 인간 무리의 원문화primary culture가 제도문화system culture로 변해가는 과정에서 발생하는 경계선 사건들이 무수히 담겨 있다. 신화에서 설화 그리고 역사로 넘어가면서 남매혼 등을 금기했다. 신들의 가계家系도 부족제도 정착 초기에 가까운 지역에 살던 석기인들의 은유적 관계로 이해해야 한다.

아무튼 제우스가 아무리 청혼을 해도 헤라는 눈길 한 번 주지 않았다. 제우스는 애가 타서 어느 초겨울 날 세상에 비를 뿌리면서 뻐꾸기로

<헤라와 제우스>, 안니발레 카라치(Annibale Carracci), 1598, 보르게세 미술관.

변신했다. 비를 좋아하던 헤라는 빗속을 거닐다가 비를 맞으며 떨고 있는 뻐꾸기 한 마리를 발견했다. 헤라가 다가가 뻐꾸기를 품에 안는 순간 제우스로 돌아왔다.

정숙하고 보수적인 헤라는 제우스에게 한 가지 조건을 내걸었다.

"나를 결혼의 여신으로 숭배하면 당신을 용인하겠다."

"당신 뜻대로 하지."

본디 결혼 의사는 없이 자유연애를 즐기려던 제우스는 헤라에게 넋이 나가 선뜻 약속하고 말았다. 카라치의 그림에는 그런 제우스의 심리가 잘 묘사되어 있다. 제우스의 눈동자와 몸의 모든 근육은 헤라를 향해 있고, 헤라는 그런 제우스를 무심히 바라본다. 이것이 헤라에게는 일생 최대의 실수였다.

헤라와 제우스는 인생관 자체가 달랐다. 헤라가 혼인과 가정을 중시하고 안정적인 삶을 원했던 반면, 제우스는 안정보다 다양한 경험과 자유로운 열정의 발산을 원했다. 제우스는 헤라와 결혼하기 전 두 명의 여인과 사귀었지만 자유를 구속당할 것이 두려워 결혼하지 않았다. 헤라와의 결혼도 결혼을 해야만 사랑하겠다는 헤라를 차지하기 위한 하나의 수단이었을 뿐이다.

제우스와 헤라가 결혼한다는 소문이 올림포스에 퍼졌다. 소문을 듣고 모든 신이 헤라의 앞날을 걱정하는 가운데 헤라만은 태평했다. 그만큼 순진했다. 제우스의 감언이설에 넘어가 그의 사랑을 확신하고 자신이 꿈꿔온 이상형을 제우스에게 투사하고 있었던 것이다.

두 신의 결혼식에는 신들은 물론 전 인류가 정성껏 선물을 준비해 참석했다. 헤라는 많은 선물 가운데서 대지의 여신 가이아가 준 황금 사과나무를 가장 좋아했다. 사람이 이 사과를 먹으면 죽지 않고 도리어 회춘한다. 사람의 발길이 닿지 않는 동산에 심겨 있는 황금 사과나무는 석양의 님프인 헤스페리데스 자매가 돌보고, 잠들지 않는 용 라돈이 지켰다. 그런가 하면 숲의 요정 켈로네는 늦잠을 자는 바람에 유일하게 결혼식에 불참했고, 그 벌로 거북이가 되었다.

결혼 후 제우스의 바람기는 잠시 잦아들었다. 헤라는 자신의 선택이 옳았다며 의기양양했고, 이때까지만 해도 헤라 앞에서 모든 여신이 고분

고분했다. 헤라는 대장장이의 신 헤파이스토스, 전쟁의 신 아레스, 청춘의 여신 헤베, 출산의 여신 에일레이티아 등을 낳았다. 이 가운데 헤파이스토스와 아레스는 헤라 혼자 낳았다는 설도 있다.

헤라가 연달아 출산을 하면서 제우스의 바람기가 서서히 기지개를 켰다. 임신과 출산을 반복하는 가운데 제우스가 바람피운다는 소문을 듣고 제우스에 대한 헤라의 신뢰는 실망으로 변해갔다. 하지만 고대 그리스의 가부장적 문화를 수호하는 여신답게 헤라는 뭇 여인들에게서 가정을 굳건히 지켜야 한다는 사명감을 다진다.

그녀에게 이혼은 처음부터 불가능한 선택이었다. 그녀가 택할 방법은 두 가지였다. 즉, 제우스의 방종을 무시하고 자기 삶을 즐기거나 제우스와 방종하는 여인들을 괴롭히는 것이다. 헤라는 자신의 가치관대로 후자를 택했고, 결혼의 신성성을 모독했다며 제우스를 닦달하기 시작했다.

게다가 헤라를 더 예민하게 만드는 일들이 벌어졌다. 제우스가 바람피워 난 자식들, 즉 아폴론과 헤르메스, 아테나, 디오니소스, 페르세포네 등이 헤라의 자녀들보다 훨씬 훌륭했던 것이다. 그 가운데는 헤라와 대등한 위치에 올라 올림포스 12신에 포함된 신도 있었다. 이른바 첩의 자녀들이 정실인 자기 자식들보다 더 뛰어나자 헤라는 노이로제에 걸릴 지경이었다. 자신이 소중히 여기는 가치관을 지키며 살았는데 결과가 안 좋은 반면, 그 가치관을 무시하고 산 자들의 결과가 더 좋았던 것이다.

이러한 현실을 정당화하기 위해 헤라가 할 수 있는 일은 두 가지였다. 최고의 신 제우스를 더욱 심하게 감시하고, 제우스가 편애하는 여인들과 자녀들까지 괴롭히는 것이었다. 헤라는 제우스의 바람기를 잡는 것을 차츰 포기하게 되었고, 제우스가 밖에서 낳은 자식들을 편애해 자기 자식들이 손해 보는 일이 없도록 늘 신경을 곤두세웠다. 그래서 제우스의 상대녀를 핍박하고 그 자녀들을 가혹하게 대했다.

헤라처럼 정조관념이 투철한 사람들은 배우자가 바람을 피우면 그에 대한 복수심으로 배우자를 닮은 자식에게 심리적 상처를 주는 경우가 종종 있다. 하지만 헤라는 제우스의 외도 상대에게만 분노를 쏟아 부었다. 바람피우는 제우스를 단죄하기보다는 상대 여인들이 제우스를 유혹해서 벌어진 일이라고 본 것이다. 이것이 가부장적 사회가 부과한 사고의 틀이었다. 그런데 헤라와는 달리 아프로디테와 아테나는 이 틀을 벗어나 있었다.

그렇다면 헤라는 왜 불성실한 남편 제우스와 결별하지 못했을까? 제우스의 권력과 지위 때문에? 그렇지 않다. 제우스가 최고의 남신이라면 헤라 역시 최고의 여신이었기 때문이다.

그녀가 아내의 자리를 굳건히 지켜내야 했던 것은 모계사회에서 부계사회로 전환되면서 나타난 현상이다. 자녀를 위해 자신의 정당한 욕구도 희생해야 한다는 모성 이데올로기가 이 시기에 나왔다. 희생적인 모성을 찬양하는 사회 분위기가 모성 콤플렉스로 작동한 것이다.

사회가 부과하는 부당한 콤플렉스를 이겨내야만 개별적 자아가 확립된다. 그 콤플렉스를 이겨내지 못한 헤라의 분노는 제우스의 혼외 자녀들에게 전이돼 집요하게 괴롭힌다. 하지만 헤라 역시 가부장제도의 큰 피해자였다.

헤라에게 핍박받은 제우스의 연인들 - 레토, 이오, 에코, 칼리스토

티탄족 여신 레토는 제우스가 헤라와 결혼하기 전부터 사랑을 나눈 여인이다. 30여 명이 넘는 제우스의 자녀는 모두 그리스 문화를 풍요롭게 했는데, 그중에서도 레토가 낳은 태양신 아폴론과 달의 여신 아르테미스는 으뜸이었다.

그런데 레토가 이 남매를 낳고 키우는 과정은 너무 힘겨웠다. 질투심으로 가득한 헤라에게 괴롭힘을 당했기 때문이다. 레토가 아이를 낳을 때가 되자 헤라는 이렇게 선포했다.

"세상 누구라도 레토에게 아이 낳을 장소를 제공하면 저주를 받을 것이다."

그로 인해 레토가 아이 낳을 장소를 찾지 못하고 헤맬 때 제우스는 아무도 몰래 바다 가운데에 작은 섬 하나를 떠오르게 했다. 포세이돈은 제우스의 부탁을 받고 이 섬 주변에 거센 파도를 일으켜 헤라가 볼 수 없게 했다. 이 섬이 델로스다.

레토는 그렇게 해서 겨우 아이를 낳았지만 마실 물을 구할 수 없었다. 그래서 개울물이라도 마시기 위해 지친 몸을 이끌고 어느 골짜기에 이르렀다. 그때 헤라의 지시를 받은 농부들이 개울물로 뛰어들어 흙탕물로 만들어버렸다. 분노로 부르르 떨던 레토가 하늘을 향해 두 손을 쳐들고 기원했다.

"제우스, 이 사람들이 평생 이 개울을 떠나지 못하게 해주세요."

<헤라의 핍박을 피해 도망치는 레토와 아폴론, 아르테미스>, 메리 조제프 블롱델(Merry-Joseph Blondel), 1822.

그러자 갑자기 그들의 머리와 몸이 붙고 배는 하얗게, 등은 푸르게 변했다. 그러더니 무리를 지어 개울 속으로 들어가 손을 내밀고 발로 차며 헤엄을 쳤다. 제우스가 이들을 개구리로 만든 것이다.

헤라는 어느 누구든 제우스와 정분이 났다 하면 무한대로 핍박을 했다. 강의 신 이나코스의 딸 이오도 이에 해당한다. 제우스가 이오에게 푹 빠져 있을 때, 헤라는 제우스의 눈과 행동거지를 보고 이미 의심을 품은 상태였다.

어느 날 대낮인데도 순식간에 먹구름이 몰려와 사방이 어두워졌다.

'제우스가 바람피우며 누가 보지 못하게 연막을 치는 게 분명해.'

이렇게 생각한 헤라는 올림포스 산에서 재빨리 내려가 구름을 몰아냈다. 주위를 구름으로 감싸고 이오와 사랑을 나누던 제우스는 갑자기 세상이 환해지자 헤라가 알았다는 것을 눈치챘다. 그 순간, 제우스는 순발력 있게 이오를 하얀 암소로 변신시켰다.

헤라가 나타나 제우스를 다그쳤다.

"이 소는 누구의 것인가?"

<헤라와 이오>, 니콜라스 베르헴(Nicolaes Berchem), 1669.

제우스는 얼떨결에 신품종이라고 대답했다.

"그래? 그렇다면 아내가 가져야 맞지. 내게 선물로 줘."

만일 주지 않았다가는 의심받을 게 뻔했기 때문에 제우스는 이를 허락했다. 헤라는 고소해하며 암소를 눈이 백 개 달린 괴물 아르고스에게 보냈다. 그곳에서 밤낮으로 감시를 받게 된 이오는 고통스럽게 울부짖었다.

헤라가 제우스를 놀리며 말했다.

"소가 꼭 실연당한 여인처럼 우네."

"암소니까 그렇겠지."

제우스는 대수롭지 않다는 듯 받아넘기고는 은밀히 헤르메스를 불러 구출하라고 지시했다.

목동으로 변신한 헤르메스는 양떼를 몰고 밤중에 이오가 갇혀 있는 곳으로 갔다. 아르고스는 자리에 누워 자면서도 눈을 두 개만 감았다. 헤르메스가 갈대 피리를 꺼내 은은한 곡을 연주하니 아르고스는 그제야 눈을 모두 감고 깊이 잠들었다. 헤르메스는 아르고스의 목을 낫으로 찍고 우리에 갇힌 이오를 구출했다. 다음 날 이 소식을 들은 헤라가 찾아와 아르고스의 눈 백 개를 뽑아 공작새의 날개에 장식했다.

이후에도 헤라는 암소를 집요하게 추적했다. 쇠파리를 보내 끈질기게 달라붙어서 이오의 동정을 보고하게 했고, 이오는 쇠파리를 견디다 못해 바다 건너 이집트로 도망갔다. 제우스가 포세이돈에게 쇠파리를 떼어내 주라고 부탁했다. 그러자 돌고래들이 몰려와 바다를 헤엄쳐 건너는 이오의 등에 달라붙은 쇠파리들을 잡아먹었다. 이오는 그제야 쇠파리에게서 놓여나 헤라의 추적을 피할 수 있었고, 제우스는 비로소 이오를 원래 모습으로 돌려놓았다. 그때 이오가 건넌 바다 이름이 이오니아 해다.

헤라의 감시를 벗어난 제우스와 이오는 이집트의 나일 강변에서 사랑을 나누며 에파포스를 낳았다. 그 뒤 제우스의 관심이 다른 여인에게 쏠리자 이오는 이집트 왕 텔레고노스와 결혼했다. 이오는 이집트 최고 여신인 이시스로 추앙되었다.

이오 외에도 헤라의 질투에 희생당한 여인들은 많다. 요정 에코와 칼리스토도 그렇다. 산속 깊이 사는 에코는 수다 떠는 것을 좋아하는 아가씨였다. 그녀는 친구 요정이 숲속에서 제우스와 바람을 피는데 헤라가 찾아오자 계속 수다를 떨어 제우스와 친구가 피신할 시간을 벌어주었다. 이 때문에 불륜 현장을 놓친 헤라는 에코에게 저주를 내린다.

"앞으로 너는 메아리처럼 다른 사람의 말만 따라 하게 될 것이다."

이때부터 에코는 누구에게도 먼저 말을 건넬 수 없게 된다. 어느 날 사냥을 나온 나르키소스를 보고 첫눈에 반하지만, 마음을 전한 방법이 없어 그저 뒤를 쫓아다니며 나르키소스의 말을 그대로 반복할 뿐이었다. 나르키소스는 에코가 자신을 놀리는 것으로 생각해 화를 내며 가버렸다.

절망에 빠진 에코는 식음을 전폐한 채 깊은 산속에 숨어 지내다가 죽어서 메아리가 되었다. 에코의 사정을 알 리 없는 나르키소스는 사냥 도중 맑은 샘을 발견하고 목을 축이기 위해 고개를 숙였다. 나르키소스는 수면에 비친 자기 얼굴을 보고 샘의 요정이라 착각했다.

"이렇게 아름다운 분이 샘 속에 계시다니……."

포옹하려고 두 손을 샘 속에 집어넣자 요정이 사라지더니 수면이 고요해지면 다시 나타났다. 그는 같은 행동을 몇 달이나 반복하다가 죽었고, 그 자리에서 수선화가 피어났다. 자신을 항상 우월한 존재로 착각하는 '나르시시즘narcissism'도 이 신화에서 나왔다.

<나르키소스>, 카라바조(Caravaggio), 1594~1596, 로마 국립고대미술관.

나르시시스트들은 사랑

을 할 때도 상대에 투영된 자기 모습을 좋아한다. 그러다가 조금이라도 자신이 희생을 해야 하면 더 이상 사랑하지 않는다. 나르시시스트를 사랑하는 것만큼 위험한 일도 없다. 끊임없이 칭찬해주어야 하는 반면 위로와 지지를 받기는 어렵기 때문이다.

누가 나르키소스를 사랑하게 되었을까? 수다쟁이 에코가 아니라 헤라의 저주로 남의 이야기만 앵무새처럼 반복하게 된 에코였다. 일방적으로 추종하는 성향을 지닌 사람은 나르시시스트에게 빠져들기 쉽다. 이처럼 자기애가 너무 낮으면 자존감 부족으로 주체적 삶을 살지 못한다.

반대로 자존감이 너무 높으면 공감능력이 결여돼 착취적 대인관계를 추구하게 된다. 자기애의 양극단이 나르시시즘과 열등감이다. 자기애가 양극단으로 갈수록 훨씬 불안하고 더 외롭다.

당당한 자존감은 정상적 수준의 자기애에서 비롯된다. 이를 위해서는 에코처럼 남의 말만 따라 하지 말고 자기 자신이 되어야 한다. 어떤 상황에서도 자신을 신뢰하고 긍정해야 하며, 타인의 장점도 같이 긍정해주어야 나르시시즘에 빠지지 않는다.

헤라의 질투심에 희생당한 또 다른 요정 칼리스토. 그녀는 순결을 맹세하고 아르테미스 여신의 시중을 들었다. 그러다가 제우스의 눈에 띄었고, 이 순간 그녀의 운명이 바뀌었다.

아르테미스가 누군가? 레토와 제우스가 사랑해서 낳은 아르테미스는 태어나면서부터 헤라에게 온갖 핍박을 받고 자랐다. 그 영향으로 평생 처녀로 지내면서 자신을 따르는 요정들에게도 순결을 지키게 했다.

그러던 어느 날, 아르테미스가 잠시 자리를 비운 사이 제우스가 아르테미스로 변신해 칼리스토를 안는다. 9개월 뒤 아르테미스와 님프들이 강에서 목욕하던 중 칼리스토의 임신 사실이 발각되고, 아르테미스는 칼리스토를 추방해버린다.

한 달 뒤 칼리스토가 아르카스를 낳자 헤라는 앙칼지게 외쳤다.

"내 남편을 미혹한 너의 미모를 뭉개버리겠다!"

헤라가 공작새의 날개 하나를 공중으로 날리자 칼리스토는 곰으로 변했다. 곰이 되어 숲속을 헤매던 칼리스토는 사냥 중이던 한 젊은이를 발견했다. 장성한 아르카스였다. 칼리스토는 자신이 곰으로 변해 있다는 것을 잊고 아들을 안아보기 위해 달려갔다. 하지만 그 곰이 어머니인 줄 알 리 없는 아르카스는 깜짝 놀라 창을 겨누었다.

그때 제우스가 이 광경을 보았다. 그는 돌풍을 일으켜 창을 날린 뒤 모자를 껴안아 하늘 높이 올렸다. 그 뒤 칼리스토는 대웅성大熊星, 아르카스는 소웅성小熊星이 되어 모자의 정을 나누며 살았다.

헤라는 그 모습을 보고 온몸을 떨었다.

"제우스, 이제 하다하다 바람피운 년과 그 자식까지 하늘의 별이 되게 하는구나!"

헤라는 그길로 양아버지인 대양의 신 오케아노스를 찾아갔다.

"저 하늘의 곰자리 별들이 바닷속으로 내려오지 못하게 해주세요."

이후 대웅성과 소웅성은 대양 밑으로 내려가지 못한 채 한시도 쉬지 못하고 하늘에서만 빙글빙글 돌고 있다.

헤라는 본래 질투의 화신이 아니었다. 제우스가 그리스신화의 왕이 되기 훨씬 전의 모계사회에서 헤라는 위풍당당한 대지모신大地母神이었다.

구석기부터 초기 청동기 초기까지의 선사시대는 집단혼集團婚이나 군혼群婚을 해서 어머니만 분명하고 아버지는 불분명한 모계사회였다.

《신이 여자였을 때》의 저자 메를린 스톤에 따르면 모계사회와 부계사회는 주요 신의 성별이 달랐다. 석기사회에서는 태양신이 여성, 달의 신이 남성이었고 천지를 만든 창조주도 여성신이었다. 그렇다면 언제부터 남성신과 여성신의 위치가 역전되었을까?

모계 중심이던 유럽은 기원전 4500년경부터 부계 중심의 호전적인 인도유럽어족에게 계속 침략을 받았다. 그 무렵부터 최고신으로 숭배받던 여신들의 속성이 남신들에게 전이되기 시작했다.

부권 사회는 청동기의 확산과 농업혁명, 여기에서 발생한 잉여생산물에 따른 상속개념과 그 흐름을 같이한다. 여자에게는 정절과 미가, 남성에게는 권력과 부가 최고의 가치가 되었다. 이에 따라 신화도 재편되었다.

결국 모권의 상징 헤라 대신 제우스가 부권의 상징적 존재로 등극했고, 그의 심기를 거스르면 누구나 벼락을 맞았다. 모계사회와 부계사회에서는 여성다움과 남성다움의 이미지가 바뀌었다. 헤라의 질투 또한 정점에 있는 제우스를 떠나지 않으려는 욕구에서 비롯되었다.

아직 부계사회로 전환되기 전 제우스가 일 년에 한 번씩 헤라의 신전을 방문하면 헤라가 사랑해주었다. 그리고 헤라는 임브라소스(후에 카나토스로 바뀜) 샘에 가서 목욕을 함으로써 처녀성을 회복했다. 여성이 결혼에 얽매이지 않고 남성을 관리하던 모계사회의 한 단면이다. 그러던 헤라가 부계사회에서는 질투하는 여신으로 전락하고 말았다. 그리고 이제 헤라와 제우스가 다시 역할을 교대하는 시대가 오고 있다.

지성미의 여신 아테나의 영웅 선호

지성과 미모를 겸비한 아테나. 로마에서는 그녀를 미네르바라 부른다. 그녀의 어깨 위에 앉아 있는 부엉이도 철학의 상징이다. 이를 보고 독일 법철학자 게오르크 헤겔은 “미네르바의 부엉이는 황혼 녘에야 날아오른다”고 했다. 하루를 준비하는 아침과 분주한 오후를 지나 황혼 녘에 하루를 돌아볼 때 지혜가 떠오르는 것이다.

아테나의 심부름꾼은 원래 까마귀였는데, 워낙 떠들기를 좋아해 아테나의 비밀까지 떠벌리고 다니다가 쫓겨났다. 아테나는 그 대신 낮에는 웅크리고 있다가 밤에만 움직이는 부엉이를 택했고, 과연 부엉이는 필요한 말만 했다. 칠흑 같은 밤에도 사물을 정확히 보며 아테나의 기대를 저버리지 않았다.

엘리후 베다의 〈미네르바〉를 보면 왼쪽 아래에 부엉이가 있고, 아테나는 투구와 갑옷을 내려놓은 채 두루마리를 읽고 있다. 아마 농업, 의술, 미술, 음악, 상업, 지리 등 온갖 지식이 기록되어 있을 것이다. 고대부터 화가들은 여신들을 나체로 그렸지만 아테나만큼은 적절히 옷을 입혀 그렸다. 그만큼 아테나의 이미지는 지혜, 정숙, 전쟁 등과 관련돼 있다.

아테나는 제우스가 혼자 낳은 딸이다. 그 배경은 이렇다. 헤라와 결혼 전에 사귀었던 메티스가 임신을 했다. 그런데 제우스는 그녀에게서 태어날 아들이 자신을 몰아내고 올림포스를 지배하게 된다는 신탁을 듣고 크게 걱정한 나머지 메티스를 통째로 삼켜버렸다.

열 달 뒤 머리에 임산부처럼 진통이 오자 제우스는 헤파이스토스를

<미네르바>, 엘리후 베다(Elihu Vedder), 모자이크, 1896.

불러 머리를 쪼개 달라고 했다. 그러자 헤파이스토스는 통증이 심한 부분을 정확히 내리쳤고, 그 속에서 완전무장을 한 처녀 아테나가 튀어나온 것이다.

제우스의 머리에서 나온 만큼 아테나는 목표를 세우고 전략을 짜는 데 탁월했으며, 약자에 대한 공감이 부족한 반면 영웅을 즐겨 도왔다. 또한 본분을 망각한 자들에게는 지나치리만큼 가혹했다.

헤라클레스, 오디세우스, 페르세우스 등이 이름을 떨치는 데도 아테나의 도움이 컸다. 그녀의 상징은 투구와 방패다. 그녀는 호전적이지 않았지만 정의를 세워야 할 때는 전쟁도 불사했다. 아테나는 전쟁이 없을 때는 주로 베를 짜며 지냈다. 그런 아테나에게 감히 도전장을 내민 사람은 바로 길쌈 솜씨가 좋은 아라크네였다. 아라크네의 숲속 집에는 그녀의 솜씨를 구경하기 위해 사람들은 물론 님프들까지 몰려들었다. 그녀가 짜낸 직물도 천하일품이었지만 베틀에 앉은 자태도 고혹적이어서 사람들이 이구동성으로 속삭였다.

"저 모습을 좀 봐. 가히 신의 경지야. 아마 아테나가 직접 가르쳐주었을 거야."

그때 아라크네가 새침한 표정으로 대답했다.

"저 혼자 익힌 거예요. 제가 아테나보다 못할 게 없죠. 아테나와 한번 겨뤄보고 싶네요."

부엉이에게서 이 사실을 전해 들은 아테나는 자존심이 상했다. 아테나는 노파로 변신해서 아라크네를 찾아가 충고했다.

"처녀는 아직 인생이 뭔지 모를 나이라오. 그래서 충고하는데, 어떤 경우에도 신에게는 절대 도전하지 말아요. 꼭 경쟁을 하고 싶거든 사람들하고만 해요."

"그런 잔소리랑 딸에게나 하세요, 할머니!"

충고가 먹히지 않자 아테나가 실체를 드러냈다. 하지만 아라크네는 놀라는 기색도 없었고, 고개를 숙이지도 않았다.

결국 아테나와 아라크네는 시합을 벌이기 위해 각자의 베틀 앞에 앉았다. 아테나가 짠 직물 중앙에는 제우스가 앉아 있었고, 그 옆에는 투구를 쓴 아테나 자신이 있었으며, 앞쪽에는 12신이 도열해 있었다.

그런데 아라크네가 짠 직물은 전혀 달랐다. 제우스의 문란한 생활과 여러 신들의 비행을 수놓았던 것이다. 아라크네의 직물을 본 신들은 부끄러워 숨었고, 아테나도 아버지의 추행 모습을 발견하고는 어쩔 줄 몰라 했다. 그것을 본 사람들은 박수를 치며 비웃었다. 아라크네의 완벽한 승리였다.

지독한 수치를 당한 아테나는 벌떡 일어나 자기가 짠 직물은 물론 아라크네의 것까지 확 낚아채 갈기갈기 찢어버렸다. 아라크네는 그 모습을 보고는 승리를 자축할 새도 없이 비탄에 빠져 자살하려 했다. 그때 아테나 여신이 냉정하게 꾸짖었다.

"너에게는 죽음도 사치다. 신을 모독한 대가를 살아서 치러야만 한다. 너뿐 아니라 네 자손이 대대손손 오늘의 참담한 행동을 되새기게 해주마. 이제부터 나무에 매달려 평생 실이나 토해내며 살아라!"

아테나가 아라크네에게 아코니트 즙을 뿌렸다. 그 순간, 아라크네의 얼굴에서 코와 입이 떨어지고 손가락이 옆으로 가서 다리가 되었다. 아라크네는 거미가 되고 말았다.

아테나는 자신을 모독한 아라크네뿐만 아니라 그녀의 먼 친척들까지도 스스로 짠 거미줄 속에서 살게 했다. 형벌치고는 지나치게 가혹했다. 도대체 왜 그랬을까? 그 원인은 아테나의 성향에서 찾아야 한다.

<아라크네의 변신>, 귀스타브 도레(Gustave Dore), 1861.

아테나는 제우스의 가슴이 아니라 머리에서 태어났다. 그래서 지능지수는 높은데 감성지수가 바닥이었다. 상호 연대나 공감보다는 위계질서를 중시하는 아테나는 아라크네가 신들을 농락하는 것만큼은 절대 용서할 수 없었다. 아라크네는 신들의 비리를 작품으로 냉소했는데, 아테나는 이것을 농락이라고 보았던 것이다.

아테나는 진실을 드러내고 부당한 권력을 풍자하는 예술가 본연의 자세조차 하극상으로 규정했다. 대단히 이기적인 성향이다. 아테나처럼 지능은 높고 감성이 메마를수록 자존감을 방어하려는 욕구가 강해 이기적이다. 이런 유형의 경우 좋은 것은 자신의 능력 덕분이고 나쁜 일은 외부 요인 때문이라고 생각한다. 심리학자 에밀리 프로닌은 '내성 착각(자기 관찰의 착각)'에서 이기적 편향이 비롯된다고 했다.

아테나의 경직성은 어디서 비롯되었을까? 성장 과정의 생략에서 원인

<아테나 여신의 흉상>, 크레실라스(Kresilas), BC 425.

을 찾을 수 있다. 그녀는 출생 때부터 완벽한 어른이었다. 성인이 된다는 것은 신생아 때부터 시작해 아동기, 청소년기, 청년기 등 그 시기에 필요한 발달 과업을 경험했다는 것이다. 누가 이런 과정을 거치지 않고 어른이 될 수 있겠는가?

그런 과정을 생략한 아테나는 예의범절에 어긋나는 것을 거짓말보다 더 싫어했다. 아테나 같은 유형의 주위에 모여드는 사람들의 특징은 '교언영색巧言令色'이다. 겉모습만 그럴듯하게 꾸미고 아첨과 거짓말을 일삼는 사람들이다. 그러다 보니 자신을 더욱 과대평가하게 되고, 약자들의 실수는 침소봉대針小棒大해 처벌하게 된다.

아테나가 약자의 실수에 얼마나 가혹하게 반응했는지를 보여주는 하나의 사례가 메두사 사건이다. 굉장한 미모를 지닌 메두사는 예쁘다는 칭찬에 익숙해져 자신의 배필은 남신 정도는 되어야 한다고 생각했다. 그래서 포세이돈이 다가오자 기다렸다는 듯 따라나섰고, 그는 메두사를 아테나 신전으로 데려갔다.

포세이돈이 아테나 신전으로 간 데는 이유가 있었다. 사실 아테나가 숙부 포세이돈을 좋아하고 있었던 것이다. 하지만 포세이돈은 너무 지적이고 차가운 아테나를 싫어했다. 그런데도 아테나가 끈질기게 따라다니자 포세이돈은 아테나를 단념시키려고 일부러 아테나 신전에서 메두사와 정사를 벌였던 것이다.

그것을 본 아테나는 모멸감에 치를 떨었다. 사냥의 여신 아르테미스와 함께 순결을 최고의 가치로 여기는 자신의 신전에서, 그것도 자신이 좋아하는 포세이돈이 보란 듯 정사를 벌이다니!

아테나의 분노는 신이 아닌 인간 메두사를 향했다. 그런 사정도 모른 채 메두사는 포세이돈과 날마다 아테나 신전에서 애정 행각을 벌였다.

그러기를 백 일쯤 되던 날, 포세이돈은 비단결 같은 메두사의 머리카락 위에서 밀회를 마친 뒤 먼저 자리를 떴다. 혼자 남은 메두사는 나른한 모습으로 누워 있었다. 그때 갑자기 머리카락이 하나씩 뱀으로 변해 꿈틀거리기 시작했다. 메두사가 기겁해서 일어나 개울물에 모습을 비춰 보니 얼굴과 몸까지도 추악하게 변하고 있었다. 아테나의 저주였다.

메두사처럼 뭇 사람의 찬탄을 받다가 단숨에 회피의 대상이 되어버리면 어떤 심리적 변화를 겪게 될까? 사람은 자신의 자랑이자 장점이었던 부분이 시대의 변화 등으로 최악의 약점이 되어버릴 때 죽음보다 더한 고통을 맛본다. 치명적 질병과 맞닥뜨린 사람이 보이는 과정을 엘리자베스 퀴블러-로스는 부인, 분노, 협상, 비통, 수용으로 규정했다.

이런 심리적 과정은 실연 등 우호적 환경이 갑자기 악화될 때도 비슷하게 나타난다.

변해버린 환경을 처음에는 부인하다가 차츰 왜 나만 이런 일을 겪느냐며 분노한다. 이 분노 끝에 환경과 타협하며 비통해하고 수용한다. 이

<메두사의 머리>, 페테르 파울 루벤스(Peter Paul Rubens), 1618.

것이 상실에 대한 애도의 단계다. 사람들은 이 과정에서 자신과 세상을 성찰하게 된다.

그런데 메두사는 분노의 단계에서 더 나가지 못했다. 분노의 단계에서 돌파구를 찾으려는 협상의 단계로 나가야만 현실조정력과 면역력이 생기는데, 메두사는 분노의 단계에 멈춰 그 어느 괴물보다 무서운 존재가 되고 만 것이다. 메두사는 그때부터 온 세상을 자신의 분풀이 대상으로 여겼다. 그 결과 누구든 메두사를 보는 즉시 굳어져 돌이 되었다.

어느 날 메두사는 돌로 변한 수많은 사람을 보고 생각했다.

'이게 뭐야? 아테나는 나 하나만 억울하게 했지만, 나는 더 많은 사람을 망쳤구나. 더욱이 내게 아무 잘못도 하지 않는 사람들인데…….'

그제야 자신의 분노가 지나쳤고 엉뚱한 곳에 분노를 쏟아 부었다는 것을 깨달은 메두사는 수치심에 아무도 모르는 곳으로 숨어버렸다.

메두사의 경우처럼 방향을 상실한 무차별적 분노의 끝은 은둔밖에 없다. 메두사에 대한 아테나의 저주는 연쇄적으로 무고한 피해자를 낳았다. 아테나처럼 공감 없는 이성주의의 파괴력이 이렇게 큰 만큼 이성의 힘과 공감의 힘은 언제나 비례해야 한다.

공감능력 없이 이성능력만 기른 아테나의 또 다른 특징은 우월성을 추구한다는 것이다. 신화시대의 우월성은 무엇보다 육체의 힘과 용기였다. 아테나는 이런 우월성을 갖춘 페르세우스, 아킬레우스, 오디세우스, 이아손 등을 친구로 대우하며 보호했다.

미의 여신 아프로디테와 추남 헤파이스토스의 강제 결혼

비너스라는 명칭이 더 친숙한 아프로디테는 거품에서 탄생했다. 아프로디테의 아버지 우라노스는 하늘과 땅의 지배자였는데, 아들 크로노스에게 남근을 잘리고 만다. 크로노스가 남근을 바다에 던지자 그 자리에서 커다란 거품이 부글부글 일면서 아프로디테가 탄생했다. 그리고 하늘의 신 우라노스의 자리는 크로노스가 차지했다.

아프로디테는 우라노스의 잘린 남근에서 태어났기 때문에 출생에서부터 이미 신성모독적이고, 그래서 더 관능적이다.

카바넬의 그림을 보면 화폭 가운데 아프로디테가 누워 있고 청명한 하늘이 대양과 연결돼 있다. 1863년 파리 살롱전에 전시된 이 작품은 선풍적 인기를 끌었다. 나폴레옹 황제가 관람하는 자리에서 국가에서 매

<비너스의 탄생>, 알렉상드르 카바넬(Alexandre Cabanel), 1863, 오르세 미술관.

입하라는 지시를 직접 내렸을 정도다.

아프로디테가 출현하자 신들이 서로 자신의 연인으로 삼으려고 다투는 가운데 헤파이스토스도 나섰다. 제우스의 아들 헤파이스토스는 태어날 때 너무 못생겼다며 제우스가 올림포스 산 아래로 던지는 바람에 절름발이가 되고 말았다. 그래서 기어 올라가 어머니 헤라의 품을 찾았지만, 헤라 역시 미의 여신인 자신에게서 이런 추남이 태어난 것이 부끄럽다며 아이를 한 손으로 들어 하계下界에 던져버렸다.

헤파이스토스는 저승을 일곱 바퀴 감싸 돌고 있는 스틱스 강을 지나

머리가 세 개 달린 개 케르베로스가 지키고 있는 지옥의 문에 툭 떨어졌다. 케르베로스는 헤파이스토스가 헤라의 아이인 줄 알고 차마 물지 못한 채 바라보기만 했다. 헤파이스토스는 여기서 다시 지상으로 기어 올라가다가 바다에 빠졌고, 아이가 헤엄치는 것을 본 바다의 여신 테티스가 건져내어 길렀다. 헤파이스토스는 이때의 고마움을 잊지 않고 뒷날 트로이 전쟁이 벌어졌을 때 테티스의 아들 아킬레우스에게 무기를 만들어주었다.

서글픈 신세로 자란 헤파이스토스는 올림포스 산으로 돌아가 대장간을 차렸다. 그는 가장 먼저 자신을 길러준 테티스에게 금목걸이를 선물했고, 이어서 신들의 궁전도 지어주었다. 테티스의 금목걸이를 본 헤라는 헤파이스토스를 찾아가 다그쳤다.

"널 낳아준 어미에게도 선물을 해라."

<헤파이스토스의 대장간>, 소 프란체스코 지암바티스타 바사노 (Francesco Giambattista Bassano le Jeune), 16세기경, 루브르 박물관.

그러자 헤파이스토스는 두말없이 황금의자를 만들어 바쳤고, 헤라는 시녀들을 불러놓고 자랑했다.

"내 아들이 어미한테 선물한다고 정성을 다해 만든 의자다. 나 외에는 아무도 앉지 마라."

그러고는 빛나는 황금의자에 털썩 주저앉았다. 황금의자에 앉은 헤라의 용모는 더욱 반짝였다. 헤라가 시녀들의 칭찬에 기뻐하며 일어나려는데 투명사슬이 튀어나와 다시 의자에 눌러 앉혔다. 그리고 아무리 애를 써도 황금의자에서 일어날 수 없었다.

그때 투명사슬에 이런 노래가 울려 나왔다.

"의자는 일어서기 위해 필요하죠. 영원히 앉아 있어야 하는 의자는 선물이 아니라 징벌이랍니다."

헤라는 그제야 헤파이스토스의 뜻을 알아차렸다.

"이놈이 생긴 건 나를 안 닮고 고약한 심보만 닮았구나!"

그 소식을 들은 신들이 헤라를 찾아와 온갖 궁리를 해가며 풀어보려 했지만 투명사슬은 꼼짝도 하지 않았다. 그래서 아프로디테를 비롯한 신들이 헤파이스토스를 찾아가 설득했지만 어머니에 대한 원망이 워낙 깊어 아무 소용이 없었다.

마지막으로 술의 신 디오니소스가 나섰다. 그는 헤파이스토스에게 술을 잔뜩 먹여 정신을 잃게 한 다음 헤라 앞으로 데려갔다. 얼마 후 정신을 차린 헤파이스토스는 헤라에게 조건을 내걸었다.

"어머니, 어머니는 이 자식을 부끄러워하셨죠. 잘나야만 자식인가요? 그렇게 조건적이었던 어머니를 나도 조건 없이는 못 풀어드립니다."

"그래, 네가 원하는 게 뭐냐?"

"추하다고 저를 버렸으니 세상에서 가장 아름다운 아프로디테를 제 아내로 주세요."

올림포스의 대표 추남이 대표 미녀와 결혼하겠다고 나선 것이다. 하지만 아프로디테가 이를 허락할 리 없었다. 신들의 왕 제우스가 나서서 강제적으로 정리하지 않고는 해결이 어려운 문제였다.

"그건 내 마음대로 안 된다. 네 아버지가 나서야만 해."

"그럼 저도 못 풀어드립니다. 이 가슴에 맺힌 한을 풀려면 최고의 미녀를 아내로 맞아야 합니다. 안녕히 계세요."

헤라는 비틀거리며 돌아서는 아들의 뒷모습을 보고는 제우스에게 공작새를 보내 그 사실을 알렸다. 자식을 버린 데 대한 미안함도 있고 해서 제우스는 아프로디테와의 결혼을 허락했다. 아프로디테로서는 아닌 밤중에 홍두깨였지만, 결혼 자체가 별것 아니라고 생각했기 때문에 제우스의 명령에 따랐다.

그런데 결혼을 가볍게 여긴 아프로디테와는 달리 헤파이스토스는 진지했다. 바로 살림을 차리고 신혼생활을 시작했는데, 헤파이스토스는 첫날부터 이성을 잃고 분풀이하듯 덤벼들었다. 큰 곤욕을 겪은 아프로디테는 그제야 깨달았다.

"아, 애정 없는 동거란 사막에서 선인장을 껴안는 것과 같구나."

누구나 인생이라는 무대에서 그 시대에 필요한 역할을 하며 산다. 그 각본을 자신이 써내려 간다면 더 흥이 날 것이다. 아프로디테와 헤파이스토스의 결혼은 헤파이스토스가 각본을 쓰고 제우스가 후원해서 이루

<올림피아의 연애 - 아레스, 아프로디테, 헤파이스토스>

어졌다. 이 일에서 아프로디테는 꼭두각시였다.

헤파이스토스는 그런 아프로디테를 이해하고 그녀가 마음을 열 수 있도록 상황을 조성해야 했다. 하지만 그 반대였다. 헤파이스토스는 아프로디테가 자신을 좋아하게 만들려고 완력을 썼던 것이다.

상대를 자신에게만 맞추려 할 때 나타나는 패턴이 있다. 그동안 어떤 불안을 덮을 때 주로 사용했던 방어기제가 자아 속에 깊이 각인돼 있다가 나타난다. 성장 과정에서 헤파이스토스가 주로 사용한 방어기제는 '집념'이었다.

추남이라는 이유로 출생하자마자 부모에게 올림포스 산 아래로, 지옥으로 던져지는 버림을 받았다. 하지만 포기하지 않고 산과 지옥의 계곡을 기어올랐다. 헤파이스토스는 이런 집념으로 최고의 남녀신 제우스와 헤라에게서 버림을 받고도 탁월한 대장장이로 성장했다. 신들의 궁전과 제우스의 번개, 아폴론과 아르테미스의 화살도 모두 그의 작품이다. 버림받은 상처를 사회적으로 유용한 목표로 승화해 성공한 것이다.

그런데 성공한 다음부터가 문제였다. 그의 성공 방식이었던 집념이 모든 상황에서 집요하게 반복되었다. 개인적 성취를 향한 집념은 건강하지만, 그것이 타인을 종속시키려는 집념으로 변질되면 강박적 집념이다.

결혼할 시기가 되자 헤파이스토스는 오랜 세월 동안 묻어두었던 열등감을 보상받기 위해 최고의 미녀를 아내로 맞겠다고 결심한다. 당시 최고의 추남에다 권력도 명예도 없는 직업을 가진 그는 최고의 미녀를 아내로 맞겠다는 불가능한 목표를 이루기 위해 온갖 궁리를 한다. 헤라에게 황금의자를 선물해 의자에 묶어두고 끝내 제우스를 움직여 아프로디테를 차지하고 만 것이다.

결국 자신의 대리만족을 위해 아프로디테를 아내로 삼았지만, 헤파이스토스는 열등감 때문에 아프로디테를 믿지 못했다. 잠시라도 방심했다가는 또 무시당할 것이라는 피해의식에 빠져 아프로디테를 닦달했다. 제우스와 헤라에게서 받은 부정적 자극을 아프로디테에게 전이시킨 것이다. 그러는 한편 어린 시절 받지 못한 사랑과 보살핌을 아프로디테에게 강요했다. '피해자'가 '가해자'로 바뀌는 순간이었다.

아프로디테가 그런 상황을 참을 리 만무했다. 그녀는 파도의 포말에서 태어나 원래부터 어떤 제도에도 구속받지 않았다. 정서적으로도 자기충족적이어서 다른 사람들의 시선을 개의치 않았다. 그렇기 때문에 제우스의 결혼 명령도 일종의 이벤트로 가볍게 여기고 따랐던 것이다.

헤파이스토스는 달라도 너무 달랐다. 그는 결혼하자마자 아프로디테에게 아내의 의무를 집요하게 강요했다.

“나를 이해해줘. 나는 태어날 때부터 버림받은 놈이야. 그대가 내 애정의 허기를 채워줘.”

그러나 아프로디테는 헤파이스토스의 요구를 단호히 거절했다.

“왜 내게 사랑을 강요하는 거야? 당신의 상처는 당신이 해결해.”

그때부터 헤파이스토스는 일벌레처럼 대장간 일에만 매달렸고, 이와 함께 아프로디테의 화려한 애정 행각이 시작된다. 그 가운데서도 전쟁의 신 아레스와의 관계가 가장 유명하다. 아프로디테는 아레스가 새벽의 여신 에오스에게 한눈을 팔자 에오스에게 기막힌 저주를 내린다.

“너와 사랑을 나누는 자들은 모두 불행한 결말을 맞게 될 것이다.”

<에오스>, 에블린 드 모건(Evelyn De Morgan), 1895.

이후 ‘장밋빛 손가락’을 지닌 아름다운 에오스와 사랑을 나눈 이들은 비극적으로 생을 마감하게 된다. 트로이의 왕자 티토노스도 그중 하나다. 티토노스를 사랑한 에오스는 영원히 함께 살고 싶어 제우스에게 티토노스를 불사의 존재로 만들어달라고 부탁해 허락을 받는다. 하지만 이때 불노不老의 존재로

만들어달라는 이야기를 빠뜨리고 만다.

그 뒤 티토노스는 죽지 않는 대신 계속 늙었고, 이에 싫증이 난 에오스는 티토노스를 창고에 가둬버렸다. 그러고는 젊고 아름다운 남자 오리온, 케팔로스 등과 만나고 다녔다. 하지만 그들과의 사랑 또한 불행하게 끝났다. 한편, 창고에 갇힌 티토노스는 찾아오지 않는 에오스를 그리워하며 혼자 중얼거리다가 매미로 변했다.

아프로디테의 유일한 순정 아도니스

아프로디테와 아레스는 헤파이스토스를 피해 주로 숲속에서 밀회를 즐겼다. 이 장면을 수풀 사이로 여러 번 훔쳐본 태양의 신 아폴론은 참다못해 헤파이스토스에게 알려주었다.

"너는 밤낮없이 일만 하는데 네 아내는 아레스와 희희낙락하더라."

하지만 헤파이스토스는 대꾸도 하지 않고 대장간에 틀어박혀 뭔가를 만들고 있었다. 며칠 뒤, 헤파이스토스는 청동침대를 가져다가 방에 들여놓았다. 아프로디테가 활짝 웃으며 말했다.

"어머, 침대가 참 멋지네요."

결혼 후 처음으로 아내의 웃음과 칭찬을 받은 헤파이스토스는 의미심장한 미소를 지었다.

"열흘 정도 렘노스 섬으로 출장을 다녀올 테니 이 침대에서 푹 쉬어."

"당신, 이제 보니 참 멋쟁이네. 출장 간다고 아내를 위해 특별한 침대까지 만들어주고."

헤파이스토스가 멀리 사라지는 걸 확인한 아프로디테는 전령 히메로스(갈망, 그리움이라는 뜻)를 아레스에게 보냈다.

아프로디테는 한걸음에 달려온 아레스를 방으로 이끌고는 청동침대에 누워 말했다.

"이 침대 좋지? 제우스도 이런 침대는 없어. 남편이 만들어준 거야. 이 감촉 좀 봐."

"아프로디테, 침대가 아무리 좋아도 당신이 없으면 무용지물이지."

그들이 한참 열락에 취해 있을 때 누군가가 벌컥 문을 열고 들어왔다. 놀라서 쳐다보니 헤파이스토스였다. 게다가 그 뒤로 제우스, 아폴론, 포세이돈, 헤르메스 등 쟁쟁한 신들이 몰려들었다.

제우스가 둘을 보고 말했다.

"잘들 놀고 있네!"

둘이 놀라서 벌떡 일어나려 했지만, 헤파이스토스가 쳐놓은 투명 청동그물이 꽉 죄어 얽어매는 바람에 아무리 발버둥을 쳐도 소용이 없었다.

그때 아폴론이 헤르메스에게 물었다.

"만약 자네에게 헤파이스토스와 아레스의 운명 중 하나를 택하라면 무엇을 택하겠나?"

"무슨 뜻입니까?"

"질투하는 헤파이스토스냐, 수치를 당하는 아레스냐 이 말일세."

"둘 다 부럽지만, 굳이 선택하라면 아레스입니다."

"자네도 저렇게 그물에 갇혀 모욕을 당하겠단 말이지?"

<신들에게 들킨 아레스와 아프로디테>,
요아킴 브테바엘(Joachim Wtewael), 1603~1604, 개인소장.

"아프로디테만 좋다면 저는 그물에 평생 갇혀 있어도 좋겠습니다."

두 신의 대화를 듣고 제우스가 고개를 끄덕였다. 헤르메스가 과연 호색한인 자신의 전령사답게 말했기 때문이다. 그런 중에도 그물 속의 두 연인은 수치스러움에 어쩔 줄 몰라 하며 겨우 얼굴만 감싸고 있었다. 그것을 보기가 민망해서 포세이돈이 중재에 나섰다. 아레스가 사과하고 아프로디테는 다시 처녀로 돌려놓는다는 조건이었다.

그래서 겨우 풀려난 아레스는 자기 신전이 있는 트라키아로 향했고,

아프로디테는 키프로스 섬의 처녀샘으로 가서 몸을 담그고 다시 처녀가 되었다.

하지만 그런 일을 겪었다고 해서 기가 꺾일 아프로디테가 아니었다. 도리어 반항심리가 작동했다.

"제우스, 포세이돈! 당신들도 천하의 바람둥이가 아닌가? 단지 나는 발각되었을 뿐인데, 누가 무슨 권리로 내 몸을 지배한단 말이냐?"

이후에도 아프로디테는 은밀히 아레스와 만났고 둘 사이에서 에로스, 포보스, 데이모스, 하르모니아가 태어났다. 이중 공포의 포보스와 두려움의 데이모스는 아레스를, 조화의 하르모니아와 사랑의 에로스는 아프로디테를 따라다녔다.

한편, 헤르메스의 대답을 기억하고 있던 제우스는 그에게 기회를 마련해준다. 아프로디테가 아켈로오스 강에서 몸을 씻고 있을 때, 제우스는 독수리를 보내 아프로디테의 황금 샌들을 낚아채서 헤르메스에게 주게 했다.

제우스의 의중을 읽은 헤르메스는 강으로 날아가 공중에서 황금 샌들을 흔들며 말했다.

"아프로디테, 그대의 샌들이야."

"얼른 내놔!"

"그냥은 못 드리지."

"그럼 원하는 게 뭐야?"

"오직 당신뿐."

마침 아레스와의 관계가 소원할 때였고, 아레스와 벌거숭이가 되어 망신당할 때 헤르메스가 했던 말에서 위로를 받은 터였다. 아프로디테는 헤라처럼 행복하지도 않은 결혼에 집착하지 않았고, 사랑에 대해서도 마찬가지였다. 싫으면 놓아주고 사랑하면 자신이 직접 선택하는 여신이었다. 헤르메스도 그녀와 마찬가지였다. 이들은 독일의 문호 괴테처럼 기존의 관계에 연연해하지 않으며, 새로운 사랑에 빠져들어가는 과정 자체를 즐긴다.

강변에서 시작된 둘의 사랑은 양성구유兩性具有인 헤르마프로디토스의 출생으로 이어졌다. 아프로디테의 애정 행각은 거침이 없었다. 포세이돈과 사랑을 나눠 자녀를 두었고, 또 디오니소스의 아이도 임신했다.

가정의 수호신 헤라는 이를 지켜보다가 더 이상 참지 못하고 임신한 아프로디테의 배를 주물렀다. 그 결과 태아가 흉측하게 변해서 파렴치한 성중독자 프리아포스가 태어났다.

크게 실망한 아프로디테는 헤라를 꾸짖었다.

"너의 지조志操는 너의 질투와 정비례한다."

아프로디테는 이렇게 자유분방한 애정을 나누었지만 진심으로 사랑한 대상은 신이 아닌 한 인간, 바로 아도니스였다.

어느 날 아프로디테는 숲속에서 아들 에로스와 숨바꼭질을 하던 중 에로스가 실수로 쏜 화살에 맞고 말았다. 그런데 하필 그때 사냥을 나온 아도니스를 본 것이다. 아프로디테는 당연히 사랑의 포로가 되어 아도니스가 가는 곳이라면 어디든 따라다니게 되었다. 즐겨 다니던 파포스 항구도 거친 바다도 더 이상 흥미가 없었다. 아프로디테는 사냥을 좋아하는 아도니스를 따라 사냥복을 입고 함께 돌아다녔다.

어느 날, 키프로스 섬에 갈 일이 생기자 아프로디테는 아도니스에게 키스하며 당부했다.

"사자나 곰 같은 맹수는 피해야 해. 네 젊음과 아름다움도 맹수에게는 통하지 않는단다. 우리의 행복을 위험에 빠뜨리지 마."

아프로디테를 태운 백조 이륜차는 하늘 저 멀리 사라졌다. 그때 기다렸다는 듯 집채만 한 멧돼지가 아도니스에게 달려들었다. 전쟁의 신 아레스가 변신한 멧돼지였다. 아프로디테가 아도니스에게만 애정을 쏟자 앙심을 품은 것이다.

"감히 날 두고 새파란 젊은이와 놀아나다니!"

아도니스는 아프로디테의 충고를 무시하고 창을 들어 멧돼지의 옆구리를 찔렀다. 하지만 멧돼지는 아픈 기색 없이 날카로운 어금니로 아도니스의 심장을 뚫었다. 붉은 피가 솟구치며 비명소리가 터져 나왔다. 그 소리에 깜짝 놀란 아프로디테가 날아왔고, 이미 피범벅이 되어 죽은 아도니스를 껴안고 울부짖었다.

"오, 내 사랑! 네 심장을 다시 뛰게 할 수는 없지만, 네 피는 세상 무엇보다 멋진 꽃으로 피어나리."

피로 물든 땅에 신들의 음료 넥타르를 뿌리자 형형색색의 꽃이 피어나 땅을 덮었다. 아네모네였다. 아네모네는 아도니스의 운명을 닮아 이른 봄이면 만개했다가 바람만 불어도 꽃잎이 떨어진다. 그래서 바람꽃이다.

아프로디테의 연인은 실로 다양했다. 정열적인 아레스, 권위적인 포세이돈, 자유분방한 헤르메스 등 쟁쟁한 신들을 거쳐 인간 아도니스에게 정착하려 했으나 실패했다. 그리고 아프로디테의 처음이자 마지막 순정인 아도니스는 아네모네로 환생했다. 그러한 고뇌의 여정을 거쳐 아프로디테는 진정한 자신의 주인이 되었다. 성장 과정에서 형성되고 부모로 상징되는 의미 있는 타인들에 의해 강화된 무의식적 충동을 조절할 힘을 가지게 된 것이다.

비로소 나를 객관적으로 바라보며 나와 나의 욕망, 나와 나의 상처, 나와 나의 능력 사이에 거리를 두는 것이 가능해졌다. 그 뒤로 아프로디테는 자신이 무모한 사랑에 빠지기보다는 사랑에 빠진 이들을 도와주거나 지켜보면서 즐거워했다.

조각가 피그말리온은 상아 여인상을 조각해놓고 그 조각상을 사랑하게 되었다. 그는 조각상이 진짜 여인이 되게 해달라고 아프로디테에게 날마다 기도했다. 그러자 아프로디테는 그를 찾아와 물었다.

"네 소원대로 된다면 변치 않고 사랑할 수 있겠느냐?"

"예, 저는 지금껏 어느 여인에게도 관심을 가져본 적이 없습니다. 이 조각상이 처음입니다."

"그렇다면 조각상을 인간으로 만들어주면 적어

<오비디우스 이야기의 묘사>, 장 라우(Jean Raoux), 1717.

도 다른 여인과 비교하지는 않겠구나."

아프로디테가 아름다운 조각상에 숨을 불어넣자 조각상이 꿈틀대며 조각 같은 미녀가 되었다. 마침내 피그말리온은 그녀와 결혼했고, 아프로디테의 예측대로 끝까지 행복하게 살았다.

아프로디테에게는 애욕을 불러일으키는 마법의 허리띠 '케스토스 히마스'가 있었다. 그녀는 이 허리띠로 자신이 원치 않는 헤파이스토스와 결혼시킨 제우스를 골탕 먹이기도 했다.

트로이 전쟁 때의 일이다. 제우스는 전쟁의 전개를 지켜보느라 헤라를 외면했다. 그때 아프로디테가 헤라에게 케스토스 히마스를 빌려주었다. 헤라가 마법의 허리띠를 매자 헤라를 목석처럼 대하던 제우스는 오직 헤라에게만 집중하게 되었다.

얼마 뒤, 아프로디테는 회심의 미소를 지으며 헤라에게서 마법의 허리띠를 가져갔다. 그러자 헤라의 허리가 다시 부풀어 올랐고, 제우스는 잠시라도 그런 조강지처에게 빠졌던 자신이 부끄러워 멀리 여행을 떠났다.

제우스가 아프로디테의 농간에 놀아난 것은 그것뿐만이 아니었다. 많은 요정들, 심지어 인간 여인들까지도 쫓아다녀야 했다. 아프로디테가 한 여인이 끝나면 또 다른 여인에게 마법의 허리띠를 빌려주는 바람에 쉴 틈이 없었던 것이다.

체면이 구겨질 대로 구겨진 제우스는 복수를 결심하고 어느 봄날 아프로디테를 불러 심부름을 시켰다.

"이데 산에 목동 안키세스가 있다. 그놈이 감히 나와 풍채를 비교하고 다닌다 하니 신의 이름을 망령되게 하지 말라고 경고하고 오라."

아니나 다를까, 순박하고 청정한 안키세스를 보자 오랜만에 아프로디테의 연심戀心이 동했다. 제우스의 예상이 적중한 것이다.

아프로디테는 프리기아의 공주로 가장해 안키세스를 유혹했다. 제우스의 미션을 망각한 채 자신의 마법 허리띠로 안키세스의 눈을 가린 것이다. 그렇게 함께 봄을 보내고 여름이 되자 아프로디테는 이데 산을 떠나며 자신의 정체를 밝혔다.

"나는 사랑과 미의 여신 아프로디테다. 그동안 즐거웠지? 나와의 사랑을 비밀에 부쳐라. 그래야 제우스의 벼락을 피할 수 있을 것이다."

안키세스는 아프로디테의 말대로 그해 여름에는 비밀을 지켰다. 하지만 가을이 되어 단풍나무숲에서 친구들과 술을 마시다가 취해서 그만 자랑을 늘어놓고 말았다.

"너희들, 내가 누군지 알아? 나는 제우스보다 더 위대해. 지난봄에 아프로디테와 환상의 나날을 보냈다고!"

이렇게 되리라 예상했던 제우스는 기다렸다는 듯 번개로 안키세스를 내리쳤다. 그 순간, 아프로디테가 재빨리 케스토스 히마스를 펼쳐 벼락을 막아주었다. 하지만 안키세스는 하반신 마비 신세가 되었고, 아프로디테와도 헤어져야 했다.

이런 아프로디테를 지켜봐야 했던 헤파이스토스는 어땠을까? 분출하는 화산 바로 아래에 대장간이 있다. 헤파이스토스는 그곳에서 아내의 일탈을 삭여내며 판도라의 상자, 아킬레우스의 창과 방패 등 최고의 걸작을 만들어냈다.

하루는 아테나가 찾아와서 창과 방패를 수리해달라고 했다. 그날따라 관능적인 아내 아프로디테와는 달리 이지적이고 지조를 중시하는 아테나가 멋져 보였다.

'아프로디테 대신 아테나를 아내로 택할 것을…….'

그런 생각이 들자 아테나에 대한 욕구가 용암처럼 솟구쳤다. 헤파이스토스가 뜨거운 눈으로 바라보자 이를 이상하게 여긴 아테나는 창과 방패만 놔두고 급히 떠났다.

며칠 뒤 헤파이스토스가 대장간에 혼자 있는데 아테나가 창과 방패를 찾으러 왔다. 헤파이스토스는 방패를 건네주는 척하며 아테나를 덮쳤다. 둘 사이에 실랑이가 벌어졌는데, 아테나가 사력을 다해 피하는 바람에 헤파이스토스는 뜻을 이루지 못했다. 그때 헤파이스토스가 흘린 정액에서 에리크토니오스가 태어났으며, 그는 후에 아테나의 영지인 아테네의 시조가 된다.

목동 파리스, 아프로디테에게 황금 사과를 주다

인류의 첫 결혼식의 주역은 혼인 당사자인 테티스와 펠레우스가 아니라 불화의 여신 에리스였다. 왜 하필 에리스였을까? 그 결혼식의 의미가 중요하다.

10만여 년 전 인간이 단편적으로 스토리를 만들기 시작한 이래 수많은 신화가 탄생했고, 그 가운데 집단이 선택한 것들만 전승되었다. 결혼도 인간의 본성이 아니라 필요에 따라 생긴 제도다. 모든 제도는 그 나름의 의례를 수반한다. 결혼 제도가 생기자 결혼 예식이 생겼는데, 인류의 첫 결혼식에는 불화의 신이 주역으로 등장했다. 결혼이라는 제도가 인간 본성과 맞지 않는다는 뜻이다. 그날의 신부 테티스도 약탈혼처럼 밧줄에 묶인 뒤에야 결혼을 허락했다.

결혼이라는 제도가 정착되자 천생배필이라는 말이 나왔다. 그 허구를 잘 아는 에리스가 인류의 첫 결혼식장에 등장했다. 에리스는 결혼식장의 초점을 신랑신부가 아니라 세 미녀신으로 바꿔놓았다.

에리스가 의미 있게 던진 황금 사과를 놓고 세 여신이 서로 다투자 난감해진 제우스는 목동 파리스에게 심판 역할을 맡겼다. 파리스는 이 황금 사과를 가부장제의 수호신 헤라도 아니고 영웅애호가인 아테나도 아닌 아프로디테에게 주었다. 목동이 세 여신 가운데 누가 미스월드인지를 결정한 것이다.

당연히 아테나와 헤라의 낯빛은 창백해졌다. 결국 결혼 예식이 미인대회로 바뀌었고, 신부 테티스는 잊히고 미스월드로 등극한 아프로디테만 반짝였다.

그렇다면 파리스는 왜 아프로디테의 손을 들어주었을까?

파리스는 트로이의 이데 산에서 목동 노릇을 하고 있었지만, 원래 트로이 왕 프리아모스와 왕비 헤카베의 아들이었다. 그가 태어나던 날 헤카베는 온 도시가 불타는 꿈을 꾸었는데, 예언자들은 트로이 멸망의 전조라며 불길한 아이를 버려야 한다고 했다. 이에 아이를 이데 산 깊은 곳에 버리게 되었는데, 다행히 곰이 젖을 먹여주었고 양치기가 발견해서 목동으로 길렀다.

<파리스의 심판>, 엔리케 시모네(Enrique Simonet), 1904, 말라가 박물관.

파리스가 이데 산의 목동으로 평화롭게 지내던 어느 날 질투로 가득한 세 여신이 찾아왔다. 당시 파리스는 이데 산에 거주하던 님프 오이노네와 사랑에 빠져 같이 살기 시작한 터였다.

세 여신은 신부와 정겹게 앉아 있던 파리스에게 황금 사과를 던져주며 명령했다.

"우리 가운데 누가 가장 아름다우냐? 이 황금 사과를 가장 아름다운 여신에게 주어라."

파리스는 황금 사과를 받아 들고는 세 여신을 훑어보았다.

"세 여신이 모두 고유한 미를 지니고 있는데 어찌 미의 우열을 따진다는 말입니까? 게다가 옷을 입고 있으니 진면목을 볼 수 없습니다."

그 말은 여신들의 알몸을 보여달라는 뜻이었다. 여신들이 난감해서 머뭇거리고 있을 때 아프로디테가 먼저 보석으로 치장한 옷을 벗었다. 파리스가 경탄하자 아테나도 투구와 갑옷을 내려놓았고, 헤라도 마지못해 여신의 옷을 벗었다. 여신들의 체면이 말이 아니었다. 옷이 상징하는 위엄과 품격은 사라지고 없었다.

파리스가 그래도 머뭇거리자 세 여신은 경쟁적으로 선물을 내놓았다. 먼저 아테나가 제안했다.

"나를 뽑아주면 어느 싸움에서도 승리할 지혜를 주겠다."

이에 질세라 헤라가 신들의 여왕답게 우아하게 말했다.

"나는 너에게 소아시아 전체를 주겠다."

마지막으로 아프로디테가 득의양양한 표정으로 제안했다.

<파리스와 오이노네가 있는 풍경>, 클로드 로랭(Claude Lorrain), 1648, 루브르 박물관.

"나는 너에게 세상에서 가장 아름다운 여인을 주겠다."

이때 예지력을 지닌 오이노네가 파리스에게 간청했다.

"우리에게는 그 무엇도 필요 없으니 이 일에 끼어들지 마세요."

그때 헤라가 핀잔을 주었다.

"요정 주제에 어디서 건방지게 여신들의 일에 간섭하느냐? 냉큼 그 입을 다물어라. 파리스, 어서 결단을 해라."

그러자 오이노네가 다시 파리스에게 부탁했다.

"당신이 꼭 결정을 해야 한다면 아프로디테의 제안만은 거절하세요."

파리스는 오이노네가 질투를 한다고 오해했다. 그는 아직 인생 경험이 많지 않은 청년이었다. 지혜와 권력보다는 열정적인 사랑에 혹할 나이였다.

아테나의 지혜는 노년층이, 헤라의 권력과 부는 중년층이 선호하게 마련이다. 아직 젊은 파리스의 입장에서는 아프로디테의 제안이 가장 매력적이었다. 많은 이와 정분을 나눠본 아프로디테가 역시 파리스의 눈높이에 맞춘 제안을 한 것이다.

파리스와 같은 청년기의 특징이 '강한 자의식'이다. 이들에게 우주의 중심은 곧 자신이다. 이 강한 자의식은 상황에 대한 객관적 이해의 부족에서 온다. 그렇기 때문에 자신의 우정과 사랑 등은 다른 누구도 경험할 수 없는 자신만의 독특한 것이라고 여긴다. 즉, 청년들에게는 심리학자 데이비드 엘카인드가 말하는 '개인적 우화personal fable'가 있다. 이들은 근본적으로 타인과 다르고 독특한 자신만의 감정과 경험 세계를 이해하고 수용하지 못하는 현실 사회에 문제가 많다고 믿는다. 이런 믿음에서 자기 무대 앞에 자신을 받아주고 지지해주는 '상상적 청중'이 있다고 추정한다.

또한 가끔씩 자신이 동화 속의 신데렐라 또는 왕자라고도 생각한다. 개인적 우화는 청춘들에게 용기도 주지만 어디까지나 이는 허구적 자존감이다. 허구적 자존감은 현실에서 긍정적인 면보다 부정적인 면으로 작용할 가능성이 있다. 세 여신이 파리스에게 지혜와 권력과 미를 내놓았을 때 파리스가 지혜나 권력을 선택했다면 미도 따라왔을 것이다. 그러나 그는 낭만적 사랑을 선택했다.

황금 사과를 받아 든 아프로디테는 기고만장했지만, 알몸까지 드러내고 만 지조의 헤라와 순결의 아테나는 분노로 이를 갈았다. 헤라와 아테나는 각자 공작과 부엉이를 타고 가면서 한마디를 남겼다.

먼저 아테나가 파리스를 꾸짖었다.

"젊은 놈이 무엇이 중요한 줄 모르는구나!"

헤라도 한마디 덧붙였다.

"더 살아봐라. 아무리 예쁜 꽃잎도 금세 시들지만 권력과 부는 아주 오래 지속되지. 넌 후회하게 될 거야."

이때 아프로디테가 파리스를 부추겼다.

"걱정하지 마라, 파리스. 카르페 디엠carpe diem! 현재를 즐겨. 오지도 않은 내일 때문에 번민할 필요는 없다. 너는 곧 세상에서 가장 예쁜 아내를 만나게 될 거야."

파리스가 고개를 끄덕이며 좋아하자 헤라와 아테나는 더 화가 나서 하늘 저 멀리 사라지며 외쳤다.

"파리스, 언젠가는 네 조국 트로이를 잿더미로 만들고야 말겠다!"

하지만 그 말이 파리스의 귀에 들어올 리 없었다. 파리스는 오직 세계 제일의 미녀를 만날 꿈에 부풀어 있었기 때문이다.

얼마 후 트로이의 프리아모스 왕이 격투기 대회를 개최했다. 파리스도 대회에 참석해서 결승전까지 올랐는데 상대는 헥토르 왕자였다. 헥토르는 파리스의 친형이었지만 이를 알 리 없는 두 사람은 맨손으로 혈투를 벌였다. 결국 파리스의 승리로 끝나자 헥토르는 화가 나서 칼을 빼 들었다.

"감히 목동 주제에 왕자를 능멸하다니!"

그 순간, 카산드라 공주가 뛰어나오며 외쳤다

"오빠, 잠깐만! 이 사람은 그냥 목동이 아니에요. 우리 형제예요."

헤카베 왕비가 깜짝 놀라 조사해보니 자신의 둘째 아들이 틀림없었다. 왕과 왕비, 자녀들은 "장차 이 아이가 나라를 멸망시킬 것"이라는 예언도 잊은 채 만남을 기뻐했다.

프리아모스 왕은 트로이 왕자로 복귀한 파리스에게 새로운 사명을 부여했다.

"스파르타와 평화협정을 체결하고 오라."

이에 따라 파리스가 사절단을 이끌고 스파르타에 당도했을 때 스파르타 왕 메넬라오스는 이웃 나라를 방문하러 떠난 뒤였다. 그 대신 왕궁을 지키던 왕비 헬레네가 영접을 나왔는데, 그야말로 절세미인이었다.

환영 만찬이 끝난 뒤에도 파리스의 심장은 헬레네의 환영으로 요동쳤다. 하지만 타국의 왕비이니 어쩔 도리가 없었다. 그런데 안타까운 마음으로 숙소에서 쉬고 있는 파리스 앞에 아프로디테가 나타났다.

"헬레네를 보았느냐? 그녀가 바로 내가 너에게 약속한 여인이다."

"헬레네는 이미 결혼한 유부녀입니다. 나 역시 유부남이고……."

"세계 제일의 미녀를 차지하겠다면서 그 정도의 용기도 없느냐? 결혼이 별거인가? 유부녀는 신성불가침인가? 그렇다면 헤라를 선택했어야 옳다. 나를 선택했을 땐 너도 이미 결혼 제도란 정열의 불꽃을 없애는 물일 뿐이고, 그 정열을 태우는 장작은 제도 밖에 있다는 것을 받아들였어야 한다."

파리스를 따라간 헬레네

파리스는 헬레네 왕비를 보고 첫눈에 반했지만 용기를 내지 못하다가 아프로디테의 부추김에 넘어가 헬레네를 차지하기로 결심한다. 사실 헬레네는 결혼 전부터 구애자가 즐비했는데, 메넬라오스 왕과 결혼한 뒤로는 왕의 감시로 감히 누구도 접근하지 못했다.

헬레네는 출생부터가 남달랐다. 부모가 각기 인간 둘, 신 둘이었던 것이다. 스파르타의 왕비 레다가 헬레네의 대리모였고, 친모는 거만한 자에게 벌을 내리는 복수의 여신 네메시스였다. 또 양아버지는 틴다레오스 왕이었지만 실제 아버지는 바람둥이의 대명사 제우스였다.

헬레네는 인간의 손에서 자랐지만 사실 신의 딸이었다. 그녀는 제우스의 풍류風流와 오만한 자를 꺾고 마는 어머니의 기질을 함께 타고났다.

게다가 아름답기까지 해서 인류 최초의 팜므 파탈femme fatale이 된다. 헬레네의 치명적 매력 앞에 많은 사람의 운명이 바뀌었다. 틴다레오스의 뒤를 이어 스파르타 왕이 된 메넬라오스 또한 헬레네와 결혼한 뒤 치명적 운명의 소용돌이에 휘말린다.

그러면 신들의 딸인 헬레네가 어떻게 공주로 자랐을까?

일방적으로 네메시스를 좋아했던 제우스 때문이다. 제우스는 네메시스에게 끊임없이 추파를 던졌고, 네메시스는 여러 가지 동물로 변신하며 피해 다녔다. 마지막에는 거위로까지 변신했는데, 제우스는 백조로 변해 기어이 네메시스를 겁탈했다. 거위 네메시스는 결국 큰 알을 하나 낳았지만, 그 알을 품지 않고 방치했다.

만약 그 알을 다른 짐승이 먹거나 썩기라도 한다면 제우스의 위신이

<레다와 백조>, 미켈란젤로(Michelangelo), 1520, 파리 국립도서관.

뭐가 되겠는가. 자기가 뿌린 씨도 거두지 못한다며 올림포스 신들이 반발할 것이다. 제우스는 궁리 끝에 백조로 변신해 알을 품고는 이식할 대상을 찾아다녔다. 마침 에우로타스 강에서 목욕을 하고 있던 레다를 또 덮쳐 알을 이식했다. 헬레네는 그렇게 해서 세상에 나왔다.

아일랜드의 시인 윌리엄 버틀러 예이츠는 그 광경을 이렇게 노래했다.

> 너무 갑작스럽게 백조가 큰 날개를 퍼덕이며 가녀린 레다를 덮쳤다.
>
> 검은 물갈퀴가 그녀의 허벅지를 쓰다듬고, 그녀의 목을 부리로 누른다.
>
> 그녀의 놀란 가슴이 백조의 가슴에 안겼다.
>
> 겁먹은 레다의 손이 허공을 휘저으나,
>
> 맥이 풀려버린 다리에서 깃털에 쌓인 영광을 밀어낼 수 있으랴?
>
> 백조가 급습하는 바람에 드러눕긴 했지만 왜 이리 야릇하게 심장이 뛰는지?
>
> 그날 두 골반의 전율에서부터 성벽城壁 파괴, 불타는 도시 그리고 아가멤논의 죽음도 잉태되었다.
>
> 레다는 알고 있었을까? 백조의 무심한 부리가 그녀를 놓아주기 전 제우스의 힘과 지혜를.

예이츠는 레다와 백조의 결합을 그리스문명 2천 년의 극적인 시발점으로 보았지만, 그 사이에서 태어난 헬레네는 사연 많은 일생을 보내야 했다.

강에서 목욕을 마친 레다는 환궁해서 카스토르, 폴리데우케스, 클리타임네스트라와 헬레네를 출산한다. 물론 틴다레오스 왕은 헬레네도 친딸로 알고 무척 기뻐했다.

헬레네는 자라면서 점점 더 복사꽃처럼 화사하게 피어났다. 처녀가 되자 각국의 왕들이 서로 아내로 삼겠다고 나서는 바람에 구혼 경쟁이 너무 과열돼 전쟁이 날 지경이었다. 틴다레오스 왕은 걱정이 되어 구혼자들에게 세 가지를 서약하게 했다.

첫째, 자신의 명예를 걸고 모두 한자리에 모여야 한다.

둘째, 헬레네가 직접 보고 선택하면 그 결과에 승복해야 한다.

셋째, 헬레네의 결정에 불만을 품는 자가 나타나면 모두 함께 징벌해야 한다.

그렇게 해서 남편으로 선택된 사람이 메넬라오스였고, 둘 사이에서 딸 헤르미오네가 태어났다. 틴다레오스가 죽고 두 왕자 카스토르와 폴리데우케스도 일찍 죽었기 때문에 메넬라오스가 스파르타의 왕이 되었다. 메넬라오스의 형 아가멤논은 미케네의 왕이 되었고 헬레네의 동생 클리타임네스트라와 결혼했다.

어쨌든 스파르타를 찾아온 파리스는 헬레네를 만났고, 마침 메넬라오스 왕이 자리를 비운 틈을 타서 헬레네를 납치했다. 일설에는 헬레네도 파리스를 사랑해서 스스로 따라나섰다고 한다. 두 사람이 스파르타를 빠져나가는 데는 아프로디테의 도움이 컸다.

귀도 레니의 그림을 보면 파리스가 헬레네를 끌고 가는 것이 아니라 정중히 모셔가는 모습이다. 헬레네의 표정에 설렘이 넘치고, 그들 앞에서는 에로스가 사랑을 노래하고 있다.

<헬레네의 납치>, 귀도 레니(Guido Reni), 17세기경, 루브르 박물관.

두 사람이 트로이에 도착하자 오이노네가 다시 예언했다.

"너희의 결혼이 땅과 하늘을 화염으로 뒤덮으리라."

하지만 파리스와 헬레네는 그 말을 무시하고 성대한 결혼식을 올렸다. 트로이가 온통 파리스 왕자의 결혼을 축하하는 분위기로 가득할 때 오이노네는 파리스와의 생활을 청산하고 이데 산으로 돌아가야 했다.

그녀는 파리스에게 마지막으로 부탁했다.

"훗날 당신은 큰 부상을 입게 될 거예요. 오로지 나만 고칠 수 있으니 이데 산으로 찾아오세요. 꼭 오세요, 기다릴게요."

파리스는 왕실에서 버림받고 외롭게 목동 일을 할 때 산과 강의 주인인 오이노네를 아내로 맞아 어렵지 않게 지냈다. 하지만 그 오이노네가 쓸쓸히 돌아가는 것을 보고도 파리스는 헬레네와의 신혼을 즐기기에 여념이 없었다.

파리스는 왕자로 태어났지만 형세 판단과 전략적 결정이 필요한 왕실에서 격리되었고, 목동이긴 했지만 요정 오이노네가 도와주어 양들을 초장으로 인도하고 맹수를 막아주는 책임감을 기를 필요가 없었다. 말하자면 파리스는 무늬만 왕자, 무늬만 목동인 상태로 어른이 된 것이다.

이런 경우 상황 파악에 어둡고 책임감도 없으면서 권리만 누리려고 하는 경향이 있다. 심리사회학자 제프리 아네트는 이를 가리켜 '이머징 어덜트후드emerging adulthood'라 했다. 성인이 된다는 것은 자신의 행위에 대해 책임을 지는 것이다. 하지만 이머징 어덜트후드는 권리만 누리고 책임은 지지 않으려 한다. 세상에 권리 없는 책임도 없고 책임 없는 권리도 없다. 책임과 권리는 언제나 비례하고 그래야 건강한 관계를 유지할 수 있다.

파리스 같은 '성인아이'들은 신체만 성인일 뿐 정신은 청소년기에 머물러 있다. 그는 몸은 성인이었지만 자신의 행위가 어떤 영향을 미칠지 고려하지 않았다. 책임을 질 만한 인격이 부족했다는 뜻이다. 양육자가 과잉간섭을 하거나 완전히 방치하고 과잉보호만 했을 때 성인아이가 되기 쉽다. 과잉간섭 속에서는 정체감을 형성하기가 어렵고, 과잉보호 속에서는 책임감을 기르기가 어렵다. 자아정체감이 분명해야 가야 할 길을 알고, 책임감을 가져야 과제를 완수해낼 수 있다.

발달심리학자 에릭 에릭슨은 사람이 태어나 성인이 되는 과정을 '자아를 찾아가는 과정'으로 보았다.

인생의 첫 단계인 유아기 때 기본적인 신뢰감을 쌓으면 다음 과제인 자율성 형성이 쉬워진다. 기본적인 자신감이 자율성인데, 이 과제를 잘 수행하면 또래 등 집단에서 주도적으로 행동할 수 있다.

4단계의 근면성은 자신에게 주어진 일을 잘해내는 것이다. 그리고 5단계인 청소년기에는 '내가 누구인가'라는 자기정체감을 확립해야 한다. 이 시기에 자기 확인이 이루어지지 않으면 가족과 사회, 또래집단에서의 자기 역할에 혼란을 일으키게 된다. 이 경우 당연히 다음 과제인 타인과의 친밀성도 확보되기가 쉽지 않다.

〈에릭슨의 발달 8단계〉

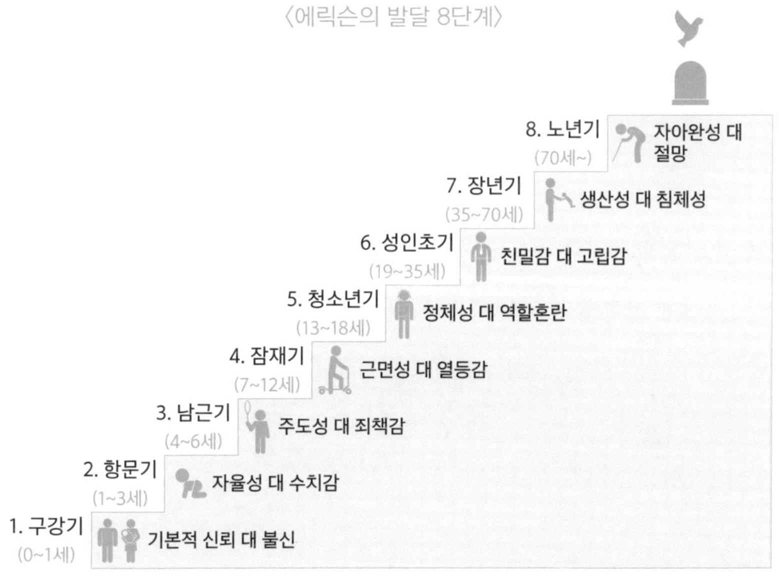

* UN 자료를 참조해 장년기와 노년기를 조정함.

에릭슨의 심리사회발달이론은 전 생애에 걸쳐 적용된다. 일반적으로 구강기에 기본적인 신뢰가 확립되지만, 성인이 되어서도 어떤 관계가 시작될 때 그 관문은 기본적 신뢰다. 예를 들어 취직 후에는 먼저 회사와 직원, 동료 간, 상사와 부하 사이에 기본적 신뢰가 정착되어야 다음으로 자율성이 드러난다. 따라서 신뢰-자율성-주도성-근면성-정체성-친밀감-생산성-자아완성은 유기적으로 연결되어 있다.

파리스를 살펴보자. 그는 산속에 버려져 곰 젖을 먹었다. 곰이 사람처럼 영아와 교감하기는 어려우니 신뢰 대신 불신이 깔렸다. 항문기인 유아기 때도 양치기가 방치해두었을 것이다. 이 시기에 양육자가 엄격하면 수전노 같은 강박적 성격으로, 반대로 방치하면 항문 이완의 쾌감에 고착되어 허영심이 강한 성격으로 발전하기 쉽다.

파리스는 기본적으로 불신과 허영심이 강하고 자기에게만 몰두하는 성격이다. 아내 오이노네가 곁에 있는데도 세 여신을 알몸으로 만들었고, 또 사신으로 간 나라의 왕비 헬레네를 납치해 전쟁을 촉발시켰다 .

메넬라오스가 스파르타로 돌아와보니 헬레네는 파리스와 함께 떠나고 없었다. 헬레네가 없는 궁전은 그에게 아무 의미가 없었다. 그는 즉시 헬레네에게 구혼했던 자들을 찾아다니며 구혼 당시의 서약을 지킬 것을 종용했다. 그리하여 그리스 전역에 걸쳐 원정군이 결성되었다.

제3장

카오스, 가이아, 우라노스

보편적 인간

태초에 카오스가 있었나니……

기원전 12세기경 도시국가 트로이는 고대 그리스 왕국과 자웅을 겨룰 만큼 강력한 해상세력으로 부상했다. 양 세력이 팽팽히 맞선 가운데 트로이 왕자 파리스가 저지른 행동은 전쟁을 유발하기에 충분했다. 그 역사적 배경에는 결혼식에 초대받지 못한 불화의 여신 에리스가 던진 미끼에 말려든 세 여신의 신화가 있다.

시대를 초월해서 인간 집단에는 의리와 배신, 욕망과 헌신, 전술과 전략이 난무한다. 이러한 현상 뒤에는 심리적 인간이 있고, 그전에 자연이 있고, 자연 이전에 카오스Chaos가 있었다. 즉, 태초에 카오스가 있었던 것이 아니라 카오스와 태초가 함께 출발한 것이다.

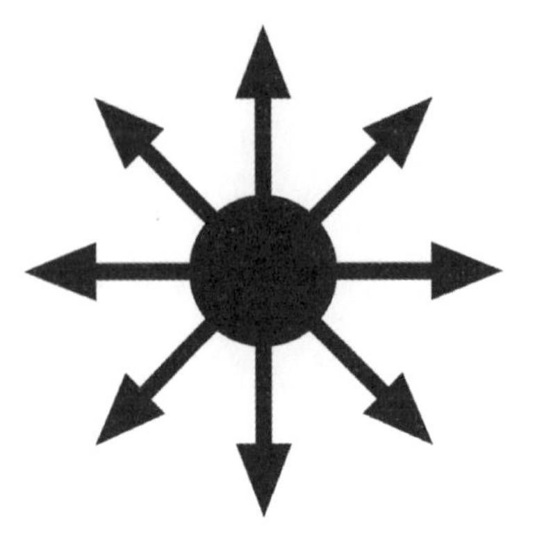

그리스의 카오스 상징.

우주만물 이전의 최초가 카오스다. 절대적 지존의 신이 세계를 창조한 것이 아니라 만물이 이루어지고 인간이 진화하며 인간에 의해 신들이 태어났다. 인간이 신을 만들어 생존과 번영에 필요한 특성을 부여한 것이다. 세계의 탄생 과정에서 나온 다른 신화들도 그리스신화와 흡사하다.

인도신화에서는 유有, 무無조차 없고 오직 카오스에 뒤덮인 파동계波動戒에서 태초가 시작된다. 게르만신화에서도 태초 이전에 긴눙가가프Ginnungagap라는 거대 공백의 심연만 있었다. 중국신화 또한 카오스 상태에서 맑은 기운은 위로 올라 하늘이 되고 탁한 기운은 가라앉아 땅이 되었다. 이처럼 카오스는 그리스뿐 아니라 모든 신화의 공통 출발점이다. 카오스는 '컴컴하고 텅 빈 공간'이라는 뜻으로 '질서 없는 공허'이며, 이것이 만물을 출산하는 신적 존재다.

빅뱅 직후 카오스가 시작되었는데, 그렇다면 빅뱅 이전에는 무엇이 있었을까? 질문 자체가 모순이다. 빅뱅 이전에는 시간과 공간 자체가 없었기 때문이다. 시간에 없으니 어제, 그제, 내일, 모레라는 설정이 불가능하고 시간이 없는데 전후좌우가 있을 수 없다.

그리스신화 가운데 신들의 계보를 체계적으로 잘 정리한 책이 헤시오도스의 《신통기神統記》다. 여기서도 '끝없는 공간' 카오스가 나온다. 시공간조차 없는 무의 상태에서 갑작스런 대폭발이 일어나 공간이 형성되고 시간이 흐르는 카오스가 시작되었다.

태초에 카오스(혼돈, 컴컴한 우주)가 있었다. 오랫동안 혼돈과 어둠이 지구를 덮고 있었고 거기에서부터 최초의 신들이 탄생했다. 카오스로부터 태초의 암흑 에레보스와 밤의 여신 닉스, 대지의 신 가이아, 돌도끼를 떨어뜨리면 아흐레 낮과 밤을 지나야 도달할 수 있는 땅속 깊은 곳의 타르타로스, 생명을 낳는 에로스가 저절로 나왔다. 이 가운데 에로스는 신화가 구전되면서 먼 훗날 미의 여신 아프로디테의 아들로 각색된다.

에레보스와 닉스 사이에서 깨끗한 공기의 신 아이테르와 낮의 여신 헤메라, 뱃사공 카론, 명계를 흐르는 강의 여신 스틱스도 태어났다. 원시적 힘의 어머니가 닉스인지라 후에 하나님 자리를 차지하는 우라노스와 크로노스, 제우스까지도 함부로 대하지 못했다.

남성 없이 닉스가 홀로 낳은 자식으로는 에리스(분쟁), 타나토스(죽음), 아파테(사기), 히프노스(수면), 네메시스(율법), 모로스(파멸), 모모스(불평), 모이라이(운명), 필로테스(애정), 오네이로이(꿈), 오이지스(고뇌), 게라스(노령) 등이 있다. 후에 닉스는 가이아가 홀로 낳은 하늘의 신 우라노스와 결합해 리사(광기)도 낳았다.

카오스에서부터 출발한 초기 인류사회는 모계중심일 수밖에 없었다. 아이를 품고 낳은 어머니가 중요할 뿐 아버지가 누구인지는 그리 중요하지 않았다. 신화에서 여인 홀로 아이를 낳았다는 것도 아버지가 분명치 않다는 뜻이다. 원시사회가 구성되면서 나타나는 현상을 닉스의 자녀들로 의인화한 것이다.

닉스의 자매 가이아도 세 명의 신을 무성생식으로 낳는다. 별이 총총한 드높은 하늘의 우라노스, 대지를 감싸고 포효하는 바다 폰토스, 님프들의 거처인 거대한 산맥 오레가 그렇게 태어났다.

여기까지는 이성을 지니게 된 인간이 다양한 관계 속에서 겪는 감정과 거대한 자연을 신격화하는 과정이 주를 이뤘다. 천하를 통제하는 인격적 신을 만들지 않았고, 불가해한 자연현상에 신적인 힘이 깃들었다고 보는 애니미즘animism 정도였다. 혼돈의 우주에서 지구가 탄생하며 하늘과 땅이 분리되는 과정이었다.

그 뒤 가이아가 먼저 대지의 여신이 되었고 얼마 뒤엔 우라노스가 하늘의 남신, 즉 1대 하나님이 되었다. 두 신은 처음에는 잘 지내다가 차츰 치열한 패권 다툼을 벌이게 된다. 이것이 모계사회에서 부계사회로 가는 과정이다.

카오스에서부터 모든 신과 인간의 원초가 되는 가이아가 나왔다. 제우스가 나오기 전까지 고대인들은 모신母神 가이아를 최고의 신으로 숭배했다. 무생물에서 호모사피엔스가 진화하고 7만 년 전 인지혁명을 일으킨 뒤 모계 중심으로 사회조직이 짜이기 시작했다.

원시 난혼상태인 이 시기에 남성의 역할은 무엇이었을까? 하버드대학교의 니얼 퍼거슨 교수 등에 따르면 남성은 여성의 성과 노동을 위한 도구에 불과했으며, 그 능력을 상실한 남성은 바로 제거당했다. 그러다가 만 년 전 농경사회가 도래하면서 남성들의 반란이 일어난다. 여성 제사장을 제거하고 남성이 이를 차지하는데, 제정일치시대였으므로 족장의 교체와도 같은 것이다. 모계사회가 부계사회로 전환되자 여성을 출산과 양육의 도구로 보기 시작했고, 이런 남성주의적 시각에서 여성의 존재 가치를 드러내는 하나의 수단으로 성적 매력과 모성애가 부각되었다.

그래서 카오스가 낳은 에로스는 부계사회가 되자 아프로디테의 철부지 아들이자 심부름꾼으로 전락한 것이다. 물론 남성 사회에서 모성애를 강요한 측면도 있지만, 이는 출산 기능이 끝난 노년의 여성에게 안전판 역할을 하기도 했다. 권력은 남성이 장악하고, 그 남성을 미모의 여성이 농락하거나 어머니가 관리하는 시대가 된 것이다.

카오스는 우주의 혼돈 그 자체인 동시에 방향성도 부여한다. 즉, 카오스가 황혼처럼 붉은 어둠의 신 닉스와 흙 속의 깊은 어둠 에레보스를 낳으면서 우주의 윤곽을 세웠고, 그다음엔 대지의 여신 가이아가 모습을 드러냈다. 대지를 기초로 한 방향성이 질서 또는 조화를 의미하는 코스모스다. 이때 가이아가 조화를 위한 모델로 코스모스꽃을 만들었을 것이다. 코스모스는 아름답긴 하지만 여리고 약해서 바람에도 쉽게 흔들린다. 그만큼 질서나 조화는 깨지기 쉽다는 뜻이다.

고흐의 〈별이 빛나는 밤〉에는 난류가 가득하다. 아마 직관적으로 우주가 난류로 가득하다는 것을 깨달았으리라. 자연의 기본 형태는 카오스와 코스모스로 되어 있다. 카오스에서 코스모스가 나오고 다시 코스모스에서 카오스가 나온다. 둘이 순환해야 파국을 맞지 않고 지속된다.

카오스가 삼라만상의 공통적인 무화지향성無化指向性이라면 가이아는 인간심리 차원에서 자아自我라 할 수 있다. 모든 만물은 대지에 뿌리를 내리고 소멸과 회생을 거듭한다. 대지가 비옥할수록 생명체의 회복도 잘

<별이 빛나는 밤>, 빈센트 반 고흐(Vincent Van Gogh), 1889, 뉴욕 현대미술관.

이루어진다. 신화에서 대지의 신 가이아의 탄생은 심리학에서 자아의 탄생이다. 땅의 신 가이아가 나온 뒤 하늘의 신 우라노스가 나왔다. 그다음에는 산맥과 대양과 신들, 요정, 별과 자연이 나왔다. 그래서 가까이는 가이아 안에서 멀리는 카오스 안에서 일체유심조一切唯心造다.

대지는 굳건하면서도 부드러워야 한다. 그래야 빗물도 받아들이고 식물이 자란다. 대지가 강철처럼 강하기만 하면 불모지가 되고, 대지가 연약하기만 하면 사막이 된다. 생태계가 다양한 대지는 어떤 풍상 앞에서도 원상복구가 된다. 그것이 회복탄력성이다.

인간 자아의 원형인 가이아가 하늘의 신 우라노스를 저절로 낳고 뒤에 우라노스와 결합하게 된다. 이것은 무슨 의미일까?

자아가 하나님, 즉 신을 추리해냈고 나중에 그 추리와 결합해 온갖 사상과 문화를 만들어냈다는 것이다. 자아가 사회적 경험과 학습을 통해 설정해놓은 것이 초자아super-ego다. 자아의 자식인 우라노스는 곧 도덕이며 종교다. 물론 이때의 초자아는 대단히 희미하고 모호했다. 자아는 그 시대에 적응하기 위해 초자아라는 이상 원칙, 즉 울타리를 세운다. 그렇게 만든 울타리 안에서 자아를 안전하게 지키려 한다.

모든 신화가 그렇듯 그리스신화도 하늘과 땅의 접속에서부터 신들의 이야기가 전개된다. 가이아는 자기 수준의 크기와 넓이를 지닌 우라노스를 만들어 자신을 뒤덮게 했다. 땅이 하늘을 만들어 자신을 덮게 한 것이다.

대지의 신 가이아와 하늘의 신 우라노스

어느 날 대지의 여왕 가이아와 하늘의 남자 왕 우라노스가 만났다. 하늘과 땅이 붙은 것이다. 빛조차 들어올 수 없이 새까만 어둠 속에서 티탄 12족이 하늘과 땅을 쫙 가르며 태어났다.

티탄족은 다음과 같다. 남신은 대양의 신 오케아노스, 지성의 신 코이오스, 광명의 신 히페리온, 별자리의 신 크리오스, 수명의 신 이아페토스다. 그리고 여신은 창공의 신 테이아, 풍요의 신 레아, 법률의 신 테미스, 기억의 신 므네모시네, 예언의 신 포이베, 물의 신 테티스다. 마지막으로 농경과 시간의 신인 크로노스가 농경사회가 시작되면서 탄생했다. 티탄 12신은 대양, 지성, 별자리, 인간의 수명, 시간, 농업 등을 창조했다.

뒤이어 가이아와 우라노스는 거대한 괴물만 연달아 출산한다. 외눈박이 거인 키클롭스 삼형제, 즉 브론테스(천둥)·스테로페스(번개)·아르게스(벼락)와 함께 100개의 팔과 50개의 머리를 지닌 백수百手 거신 헤카톤케이레스 삼형제, 즉 코토스(돌격)·브리아레오스(강자)·기에스(손재주)를 낳은 것이다.

올림포스 신들의 선조인 이들에게는 식인 풍속이 있었다. 원시인들이 선조를 대자연의 위력을 상징하는 존재로 설정한 것이다.

땅 가이아가 괴물들을 낳자 하늘 우라노스는 수치스럽다며 태어나는 대로 타르타로스에 가두었다. 지하 어두운 곳에 갇힌 자식들은 괴로워하며 울부짖었다. 바로 그 장소가 가이아의 깊은 곳이었으니 자식들이 깊은 곳에서 요동칠 때마다 가이아도 고통스러웠다. 그래서 우라노스를 찾아가 자식들을 풀어주라고 애원했지만 무시를 당했다.

"대지가 낳은 하늘이거늘, 대지를 무시하다니……. 대지가 있어야 하늘이 존재하는 법, 그 자명한 이치를 골수에 사무치도록 깨닫게 해주리라."

가이아는 모멸감에 치를 떨며 날카로운 낫을 만들었고, 다 만들고 나서 티탄 12족을 불렀다.

"너희 가운데 누가 이 낫으로 어미의 한을 풀어주겠느냐?"

모두 우라노스를 두려워해서 고개를 숙인 채 말이 없을 때 막내 크로노스가 벌떡 일어났다.

"대지를 무시한 하늘은 존재 가치가 없습니다. 제가 나서서 하늘을 교체하겠습니다."

크로노스는 가이아가 건네준 낫을 받아 들고 때를 기다렸다. 어느 날 어둠이 내리고 빛을 잃은 하늘이 땅과 혼연일체가 되려는 시간이 왔다. 가이아의 침대 아래 숨어 있던 크로노스는 낫으로 우라노스의 생식기를 힘껏 찍었다. 치명상을 입은 우라노스는 어둠의 장막을 찢고 저 멀리 달아나며 저주를 퍼부었다.

"네 이놈, 크로노스! 너도 나처럼 네 아들놈한데 쫓겨날 것이다."

그러거나 말거나 크로노스는 손에 쥐고 있던 우라노스의 생식기를 바다에 던져버렸다. 그 자리에서 하얀 파도가 거세게 일더니 미의 여신 아프로디테가 태어났다.

또한 우라노스가 도망치며 흘린 피에서 복수와 저주의 여신 에리니에스 세 자매와 물푸레나무의 님프 멜리아스, 거인족 기간테스가 태어났다. 이들은 가이아와 우라노스 시대에 서열 싸움이 얼마나 치열했는지를 보여준다. 원시사회의 주요 무기인 창은 멜리아스의 물푸레나무로 만든다. 에리니에스 세 자매는 박쥐 날개를 달고 항상 피눈물이 흐르는 눈으로 저주의 대상을 찾아다녔다. 또한 기간테스의 하반신은 뱀인데, 이는 원시인들이 영특한 전술을 구사하기 시작했다는 것을 나타낸다.

드디어 크로노스가 우라노스를 몰아내고 하늘과 세상의 지배권을 차지했다. 카오스에서 크로노스가 권력을 잡을 때까지가 인간 심리의 보편적 원형archetype과 개인적 원형 그리고 희미한 초자아가 형성되는 기간이었다.

보편적 원형이란 카오스 그 자체다. 인간에게만 국한되는 것이 아니라

만다라가 그려져 있는 티베트 불교의 탕가.

모든 존재의 기초다. 인간만의 심리라기보다는 삼라만상의 존재론적 기본 요소에 더 가깝다. 그런데도 존재의 역동성과 관련되기 때문에 보편적 원형이라 칭한다.

인류는 영원히 카오스 심리를 바탕에 깔고 있다. 카오스를 노자는 태허太虛라 했고, 카를 융은 수레바퀴, 만다라 등으로 표상이 된다고 했다.

자연에서 비롯되어 나온 인간은 자연과의 합일을 원초적으로 갈망한다. 원형의 바퀴 모양인 만다라 형태의 전통 문양은 인도를 비롯해 세계 각지의 문명에서 나타났다. 개인도 몰입을 통해 자연과의 원초적 합일을 느낀다. 몰입은 카오스에서 만물이 분화되는 과정을 역주행하는 것이다. 행복, 불행 등의 감정이 사라지는데, 이것이 동양의 무상무념無想無念이며, 서양의 아포파시스apophasis이다.

몰입을 할 때는 무아지경無我之境에 빠지고, 이런 황홀감은 우리의 기층基層에 깃든 카오스로의 회귀 심리 때문에 생긴다. 그래서 심리학자 미하이 칙센트미하이는 그런 몰입이 곧 행복의 조건이라고 했다. 행복의 두 기둥을 자기 생존을 책임지는 개인적 분화와 타자와 관계를 맺는 사회적 융합이라 한다면 몰입이 이 기둥을 튼튼하게 해준다. 극복해야 할 어떤 과제에 몰입하면 몰입할수록 유능하고 특화된 기능을 가지게 되며, 그 후 능력 상승과 더불어 세상과 더욱 합치되는 느낌을 가지게 된다.

물론 몰입이 모두 긍정적인 것은 아니다. 도박, 알코올, 경마 등 반사회적이고 편집증적인 몰입은 개인의 삶을 망가뜨릴 수 있다. 그래서 필요한 것이 회복탄력성이다. 카오스가 몰입을 유도한다면 대지의 여신 가이아는 회복탄력성을 뜻한다.

회복탄력성의 핵심은 두 가지다. 먼저 긍정적 몰입의 다양화다. 연구, 독서, 명상, 영화·음악 감상 등의 정적인 몰입과 등산, 스포츠, 걷기 등의 동적인 몰입을 병행할 필요가 있다. 다른 하나는 심리적 근육의 강화다. 한 사람에게서라도 애증을 경험해본 사람과 작은 시련이라도 극복해본 사람이 큰 시련도 극복해낼 수 있는 것이다.

한편, 가이아의 요청으로 우라노스를 제거한 크로노스는 대지 속에 갇혀 있던 가이아의 자식들을 모두 풀어주어야 했다. 하지만 티탄족만 모두 풀어주고, 키클롭스 삼형제와 헤카톤케이레스 삼형제는 그대로 남겨두었다. 가이아가 이들도 풀어주라고 했지만, 크로노스는 도리어 괴물 캄페를 타르타로스의 수문장으로 두어 엄하게 감시했다.

이에 실망한 가이아는 크로노스에게도 불길한 예언을 한다.

"절대자 하나님이 되니 너도 네 아비처럼 변하는구나. 그러면 남은 길은 딱 하나, 너도 네 아비처럼 자식에게 하늘의 왕좌를 빼앗기리라."

하지만 이제 막 아버지를 축출하고 권력을 잡은 크로노스의 귀에 그 예언이 들어올 리 없었다. 크로노스는 절대자의 권위 유지에 필요한 재원이 풍부한 여신 레아를 아내로 선택했고, 우라노스보다 더 심한 독재자가 되었다. 크로노스와 레아 사이에서 화로의 여신 헤스티아, 대지의 여신 데메테르, 신들의 여왕 헤라, 지옥의 신 하데스, 바다의 신 포세이돈, 신들의 왕 제우스까지 올림포스의 주요 6신이 태어난다.

크로노스는 레아가 자식을 낳을 때마다 곁에서 지키고 있다가 먹어 치웠다. 자신이 그랬듯 자식들이 자신을 쫓아낼까 봐 두려웠기 때문이다.

그렇게 다섯 자녀를 잃은 레아는 여섯째를 임신했을 때 가이아를 찾아갔다. 가이아는 아이를 꼭 지키게 해달라고 도움을 청하는 레아를 크

<거인(또는 공포)>, 프란시스코 고야(Francisco Goya), 1808~1810, 프라도 미술관.

레타 섬으로 데려가 출산하게 했다. 레아는 아이를 낳자 가이아에게 양육을 부탁한 뒤 크로노스에게 돌아가 마치 아기를 낳지 않은 것처럼 행동했다. 그리고 며칠 뒤 출산한 척하며 커다란 돌을 아이라고 속여 크로노스에게 건넸다. 크로노스는 그 돌이 갓난아이인 줄만 알고 그전 아이들처럼 덜컥 삼켰다.

가이아에게 맡긴 레아의 아이는 크레타 섬의 이데 산 동굴에서 크로노스의 눈을 피해 염소젖을 먹으며 자랐다. 아이가 울 때마다 동굴 밖에서 쿠레테스가 춤추며 창으로 방패를 두들겨 크로노스가 듣지 못하게 했다. 그렇게 자란 아이가 훗날 자연, 인간, 신들을 지배한 제우스였다.

크로노스와 아울러 시간과 관련된 신이 카이로스다. 제우스의 막내로 기회의 여신인데, 날개 달린 발로 날아다닌다. 그녀의 앞머리는 무성하지만 뒷머리가 없어 다가올 때 잡아야 한다. 크로노스가 역사적 시간으로 수평적이라면 카이로스는 묵시론적 시간이며 수직적이다. 크로노스인 역사 속에서 카이로스는 어떤 기회나 결정적 사건을 의미한다.

크로노스는 잡아먹는 신이다. 누구에게나 공평한 24시간을 분초로 나눠 자기를 계발해 생산성을 제고한다. 그러다가 어느덧 힘없는 노년이 된다. 이런 시간을 인간답게 미덕의 시간으로 만들어주는 것이 카이로스다. 여신 카이로스는 풍성한 앞머리를 출렁거리며 누구에게나 다가오는데, 배려와 이해 등 사랑의 수고를 베푸는 사람만이 카이로스의 머리를 잡을 수 있다.

우라노스, 아들 크로노스에게 제거당하다

하늘과 땅이 만나면 괴물이 태어난다. 가이아와 우라노스 사이에서 태어난 괴물이 티탄 12족, 키클롭스 삼형제, 헤카톤케이레스 삼형제 등이다. 이들은 거인이며 식인종들로 합리적 이성을 완전히 뭉개는 상상 속의 괴물들이다. 오죽하면 우라노스가 이들을 부담스러워했을까? 우라노스는 이 괴물들 때문에 1대 하나님인 자신까지 경멸의 대상이 될까 두려워 이들을 모두 타르타로스에 가둔다.

타르타로스도 가이아와 함께 카오스의 자녀다. 인간의 자아를 상징하는 가이아가 태어날 때 무의식의 시초인 타르타로스도 동시에 태어났다. 후에 타르타로스는 하데스에 포함된다.

뒤에 살펴보겠지만 하데스는 집단무의식이다. 집단무의식의 형성 단계인 타르타로스에 가이아와 우라노스가 처음 낳은 자식들이 모두 유폐되었다. 그래서 타르타로스를 가이아의 자궁이라고도 한다. 가이아와 우라노스의 12괴물이 타르타로스에 갇히면서부터 무의식에 자아의 현실 원칙과는 다른 근원적인 충동이 자리를 잡는다.

정신분석학자 자크 라캉은 근원적 충동을 가리켜 철저히 은폐되어 기표로 모습을 드러내지 않는 '큰 사물Das Ding'이라 했다. 현존재로 큰 공백이지만 그 한도 안에서 존재를 반복하는 역설적 존재다.

우라노스가 자식들을 지하에 가둔 이유가 또 있다. 당시는 모계사회에서 부계사회로 전환되던 혼돈의 시기였다. 어머니 가이아를 도와 모계 풍속을 지키려는 쪽이 티탄 12족과 키클롭스 삼형제, 헤카톤케이레스 삼형제였다. 따라서 부계사회의 확산을 꾀하는 우라노스 세력들이 이들을 괴물로 낙인찍어 가둬버린 것이다. 부계사회가 확산되는 과정에서 우라노스 신화가 나왔다. 한 가족뿐 아니라 원시사회 전체가 가부장적 질서로 재편되는 시대에 맞는 신화가 필요했고, 하나밖에 없는 절대 지존이라는 뜻의 하나님이 필요했다. 그리고 우라노스가 바로 그 하나님으로 등극했다.

이때부터 절대 지존은 성역이 되고, 성역을 보존하기 위해 금기taboo 사항이 설정된다. 최초의 공동체적 금기 사항이 생겨난 것이다. 금기의 핵심은 절대 지존에 대한 반역이다. 모든 권력은 신이 내린 것이고, 그 정점에 위대한 신이 있다. 그 신에게서 부여받은 모든 권력은 신성불가침화한다. 반역죄는 곧 신성모독죄였으므로 우라노스는 가부장적 질서를 무시하는 가이아 추종 세력을 모두 타르타로스에 가둬버렸다. 우라노스가 만든 최초의 초자아적 교리dogma는 가부장적 질서에 대한 무조건적 순응이었다. 자동으로 가부장 질서에 대한 반항 욕망이 최초의 금기 사항이 된 것이다.

그렇다면 금기시된 이 욕망은 어디로 갔을까? 자아의 심층으로 내려가 무의식 속에 자리를 잡았다. 초자아의 시작이 권위에 대한 순종이고, 무의식의 시작은 권력에 대한 저항이었다. 이는 인간의 본성이 자유라는 것을 뜻한다.

인간이 자기 자신이 되려면 인간의 본성인 자유를 확대해야 한다. 하지만 자유를 무한히 확대하기 어려운 것이 또한 인간의 실존이며, 여기서 절망하게 된다. 이런 절망을 철학자 쇠렌 키르케고르는 '죽음에 이르는 병'이라 했다. 하지만 그는 이 절망을 신과의 단절과 연결시키려고 절망의 본래 지점을 상실한다. 절망의 본래 지점은 가부장적 질서의 신비화를 위해 권력이 급조하고 가설한 종교적 계시에 있다. 그 계시에 묶여 인간이 본래의 자신이 되려 하지 않고 허구적 신화를 좇아간 것이 곧 종교적 금기 앞에서 부딪친 절망이다.

종교적 계시와 상상력은 유사해 보이지만 엄연히 다르다. 신적 권위로 포장하고 외부에서 강요되는 것이 종교적 계시라면 상상력은 강요 없이 자발적으로 추구하는 세계다. 이런 상상력이 그리스·로마신화에서 종교적 계시를 압도했다. 그리스의 신들은 인간과 별로 다를 게 없어 인간의 상상을 제약할 수 없었고 도리어 조장했다.

그러나 유대신화 등에서 하늘을 의인화해 인간사를 지배하는 유일 최고신을 설정하기 시작했다. 이때부터 인간의 상상력은 종교적 계시 아래 편협하게 갇혔고, 그 결과는 중세의 암흑기까지 연결되었다. 이런 세기적 어둠을 몰아내고 르네상스를 야기한 것이 문예부흥이었다.

어쨌든 가이아의 깊은 곳인 타르타로스에 갇힌 이들 중에 기억의 신 므네모시네가 있었다는 것에도 유념할 필요가 있다. 권력이 신성불가침이라는 금기를 만들면서 자아에 현실원칙만 남고 쾌락원칙이 무의식이라는 곳으로 내려간 것이다.

그즈음 모계사회의 상징인 가이아는 '스키테'라는 거대한 낫을 아들 크로노스에게 건네며 부계사회의 상징인 우라노스를 제거하게 했다. 낫은 농경문화를 상징하는데, 농경사회 초기까지도 모성사회의 분위기가 강했던 까닭으로 보인다.

<그리스의 신—크로노스>, 벤체슬라우스 홀라르(Wenceslaus Hollar),
토마스 피셔 희귀본 도서관.

크로노스는 명령대로 우라노스를 제거하고 가이아에게 모든 것을 돌려주어야 했다. 하지만 가이아를 완전히 무시하고 오히려 아버지보다 더 혹독한 가부장체제를 확립해갔다. 1대 하나님보다 2대 하나님이 더 가혹해진 것이다.

이처럼 도덕이나 종교는 한번 고착화되면 맹신 수준으로 가속화된다. 크로노스는 자신의 형제인 티탄족을 풀어주지 않았을 뿐만 아니라 자기 자식들은 아예 태어나자마자 잡아먹었다.

17세기 보헤미아 출신의 벤체슬라우스 홀라르의 판화를 보면 농경의 신 크로노스가 자기 아이를 잡아먹고 있다. 그 참상을 레아가 황당한 표정으로 바라보고 있다. 크로노스의 자녀 가운데서는 오직 제우스만 어머니 레아의 정성과 할머니 가이아의 도움으로 간신히 목숨을 부지했다.

한편, 우라노스가 죽으면서 탄생한 아프로디테의 시대적 역할은 무엇이었을까?

크로노스가 가부장제를 강화해가는 상황에서 그녀의 역할은 체제 유지였다. 나날이 열악해지는 여성 집단을 위한 체제전복이나 개혁이 아니라 가부장제로 공고화된 체제 속에서 특수한 자질을 지닌 몇몇 여성들만 신분과 관계없이 높은 지위를 누렸다. 이는 승자의 여유이기도 했고, 다수의 억압자 가운데 극소수를 지배층에 편입시킴으로써 능력 본위의 사회인 것처럼 보이게 하려는 책략이었다.

가부장제에서 나름대로 위치를 차지한 아프로디테는 본질을 놓아둔 채 지엽적이고 자기중심적인 장악을 추구했다. 이런 아프로디테에게 가부장제가 준 선물이 에로스였다. 원래 카오스가 산출한 에로스를 가부장제에서 아프로디테의 아들로 둔갑시킨 것이다.

남성 중심 사회에서 여성은 에로틱한 매력으로만 남성을 사로잡으라는 일종의 책략이었다. 태고 적부터 모계시대까지 에로스는 생명의 신으로 왕성하게 생명체를 탄생시켰다. 에로스의 번식력에 놀란 어둠의 신 닉스는 균형을 잡아주기 위해 죽음의 신 타나토스를 낳았다. 생태계를 망치는 무한번식을 막고자 한 것이다. 정신분석학의 창시자 지그문트 프로이트는 이 신화를 연구해 인간 본성에 자기 번식의 에로스와 자신을 무기물로 환원하려는 타나토스가 함께 존재한다는 것을 밝혀냈다. 에로스가 아프로디테와 무관하게 될 때 인본 중심의 사회가 생태계 중심의 사회로 진화할 것이다.

제4장

제우스, 하데스

초자아와 무의식

크로노스를 제거한 제우스
- 그후 뒤바뀐 여신과 남신의 지위

아버지 크로노스를 피해서 이데 산 동굴에서 자란 제우스는 크로노스를 제거할 방법을 궁리하고 있었다. 당시는 헤라와 결혼하기 전으로 제우스는 메티스와 연애 중이었다. 그녀는 1세대 티탄족 오케아노스와 테티스의 딸로 인간과 신들 가운데 가장 지혜로웠다.

"메티스, 크로노스를 제거하고 내가 하나님이 되고 싶어."

"당신 혼자 힘으로는 어림도 없어요."

"그럼 누구의 도움을 받아야 할까?"

"크로노스의 배 속에 있는 형제들을 꺼내세요. 그들의 도움을 받아야 해요."

"그야 나도 알지만, 어떻게 꺼내야 할지 모르겠군. 나도 낫을 들고 숨어 있다가 배를 가를까?"

"그런 멍청한 소릴 하다니! 크로노스가 우라노스에게 쓴 수법이 또 통할 리 없잖아요. 이번에는 부드럽게 접근해야 해요. 여기 내가 만든 구토약을 레아에게 드려요."

레아는 제우스에게서 받은 구토약을 음식에 타서 크로노스에게 주었다. 크로노스는 아무 의심 없이 음식을 먹고는 곧바로 구토를 시작했다. 맨 먼저 제우스 대신 삼켰던 돌덩이가 튀어나왔다. 제우스는 이 돌을 '옴파로스(배꼽)'라 부르고 델포이에 두어 세상의 중심이 되게 했다.

돌을 토한 크로노스는 제우스의 형제들을 차례로 토해냈다.

"뭐야? 레아 네 짓이지!"

크로노스가 화가 나서 잡으려고 달려들자 레아는 재빨리 숨었다.

크로노스는 가장 나중에 삼킨 자식을 맨 먼저 토해냈으므로 다섯 자식들은 태어난 순서와 반대로 세상에 다시 나왔다. 그들은 세상으로 튀어나오자마자 이미 성인인 제우스 앞에 서더니 즉시 성인이 되었다. 그렇기 때문에 막내인 제우스는 신들의 왕이 될 수 있었다.

크로노스는 분노로 포효하며 레아와 자식들을 잡아 죽이려 했다. 이렇게 해서 크로노스를 포함한 티탄족과 제우스 중심의 올림포스 신들의 10년 전쟁 티타노마키아가 발발한다.

우라노스가 크로노스로 교체된 것은 인간 초자아의 내용도 바뀔 수 있다는 뜻이다. 그것이 회심回心이며 전향轉向이다. 그리스신화에서 1차

전향은 모계사회와 부계사회의 대결인 가이아와 우라노스의 권력 투쟁으로 일어났다. 부계사회가 정착된 상태에서 진행된 2차 전향은 크로노스와 제우스의 대결 이후 일어났다.

크로노스의 배 속에서 다시 튀어나온 포세이돈, 하데스, 헤라, 데메테르, 헤스티아는 제우스를 중심으로 권력을 쟁취하기 위한 작전을 펼쳤다. 자신들의 힘으로는 크로노스를 이길 수 없었으므로 일단 세력 확보에 나섰다. 올림포스 주신들의 어머니인 레아 등 티탄족의 여러 신을 설득해 제우스 편에 서게 했다.

그들 가운데는 티탄족 이아페토스의 두 아들 프로메테우스와 에피메테우스도 있었다. 두 형제는 인간에게 많은 유익을 주었는데, 특히 프로메테우스는 인류의 창조자이면서 불도 주었다. 이에 위협을 느낀 제우스는 최초의 여자 판도라를 에피메테우스에게 보내 인간을 장악하려 했다. 프로메테우스가 그 의도를 간파하고 만류했지만 에피메테우스는 이를 무시하고 판도라와 결혼했다.

에피메테우스와 판도라 사이에서 태어난 딸 퓌라는 프로메테우스의 아들 데우칼리온과 결혼한다. 프로메테우스는 둘이 결혼하는 날 예언을 해주었다.

"제우스가 대홍수를 보내 육지의 인간과 생명체를 없애버리려 할 것이니 미리 대비하여라."

그날부터 부부는 방주를 만들기 시작했고, 그 결과 대홍수에도 살아남았다.

'먼저 아는 자'라는 뜻의 이름을 지닌 프로메테우스는 제우스가 결국

<티타노마키아>, 코르넬리스 판 하를렘(Cornelis van Haarlem), 1588년경.

싸움에서 이길 것을 알았다. 그래서 '나중에서야 아는 자'라는 뜻의 이름을 지닌 에피메테우스를 설득해 함께 제우스 편에 합류한 것이다. 이와 함께 오케아노스의 딸 스틱스도 자녀들과 함께 제우스 편이 되었다.

그렇게 크로노스 측과 제우스 측이 맞붙었지만 쉽게 승부가 나지 않고 공방전이 이어졌다. 답답해진 제우스는 할머니 가이아를 찾아가 비책을 물었다.

"타르타로스에 아직 갇혀 있는 키클롭스 삼형제와 헤카톤케이레스 삼형제를 구출해서 네 편으로 만들어라."

이마 한가운데 눈이 한 개 있는 거신巨神이 키클롭스, 50개의 머리와 100개의 팔을 지닌 거신이 헤카톤케이레스다. 키클롭스는 생김새처럼 화산을 상징하고 헤카톤케이레스는 대자연의 위력을 나타낸다.

가이아에게서 지혜를 구한 제우스는 그길로 지하세계로 달려갔다. 그 뒤 풀려난 키클롭스 삼형제와 헤카톤케이레스 삼형제가 전쟁에 가담하면서 10년간 계속된 전쟁은 마침내 제우스의 승리로 기울었다. 헤카톤케이레스 삼형제가 한 번에 300개씩 바위를 던져 티탄족을 바위 무더기 안에 가둔 가운데 키클롭스 삼형제가 번개와 천둥과 벼락을 내리쳐 결정적인 승기를 잡았다.

<폴리페모스>, 요한 하인리히 빌헬름 티슈바인(Johann Heinrich Wilhelm Tischbein).

티탄족이 그래도 버티자 제우스는 벼락치기로 결정타를 날렸다. 그의 벼락은 키클롭스 삼형제의 벼락과는 차원이 달랐다. 제우스의 벼락 한 방에 불길이 치솟아 대지가 불타고 강과 바닷물도 부글부글 끓어올랐다. 또한 번개 빛을 보는 자마다 시력을 잃었다.

결국 티탄족은 무기를 버리고 돌더미 속에 납작 엎드렸다. 제우스는 그들을 쇠사슬로 묶어 타르타로스에 가둔 뒤 입구의 청동문을 헤카톤케이레스 삼형제에게 지키게 했다. 또한 같은 티탄족 아틀라스에게는 하늘과 땅을 영원히 떠받쳐야 하는 벌을 내렸는데, 이로써 하늘과 대지는 완전히 분리되었다.

이렇게 해서 당당히 하늘을 차지한 제우스는 포세이돈에게 바다를,

<그리스의 신–제우스>, 벤체슬라우스 홀라르(Wenceslaus Hollar), 토마스 피셔 희귀본 도서관. 3번째 하나님으로 등극한 제우스가 보좌에 앉고 아내 헤라가 옆에 앉았다. 그 옆에 서 있는 딸 헤베는 청춘의 신으로 신들에게 음료 넥타르를 따라주는 잔을 들고 있다.

하데스에게 지하의 저승을 각각 다스리게 했다. 또한 데메테르는 크로노스와 티탄족이 축출된 뒤로 농경의 여신이 되었다.

제우스는 하나님이 되자 우라노스와 크로노스보다 더 심하게 가이아를 무시했고, 아예 아틀라스에게 하늘과 땅을 분리하게 했다. 이는 가부장제를 완전히 굳혔다는 뜻이다.

우라노스에서 출발한 가부장적 가치관, 즉 초자아의 콘텐츠는 제우스에 이르러 완성 단계에 들어갔다. 창조주의 자리도 이미 여신에서 남신으로 바뀌었고, 이후로는 여신들의 위치도 남성 위주로 살아야 하는 여성들의 삶을 반영했다.

<독수리로 변신한 제우스와 함께 있는 헤베>, 귀스타브 아돌프 디에즈(Gustav-Adolphe Diez),
1826, 레이크스 미술관.

즉, 아테나는 베 짜는 신, 헤라는 가정의 수호신, 에일레이티이아는 분만의 신, 헤스티아는 집 안을 데우는 화로의 신, 아르테미스는 달과 야생동물의 신으로 등장한다. 여성들은 해야 할 일이 있으면 그 일을 주관하는 여신에게 제사를 올렸다. 그렇게 하지 않으면 여신의 분노를 사서 바라는 대로 되지 않는다고 믿었다.

티탄족을 물리친 제우스는 최고 존엄의 자리에 앉았지만, 그 자리를 더 확고히 하기 위해서는 몇 번의 고비를 더 넘겨야 했다. 먼저 제우스에게 철저히 무시당한 가이아가 있다. 그녀는 제우스의 집권을 저주했다. 자기 자식들을 또다시 지하의 어두운 곳에 가두었기 때문이다.

가이아의 생애는 배신의 역사였다. 처음엔 자신이 만든 우라노스, 그 다음엔 아들 크로노스, 마지막으로 손자 제우스에 이르기까지 연달아 3대째 배신을 당한 것이다.

그래서 가이아는 제우스를 찾아가 쏘아붙였다.

"네 할아비도 내가 만들어서 하늘을 맡겼다. 또한 네 아비는 물론 너도 내가 출세를 시켰다. 그런데도 나를 이렇게 곤혹스럽게 하다니……. 너도 네 아비, 할아비처럼 네 자식에게 왕위를 빼앗길 것이다!"

우라노스, 크로노스, 제우스를 의지했으나 결국 배신당한 가이아는 복수를 선언했다. 자아가 믿고 울타리로 삼던 초자아가 배반할 때 자아는 무의식의 충동을 받아들일 수 있다. 가이아가 구상한 복수극이 그것을 증명한다.

가이아는 아프로디테를 찾아가 부탁했다.

"네 허리띠를 빌려다오."

"아니, 노인께서 어디 쓰시게요?"

"그건 알 것 없고 허리띠나 빌려줘. 그리고 모르는 척 가만있는 게 좋을 거야."

아프로디테는 의아해하며 허리띠를 건넸고, 가이아는 그것으로 허리를 꽉 졸라맸다.

모계사회의 상징인 가이아가 누군가에게 추파를 던진다는 것은 상상도 못할 일이었다. 당시만 해도 모계사회의 영향력이 아직 남아 있어 한쪽에서는 남성이 여성의 성적 도구이자 노동수단이라는 분위기가 지배했다. 그래서 아프로디테가 이해하지 못했던 것이다.

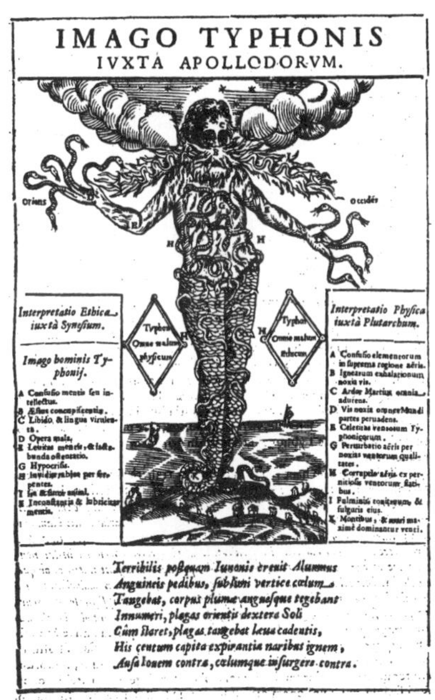

<티폰>, 아타나시우스 키르허(Athanasius Kircher), 《오이디푸스 아에깁티아쿠스》, 1652.

이미 폭삭 늙어버린 가이아였지만, 일단 아프로디테의 허리띠를 맨 이상 누구라도 유혹할 수 있었다. 가이아는 지하 감옥으로 타르타로스를 찾아갔다.

"웬일이요? 여기까지 찾아오다니."

가이아는 시큰둥하게 맞이하는 타르타로스 앞에서 말없이 겉옷을 벗었다. 가이아의 꽉 조인 허리가 뇌쇄적으로 비쳤다. 땅속 깊은 곳의 둘 사이에서 지옥불 같은 열기가 솟구쳤다. 여기서 그리스신화 사상 가장 무섭고 강력한 티폰이 태어났는데, 괴물도 그런 괴물이 없었다.

현실을 중시하는 자아가 쾌락 중심의 무의식의 충동을 받아들여 괴물을 낳았다. 괴물을 본 가이아는 광기에 휩싸여 쾌재를 불렀다.

"제우스, 이놈! 너도 이제 끝이다. 흐흐흐흐."

신들의 전쟁

티폰의 기괴성과 파괴성에서 태풍typhoon이라는 용어가 나왔다. 티폰은 상반신은 남성, 하반신은 두 마리의의 큰 뱀이 똬리를 튼 모양을 하고 있었다. 그가 일어서면 머리가 하늘에 닿아 별자리를 휩쓸었으며, 양쪽 손가락에 뱀 대가리 백 개가 달려 있어 쉬쉬 괴상한 소리를 냈고, 양팔을 뻗으면 동에서 서까지 닿을 정도로 길었다. 또 눈과 입에서 불을 뿜으며 야수처럼 섬뜩하게 울부짖었고, 날개가 있어 날 수도 있었다.

티폰의 아내 에키드나도 상반신은 아름다운 여인이었지만 하반신은 용이었다. 둘 사이에서 히드라, 케르베로스, 키메라, 오르토스, 스핑크스 등 수많은 괴물이 태어났다.

가이아는 티폰을 흡족하게 바라보며 명령했다.

"너 대지의 숨겨둔 자식이여, 하늘의 신 제우스를 쳐라!"

어머니의 명을 받은 티폰은 꼬리로 땅을 내리쳤다. 올림포스 산으로 돌격한다는 신호였다. 이렇게 해서 전쟁 티포노마키아가 시작되었다. 티

<제우스와 티폰의 싸움>, 1811, A. L. 밀린의 책 《신화 갤러리》

폰이 쿵쾅거리며 지나가는 곳마다 지진이 일어나고 폭풍우가 몰아쳤다. 올림포스의 신들이 모두 겁을 먹고 이집트로 도망간 가운데 제우스만 홀로 남았다.

제우스는 눈에서 불을 내뿜으며 다가오는 티폰을 번개로 후려치며 공격했다. 티폰은 하늘의 별을 따서 제우스의 번개를 막아내는 동시에 돌풍으로 공격했다. 그렇게 백 일 가까이 공방전을 펼쳤지만 도무지 승부가 나지 않았다.

백 일째 되는 날 새벽, 오랜 싸움에 싫증이 난 티폰은 올림포스 산을 그냥 묻어버리기로 했다. 그래서 뱀 몸통인 두 다리 가운데 왼쪽 다리로 지중해의 한 섬을 통째로 파내어 올림포스 산에 퍼부으려 할 때, 제우스가 티폰의 허점을 발견하고 오른쪽 다리에 번개를 내리쳤다. 다리에 부상을 입은 티폰은 그 자리에서 도망쳤고, 제우스는 그 뒤를 쫓으며 번개를 쏘았다.

<그리스의 신-티폰>, 벤체슬라우스 홀라르(Wenceslaus Hollar), 토마스 피셔 희귀본 도서관.

가이아가 그 모습을 보다가 외쳤다.

"얘야, 네 큰 꼬리는 뒀다 뭐 할래?"

티폰은 그제야 정신을 차리고는 꼬리를 들어 뒤쫓던 제우스를 힘껏 후려갈겼다. 역습을 당한 제우스는 큰 부상을 입고 쓰러졌다. 그러자 티폰은 제우스를 들어 올려 팔다리의 힘줄을 쭉 뽑아낸 뒤 축 늘어진 제우스를 자신이 태어난 동굴로 끌고 가서 가두었다.

초자아 제우스가 자아 가이아의 도움을 받은 무의식적 충동 티폰에게 쓰러진 것이다. 티폰은 제우스의 힘줄을 곰가죽으로 둘둘 말아서 아무도 모르게 숨겼다.

이제 제우스는 더 이상 아무것도 할 수 없었다. 제우스가 동굴 속에 무기력하게 갇혀 신세한탄을 하고 있을 때, 도둑의 신 헤르메스가 두 손에 제우스의 힘줄을 든 채 바람을 타고 찾아왔다. 그 덕분에 간신히 기력을 회복한 제우스는 티폰을 급습했다. 이미 폐신廢神이 된 줄로만 알았던 제우스가 원기 왕성한 모습으로 나타나자 티폰도 처음엔 당황했지만, 곧 정신을 차리고 제우스와 맞섰다.

티폰은 날개 달린 말을 타고 자신을 공격하는 제우스를 향해 화염을 내뿜으며 온 하늘과 땅을 손으로 휘저었다. 제우스는 그 사이로 날아다니며 티폰의 상체와 하체가 연결된 허리에 불벼락을 쳤다. 결국 티폰은 허리가 꺾여 쓰러졌고, 그가 쓰러진 바위산 에트나에서 붉은 용암이 터져 나왔다. 그것은 가이아의 눈물이었다.

그러나 이만한 일로 좌절할 가이아가 아니었다. 가이아는 다시 한번 위대한 여신의 시대로 되돌리기 위한 구상을 했다. 그것은 바로 기간테스를 동원하는 계획이었다. 기간테스는 크로노스가 우라노스를 낫으로 죽일 때 떨어진 핏방울에서 태어난 백 명의 괴물이다. 이들은 불사의 존재는 아니었지만 워낙 거인이라 누구도 당해내지 못했다. 깊은 바닷물이 그들의 허리 아래서 출렁였으며, 산도 뽑아 던질 만큼 힘이 셌다.

<기간토마키아>, 안토니오 템페스타(Antonio Tempesta), 1606.

가이아는 기간테스를 불러 모아 25명씩 4개 부대로 조직한 뒤 올림포스 산을 사면에서 포위하고 공격할 것을 지시했다. 기간토마키아는 이렇게 해서 시작된 전쟁이다. 기간테스들은 올림포스 산을 물샐틈없이 둘러싸고 사방에서 집채만 한 바위를 던지며 달려들었다. 지축이 흔들리고 화산이 터지며 강물도 범람했다.

제우스를 비롯해 포세이돈, 헤라, 데메테르, 헤스티아, 아폴론, 아테나, 디오니소스, 니케 등 올림포스 신들이 돌파구를 마련하려 했지만 번번이 실패했다. 신들은 자신들의 신전에서 제물을 받을 수 없어 점점 궁핍해졌다.

마침내 인간의 도움 없이는 이 전쟁을 이길 수 없다는 신탁까지 나왔다. 전쟁에 지친 신들은 결국 자존심을 꺾고 영웅 헤라클레스를 영입하기로 했다. 헤라클레스가 도착할 때까지 신들은 각자 장기를 발휘해 기간테스를 닥치는 대로 죽였지만, 기간테스의 숫자는 조금도 줄어들지 않았다.

가이아가 웃으며 속으로 말했다.

'젖비린내 나는 애들아, 이것이 인해전술이란다. 아무리 죽여본들 내가 회생초回生草로 다 살려내는데 무슨 소용이겠느냐?'

한참 뒤 아테나가 이 사실을 알아채고 제우스에게 알려주었다. 제우스는 태양의 신 헬리오스, 달의 여신 셀레네, 새벽의 여신 에오스를 불러 당분간 움직이지 말라고 명령했다. 그렇게 해서 세상이 캄캄해지자 밤눈이 어두운 가이아도 별도리가 없었다. 제우스는 그 틈을 타서 헤르메스를 보내 세상의 회생초를 모두 가져오게 했다. 그는 회생초의 씨 한 톨까지 모두 없애고 나서야 전쟁을 다시 시작했다.

기간테스의 대장 알키오네우스가 선두에 서고 거인들이 불붙은 용암 덩어리와 세상에서 가장 큰 나무들을 뿌리째 뽑아 들고 덤볐다. 신들이 공황 상태에 빠져 항복하려 할 때 헤라클레스가 나타났다. 그는 침착하게 독화살을 알키오네우스의 머리에 쏘았다. 알키오네우스가 화살을 맞고 쓰러졌지만 기간테스들은 이전처럼 다시 일어날 것으로 여겨 오히려 신들을 비웃었다. 그런데 아무리 기다려도 일어날 기미가 없자 그때부터 기간테스들이 동요하기 시작했다.

그러는 동안 헤라클레스의 화살은 기간테스들을 정확히 겨냥했다. 기간테스들은 화살에 맞으면 그 자리에 꼬꾸라져 다시는 일어나지 못했고, 결국 전의를 상실하고 뿔뿔이 흩어졌다.

제우스는 이처럼 외부의 공격을 잘 막아냈지만, 이번에는 내부의 공격에 부딪쳤다. 바로 아내 헤라에게 크게 당한 것이다. 물론 원인을 제공한 쪽은 여성 편력이 남다른 제우스였다.

밀란 쿤데라의 책 《참을 수 없는 존재의 가벼움》에 바람둥이 이야기가 나온다. 모든 바람둥이는 '서정적 바람둥이'와 '서사적 바람둥이'로 나눌 수 있다. 전자는 자기를 찾기 위해 누군가를 만나지만 매번 같은 유형을 만나 실망하고 또 실망한다. 이와 달리 후자는 매번 다른 유형을 유혹하며 만족해한다.

제우스는 서사적 바람둥이에 해당한다. 그는 여신과 님프 그리고 유부녀까지 골고루 만나고 다녔다. 헤라는 그런 제우스를 붙들어두려고 아프로디테의 허리띠까지 빌려가며 노력했지만 그것도 잠시뿐이었다. 그렇다고 허구한 날 아프로디테의 허리띠만 맬 수도 없는 노릇이었다.

마침 제우스의 자리를 노리던 포세이돈, 아폴론 등이 고민에 빠져 있던 헤라를 찾아왔다.

"헤라, 당신 남편이 절대권력을 쥐고 있는 한 바람기는 절대 못 고쳐. 차라리 쿠데타를 일으키자!"

헤라는 그 말을 듣고 머뭇거렸지만, 곰곰이 생각해보니 제우스가 남편 역할에만 충실하려면 무엇보다 하나님이라는 권력을 내려놔야만 할 것 같았다. 그녀에게 필요한 것은 하나님 제우스가 아니라 남편 제우스였던 것이다. 결국 헤라는 쿠데타를 직접 주동하기로 결심했다.

헤라는 거사를 일으킬 날만 노리고 있었다. 그러던 어느 날 제우스가 밤새 외도를 즐기고 집에 들어와서는 금세 곤히 잠들었다. 그때 헤라가 창밖으로 신호를 보냈고, 미리 잠복해 있던 건장한 신들이 우르르 달려왔다. 그들은 수백 개의 가죽끈으로 제우스를 침대에 묶은 뒤 비장의 무기인 번개도 압수해서 포세이돈의 궁전에 깊숙이 숨겨두었다.

아무것도 모르는 제우스는 해가 중천에 뜨고 나서야 깨어났다. 그제야 반란이 일어났다는 것을 알고 침대에서 일어나려 했지만 꼼짝할 수 없었다. 신들은 침대에서 버둥대는 제우스를 보고 비웃었다. 화가 난 제우스가 벼락을 치려고 했지만 이미 번개도 빼앗긴 뒤였다. 그렇게 제우스가 실의에 빠져 있을 때 반란의 주역들이 옆방에 모였다. 그들은 처음에는 승리를 자축하는 분위기였지만, 점차 서로 하나님이 되겠다며 다투기 시작했다.

마침 테티스가 그 근처를 지나고 있었다. 당시는 테티스가 펠레우스와 결혼하기 전이었고, 제우스와 포세이돈이 테티스를 차지하려고 한창 경쟁할 때였다. 제우스의 궁전에서 다투는 소리가 들려 테티스가 가까이 다가가 귀를 기울이니 포세이돈의 목소리가 들렸다.

"원래는 내가 제우스의 형이다. 아버지가 형제들을 삼키는 바람에 제우스가 형이 된 것이지. 이제 제우스를 포박했으니 내가 하나님이 되어야겠다."

그러자 제우스의 아들 아폴론이 반대하고 나섰다.

"이미 지나간 일입니다. 이제 아버지의 지위를 아들이 물려받는 세습 전통을 만들어야 할 때입니다."

두 신이 다투는 소리를 듣고 테티스는 그 자리에 주저앉았다. 그녀는 사실 거친 포세이돈보다는 부드러운 제우스를 좋아했기 때문이다. 그런 제우스가 절체절명의 위기에 처한 것을 그냥 지켜보고만 있을 수는 없었다. 테티스는 타르타로스를 지키고 있던 헤카톤케이레스 삼형제를 찾아가 쿠데타 상황을 알렸고, 그들이 달려와 300개의 팔로 제우스를 결박했던 매듭을 단숨에 풀었다.

제우스가 나타나자 신들은 혼비백산해 흩어졌다. 제우스는 그들을 향해 천둥을 쳤지만 번개가 없어 시끄럽기만 할 뿐 별로 효과가 없었다. 다행히 테티스가 번개를 찾아주어 반역을 완전히 제압할 수 있었다. 구사일생으로 다시 자리에 복귀한 제우스는 반역의 세 주역을 처벌했다.

먼저 포세이돈과 아폴론은 1년 동안 트로이 왕 라오메돈의 종노릇을 하게 했다. 이때 두 신이 트로이 성을 쌓았다. 그리고 쿠데타의 주역 헤라는 사지에 무거운 돌을 달아 창공에 매달았다. 일벌백계의 효과를 거두기 위해서였다.

헤라는 사지가 찢어지는 고통을 참다못해 비명을 질렀고, 그 소리가 100여 일 이상 창공에 메아리쳤다. 헤라의 신음소리에 어떤 일도 할 수 없게 된 신들은 결국 제우스 앞에 나아와 무릎을 꿇고 맹세했다.

"지존의 신이시여, 절대로 반역하지 않겠습니다. 제발 헤라의 신음소리가 더 이상 들리지 않게 해주소서."

제우스는 그제야 헤라를 풀어주었고, 이후로는 어느 신도 감히 제우스의 자리를 넘보지 못했다.

제우스의 장기집권

제우스의 시대가 열렸다. 우라노스, 크로노스와 달리 제우스의 시대가 장기간 계속된 것은 역설적으로 우라노스와 크로노스의 개척 덕분이었다. 세 신은 가부장 사회의 초자아를 상징한다. 초자아의 시작은 항상 미약하다. 말랑말랑하게 출발해서 완고한 체제로 굳혀진다. 특히 우라노스와 크로노스 때는 모계에서 부계로 지배권력이 교체되는 혼동의 시기였다.

그 과정을 거쳤기 때문에 제우스는 장기집권을 하며 지배이념을 공고화할 수 있었다. 가이아가 천공天空의 신 우라노스를 낳으면서 하늘과 땅 사이에 공간이 생겼다면 2세 크로노스는 그 공간에서 탄생한 시간이다. 우라노스의 공간과 크로노스의 시간 속에서 3세 제우스가 태어난다. 이 때문에 로마에서는 아버지 하나님이라는 뜻으로 주피터Jupiter라 불렀다.

원시 제의적 종교의 총화가 우라노스와 크로노스를 거쳐 제우스에게서 이루어졌다. 자연보다 지나치게 왜소한 고대인들에게 최고신인 제우스는 씨를 뿌리는 자로서 끊임없이 생명을 풍요롭게 하고 번식시켜야 했다. 그 사명으로 끊임없이 바람을 피우는 존재가 되었으며, 그를 거쳐 간 연인이 최소한 34명 이상이다.

그렇다면 제우스는 헤라의 감시망을 무슨 재주로 뚫었을까? 그에게는 뛰어난 변신 능력이 있었다. 먼저 황소, 백조, 독수리, 뻐꾸기 등 생물로 변신했고, 짝사랑하던 유부녀 알크메네를 차지하기 위해서는 그녀의 남편 암피트리온으로 변장하기도 했다. 또한 먹구름, 황금비 등 자연현상으로도 변신했고, 심지어 염소를 닮은 반인반수 사티로스로도 변신했다. 고대 그리스의 왕과 귀족들은 제우스가 변신해서 낳은 자녀들을 조상으로 삼았다. 최고신 제우스를 가문의 배경으로 삼아 신적 권위를 내세우고자 한 것이다.

그런데 연애의 귀재 제우스도 실패를 경험했다. 먼저 테티스와 운명적인 이별을 해야 했다. 그녀와 결혼하면 자기 자리를 위협할 아들이 태어난다는 예언 때문이었다. 두 번째 실패의 대상은 제우스가 싫다며 죽음을 택한 요정 아스테리아였다.

레토의 자매인 그녀는 누구보다 헤라를 존경해 제우스의 유혹을 받아들일 수 없었다. 그런데도 제우스가 집요하게 접근하자 메뚜기로 변신해버렸다. 그러자 제우스도 독수리로 변신해 풀 속으로 뛰어다니는

<아스테리아>, 아테네의 붉은색 인물 기법 암포라, B.C. 5세기, 보스턴 미술관.

메뚜기를 낚아챘는데, 그 순간 메뚜기는 커다란 바위로 변했다. 이 바위가 얼마나 컸던지 독수리의 발톱이 빠질 정도였다. 화가 난 제우스는 바위를 바다에 던져버렸다.

아스테리아는 자신이 아무리 변신을 해도 제우스를 피할 수 없다는 것을 알았기에 바다에 떨어지기로 결심한 것이다. 그 자리에서 델로스 섬이 솟아나고, 훗날 레토가 이곳에서 헤라의 눈을 피해 아폴론과 아르테미스를 출산한다.

한편, 황소로 변신한 제우스가 페니키아의 공주 에우로페를 납치하는 바람에 오늘날의 유럽Europe이라는 단어가 나왔다. 그 정도로 고대인들의 인지구조 안에 있는 초자아에는 제우스라는 상징이 자리를 잡고 있었다.

아동기부터 형성되는 초자아는 일생 동안 고착과 힘겨운 수정을 거듭한다. 초자아의 기준이 '양심과 이상화된 자기개념'이므로 이 기준을 지켜야 자아존중감, 자기고무 등 긍정적인 정서를 경험하고, 만일 이를 어기면 죄책감 등 부정적인 정서에 시달린다.

인간의 초자아가 확립되어가는 과정을 보면 자아의 상징인 가이아가 우라노스, 크로노스, 제우스와 관계를 설정해가는 과정과 매우 비슷하다. 개인의 초자아, 즉 슈퍼에고의 시작은 생애 초기에 전적으로 의지해야 하는 '의미 있는 타인(양육자)'과 접촉하면서 이들의 가치기준을 내면화하게 된다. 초자아의 발달은 인지구조의 발달 아래서 진행된다. 인지구조란 유기체가 외부세계의 자료를 지각해서 분석, 해석하는 방식이다. 해석방식의 차이로 인해 동일한 자극의 내용에 대해서도 각자 달리 반응한다.

새로운 정보를 접할 때 기존의 인지구조, 즉 기존 도식Schema에 동화시키거나 외부정보대로 자신의 기존 도식을 조절하기도 한다. 기존의 사고방식으로 외부자극을 해석하는 것이 동화라면 외부자극에 자신의 사고방식을 변혁하는 것이 조절이다. 이 두 가지가 상호보완적 형태로 일어나야 유기체가 안정적으로 발달한다. 발달심리학자 장 피아제는 이를 유기체의 '평형equilibrium'이라 했다. 초자아의 내용물인 로렌스 콜버그의 도덕발달론이 피아제의 인지발달이론을 기초로 하고 있다.

콜버그의 이론은 인습을 중심으로 전인습과 후인습 세 수준으로 나눈다. 그리고 각 수준마다 두 단계를 두어 총 6단계로 구분한다. 즉, 인습 전기는 1단계인 벌과 복종의 단계, 2단계인 도구적 도덕의 단계로 구성된다. 인습기는 3단계인 착한 아이 지향의 단계, 4단계인 법과 질서의 단계이다. 인습 후기는 5단계인 사회적 계약의 단계, 6단계 보편적인 양심원리의 단계로 구성된다.

인습은 습관이다. 콜버그의 도덕 수준은 어떤 습관을 형성하기 이전과 이후로 분리한 것이다. 카오스 상태에서 자궁에 이식된 태아의 경우에는 인습이 없다. 오직 생물학적인 보편 무의식으로 움직인다. 신화에서는 태아의 보편 무의식을 타르타로스로 표현하고 있다.

어둠의 신 에레보스와 닉스가 자궁을 뒤덮고 있으며, 태아가 조금 자라면 자아의 아주 흐릿한 기반인 자아, 신화의 가이아가 시작된다. 그러고 난 다음 에로스가 유일한 욕망으로 나타난다. 이때의 에로스는 생명의 약동이다.

갓 태어난 영아의 인지구조는 빛과 소리 등 감각적 경험을 통해 발달한다. 이 시기를 피아제는 감각운동기라 했다. 무엇을 알아가는 인지발달의 동인은 환경과 사고의 조작operation이다. 그리고 조작을 할 수 있느냐를 기준으로 1단계 감각운동기(0~2세), 2단계 전조작기(2~6·7세), 3단계 구체적 조작기(7~12세), 4단계 형식적 조작기로 나누었다

영아의 흐릿한 자아(가이아)는 흐릿한 초자아(우라노스)의 얼개를 만든다. 가이아가 홀로 우라노스를 낳았을 때는 시간도 없었고 공간조차 모호했다. 가이아에 대한 감사의 뜻으로 우라노스가 비를 내려 땅속 씨앗들이 싹을 틔웠고, 이 씨앗들이 에로스다. 이후에도 우라노스와 가이아는 쾌감을 위해 수시로 붙었는데, 이 때문에 하늘과 땅의 경계가 늘 모호했다. 이때는 아직 가치관의 객관성이 없고 자기중심적인 에로스의 만개에 도움이 되는 것만이 가치의 기준이다. 언어라는 상징적 표상도 조금씩 사용하지만 자기중심적이고 가시적인 언어들이다.

여기까지가 콜버그가 말한 전인습적 도덕의 수준이다. 이 시기에는 처벌을 피하고 보상을 받는 대로 가치관이 형성된다.

그리스신화에서 우라노스의 남성이 제거되고 나서야 하늘과 땅의 구

분이 명확해지면서 수평선과 지평선도 생겼다. 이는 아동기(초등학생)에 해당하며 피아제의 구체적 조작기와 같다. 비로소 양, 부피 등을 터득하고 상대적 비교와 가역적 논리가 가능하며 사회적 인습에 따라 판단하기 시작한다. 그래서 콜버그는 이 시기를 인습적 수준이라 했으며, 초자아의 내용도 사회적 관습의 승인을 중시하는 방향으로 발전한다. 또한 사회적으로는 착한 아동을 지향한다.

청년기가 되면 가설적 사고와 연역적 추론을 할 수 있는데, 피아제는 이를 형식적 조작이라 했다. 이 시기의 중반쯤이 콜버그의 후인습 수준에 해당하는데, 다수를 위한 사회적 계약을 존중하기 시작하며 최종적으로 '보편적 윤리의 단계'에 이른다. 이 마지막 단계의 초자아를 형성한 사람은 자기 양심에 따라 행동한다. 법과 질서, 규칙도 그 자체가 목적이 아니라 생명의 권리를 위한 도구라고 본다.

하지만 이 단계에 도달한 이는 매우 드물다. 그리스신화의 우라노스, 크로노스는 물론 제우스도 이 단계에는 도달하지 못했다. 그렇기 때문에 고대 그리스인들이 제우스를 하나님으로 섬기면서도 배신과 정쟁이 끊이지 않았던 것이다. 하지만 소크라테스, 붓다, 간디, 테레사 등은 이 수준에 도달했다.

피아제 등의 인지발달이론은 연령과 상관관계가 크지만, 콜버그의 도덕발달이론은 나이와 큰 관련 없이 진행된다. 성인기에도 아직 전인습적 단계나 인습적 단계에 머물러 있는 사람도 있고, 청소년인데도 드물게 후인습적 수준에 다다른 사람도 있다. 그렇다면 초자아를 구성하는 도덕성이란 무엇일까?

딜레마 상황에 놓였을 때 선택하는 기준을 가치 추론 능력이라고 한다. 이 능력이 결여된 상태가 초자아 결손이다. 이런 이들은 투사projection 성향이 커서 자기 잘못도 타인의 탓으로 돌린다.

여기에 충동조절까지 안 되면 타인을 괴롭히며 고통당하는 것을 즐기는 반사회적 히스테리가 되기 쉽다. 가부장적 초자아의 태동기였던 우라노스와 크로노스는 초자아가 빈약해 반사회적 행동을 서슴지 않았다. 즉, 자녀를 대지 속에 묻어두거나 잡아먹었기 때문에 자아를 상징하는 가이아가 큰 고통을 당했다.

그 뒤 법과 질서의 수호자를 자처하는 제우스가 나타나 법률의 여신 테미스와 결합해 정의의 여신 디케를 낳았다. 이 시기에 갑자기 법과 질서, 정의, 정도, 저울 등의 단어가 급증했다. 제우스가 특히 아꼈던 여신이 디케다. 테미스가 신들의 정의를 다뤘다면 디케는 인간들의 정의를 취급했다.

<디케 : 정의의 여신상>, 프랑크푸르트.

디케는 개인 감정과 편견에 휘둘리지 않기 위해 눈을 가리고 천칭과 검을 들고 있다. 그녀가 피의자를 기소하면 제우스가 벌을 내리기도 하고, 때로는 그녀가 직접 범죄자를 벌하기도 했다. 물론 당시 권선징악勸善懲惡과 인

과응보因果應報의 기준은 인권 중심인 오늘날과 달리 신권 중심의 질서와 도덕이었다. 제우스에게 반역한 티탄족은 무더기로 타르타로스에 갇혔고, 그중 괴력의 소유자 아틀라스는 하늘을 떠받치고 있어야 하는 가혹한 벌을 받았다.

신화의 세계에서 휴머니즘적 초자아는 생소하고 신적인 두려움에 대한 초자아가 강했다. 디케가 인간 세상을 정의롭게 하려고 애썼지만 그것이 쉽지 않자 제우스는 디케를 올림포스로 불러들여 자기 옆에 앉게 했다. 한비자韓非子의 말처럼 임금은 스스로 법을 지키고 법에 따라 통치해야 하는데 제우스는 그러지 못했다. 제우스는 가부장제도의 인습적 수준의 도덕을 수호하는 신이었다.

로마시대에 와서 디케는 운명의 수레바퀴를 돌리는 포르투나 여신으로 진화한다. 포르투나는 풍요의 뿔을 들고 다니다가 만나는 사람마다 뿌려주었다. 디케 시절에는 기계적 공평을 추구했지만 포르투나로 진화한 뒤에는 우연히 만나는 약자들에게도 행운을 듬뿍 안겨주었다.

콜버그의 도덕발달의 6단계(주관화-상대화-객관화-사회화-일반화-궁극화)를 보면 초아자는 처음 무율無律에서 타율他律을 거쳐 자율自律로 간다. 우라노스 시대가 아직 인습이 정착되지 않은 무율 단계라면 크로노스를 거쳐 제우스 때는 부계사회의 도덕과 법률을 강요하는 타율 단계였다.

위의 이론을 종합할 때 인지발달의 핵심은 조작이며, 도덕발달(초자아)의 핵심은 인습이다. 따라서 초자아는 무의식보다 자아와 더 밀접하기 때문에 제우스가 가이아와 가까웠고, 가이아도 제우스에게 크로노스를 제거할 방법을 알려주었다. 하지만 가이아는 제우스에게 배신당한다. 안나 프로이트의 지적처럼 자아를 적대해야만 초자아의 존재감이 증명되기 때문이다.

크로노스 또한 가이아의 요구로 우라노스의 권력을 찬탈하고도 가이아를 능멸했다. 이렇게 초자아는 자아를 이용하면서도 자아를 자괴감自愧感이라는 무기로 압박한다. 자아에 무의식의 내용물이 도달하기 전 먼저 초자아가 평가를 내린다. 양심에 어긋나면 죄책감을 느끼고, 양심에 부합하면 자부심 등으로 고무시킨다.

무의식의 세계, 지옥의 신 하데스

시간이 멈춰 서고 오직 공간만 있는 세계. 그곳의 명칭은 다양하다. 저승, 하데스 지하세계, 극락, 지옥, 명계……. 이곳의 왕이 하데스다. 하데스는 어두운 공간의 이름이자 그 공간을 다스리는 통치자의 이름이다.

하데스는 카오스를 거쳐 대지의 가이아, 하늘과 공간의 우라노스, 시간의 크로노스로 흘러오던 역사를 거꾸로 되돌리는 곳이다. 시간과 대지가 없어 바로 카오스와 같다.

그래서 크로노스의 아들이며 제우스의 형제인 하데스를 어둠의 신 또는 죽음의 왕이라 부른다. 크로노스가 자녀들을 태어나는 대로 잡아먹고 나중에 늦게 삼킨 자녀부터 토하는 바람에 하데스는 막내가 되었다. 그래서 본래 막내였던 제우스가 올림포스의 주신이 되었고, 하데스는 지하로 내려가야 했다.

그리스신화에 나오는 어둠의 신은 하데스 외에도 카오스에서 직접 탄생한 밤의 여신 닉스, 암흑의 신 에레보스가 있다. 참고로 닉스의 시간인 밤중에 연주하는 음악을 녹턴Nocturne, 즉 야상곡夜想曲이라 하고, 암흑의 심연으로 내려가는 남극에 있는 화산 분화구를 에레보스라 한다.

<하데스와 케르베로스>, 헤라클리온 고고학박물관

닉스와 에레보스의 분위기가 하데스와 흡사하다면 지리적으로 하데스와 근접한 어둠의 신이 또 있다. 카오스가 낳은 타르타로스인데, 나중에 하데스에게 흡수되었다.

하데스는 태어날 때부터 크로노스에게 삼키는 바람에 좌절해야 했고, 다시 세상에 나와서는 막내 제우스에게 밀려 지하로 내려가야 했다. 그 뒤 저승에 대한 절대적 권한을 가진 하데스를 제우스도 간섭하지 않았다. 원래 사악한 신이 아닌데 어두운 데 있다 보니 악마처럼 보였을 뿐 하데스는 바다의 포세이돈, 하늘의 제우스처럼 자신의 지하 영역을 충실히 지배했다. 금, 은, 동 등 자원을 소유해 플루토스(부요)라고도 부른다.

하데스의 세계는 집단무의식과 개인무의식을 포함하는 우리의 무의식이다. 하데스의 보물 가운데 코르누코피아라는 산양 뿔이 있다. 하데스가 지하로 내려갈 때 제우스가 준 선물이다. 제우스는 이 산양 뿔을 어떻게 가지고 있었을까?

제우스는 어렸을 때 산양의 젖을 먹고 컸는데, 그 산양의 한쪽 뿔이 어쩌다가 부러졌다. 유모 아말테이아가 그 뿔에 꽃과 과일을 가득 담아 제우스에게 주었다. 이후 이 뿔에 손을 넣기만 하면 무엇이든 원하는 대로 나왔기 때문에 풍요의 상징이 되었다.

하데스가 풍요의 뿔을 지닌 것처럼 집단무의식도 무궁한 자원을 품고 있다. 인간의 무의식이라는 하데스에는 무엇이 있을까? 우리의 수치, 억눌렀던 기억, 더불어 용인될 수 없고 현실성도 없어 실행해보지 못한 열망이 희미한 그림자처럼 아른거리고 있다. 이에 대해 한탄하고 집착하는 것이 곧 지옥이다. 지옥 같은 트라우마란 아른거리는 그림자 가운데 유익하게 해석되지 않는 것들이다.

미래를 위해서는 자신의 어떤 상흔과도 화해해야 하고, 그 상흔을 유용한 각도로 재해석해야 한다. 그것만이 하데스에 타오르는 불을 창조적 에너지로 활용하는 길이다.

희미한 초자아의 상징인 우라노스는 오랜 모계사회를 뒤엎고 가부장 시대를 열었다. 그리고 폭정으로 체제를 유지하는 과정에서 가이아와 낳은 키클롭스, 헤카톤케이레스 등을 지하 속 타르타로스에 가두었다.

모계사회의 족장인 가이아가 이에 앙심을 품고 막내아들 크로노스를 동원해 우라노스 가부장의 상징을 거세한다. 그렇게 2대 가부장이 된 크로노스는 우라노스의 남근을 자를 때 사용한 가이아의 낫 스키테를 한 손에 들고 있다. 이것은 무엇을 의미할까?

부계사회의 족장도 모계의 지지를 받아야 유지할 수 있다는 것이다.

아직은 권력이 빈약했기 때문에 크로노스는 타르타로스에 갇힌 키클롭스와 헤가톤케이레스를 풀어줄 수 없었다. 이는 가이아의 기대를 저버리는 행위였다. 결국 가이아는 "네 아들에게 왕의 자리를 빼앗길 것"이라는 저주를 내린다. 이에 긴장한 크로노스는 자식들이 태어나는 대로 다 잡아먹었다.

크로노스처럼 초자아가 경색될수록 무의식은 억압당한다. 그럴 때 자아는 샌드위치 신세가 되어 신경증적 경향을 띤다. 아이들이 태어나자마자 자기 배 속에 집어넣었던 크로노스의 행위는 자식들을 타르타로스에 가두었던 우라노스보다 더 심하다.

우라노스가 구멍 난 초아자의 상징이라면 크로노스는 빈약하고 경직된 초자아의 상징이며, 제우스의 초자아는 비교적 풍요롭지만 가부장이라는 이념에 편향돼 있다. 크로노스처럼 초자아가 빈약하고 융통성이 없을수록 두 가지 특징이 나타난다. 즉, 일상의 즐거움을 누리지 못하고 매사를 흑백논리로만 분석하는데, 이는 유일신 종교에 깊이 빠진 사람들 가운데 특히 많다. 초자아가 유일신의 절대 명령으로 고착된 채 자아를 포로로 잡고 있는 것이다.

죽음 이후의 세계는 세 부분으로 구성되어 있다.

지상과의 경계선에 스틱스 강이 있고, 다음에 무간지옥無間地獄인 타르타로스가 있다. 그리고 극락정토極樂淨土인 엘리시온이 있는데, 여기에는 누가 있을까? 제우스의 특별한 은총을 받은 사람들이다. 대표적으로 바다의 요정 테티스의 아들 아킬레우스, 아프로디테의 사위이며 테베의 건국자 카드모스 등이 있다. 초창기에는 신의 친인척들이 갔으나 헤시오도스의 《신통기》에 따르면 기원전 8세경부터 바르게 산 자들이 들어갔다. 또한 고대 로마의 시인 베르길리우스 이후 엘리시온은 덕 있는 사람들의 정신이 거주하는 곳으로 묘사되어 있다.

제우스 등 초자아를 주요 거처로 삼은 종교의 최고상품이 천국이다. 천국에 보내줄 테니 나를 따르라는 식이다. 신의 은총을 받은 자가 간 곳이 천국이라면 지옥은 신에게 도전한 자들이 간 곳으로 시시포스, 헤라클레스, 오디세우스 등 영웅들이 필사적인 도전을 벌이는 역동적 장소였다.

단테는 《신곡神曲》에서 시인 베르길리우스의 안내로 지옥여행을 시작하기 전 이렇게 말한다.

"인생의 중반기, 길을 잃고 어둔 숲속을 홀로이 서 있었다. 그 숲의 음산히 울창한 정취를 어찌 설명할 수 있으리. 그 괴로움이란 죽음과 다를 바 없으리. 그러나 거기서 행복을 만났다."

이성이 가장 활발한 시기인 중년에 길을 잃었다가 생의 절망 앞에서 만나는 곳이 하데스다. 그런데 그 하데스의 입구에서 내 안의 무의식과 직면하고 억눌린 희망과 상처를 둘러보며 역설적으로 행복을 만났다는 것이다.

미국 네바다 주 사막에서는 매년 8월 마지막 주 일주일 동안 버닝맨 축제가 벌어진다. 각지에서 온 아티스트들이 사막 한가운데 작품을 전시하고, 수십만이 참여해 나무인간을 완전히 불태우는 퍼포먼스를 펼친다.

이 축제의 목적은 '무아의 경지'에 머무르는 것이다. 별다른 규칙도 없고, 모든 것이 무료다. 누구의 눈치를 보거나 누구의 행위를 엿보는 것이 아니라 각자 주체적으로 참여한다. 자유로운 영혼들끼리 놀고 싶은 대로 논다. 물론 나체도 마약도 자유로운 교제도 가능하다. 만 가지 이상의 이벤트가 열리는데, 모두 무료이고 음식도 무료다. 뭐 하나 걸릴 것 없이 혼란스러운 광란이 펼쳐진다. 하지만 축제 기간이 종료되면 언제 그랬냐는 듯 흔적도 없이 모든 것이 증발한다.

한마디로 질서의 제우스가 사라지고 무의식의 하데스와 만물의 모체인 카오스만 넘실댄다. 전기자동차 회사 테슬라의 CEO 엘론 머스크는 "실리콘밸리를 이해하려면 버닝맨 축제를 가보라"고 권한다.

고도화된 이성의 작업 저 아래 무의식의 창고가 지하저수지처럼 넘실대고 있다. 그래서 고정관념을 뛰어넘어 창의적 사고를 하는 이들일수록 망아忘我의 상태에서 몰입한다. 일종의 엑스터시ecstasy다.

종교학자 미르체아 엘리아데에 따르면 무아지경의 대명사는 '고대의 샤먼'이다. 물론 고대의 샤먼과 현대의 사제는 다르다. 그들은 의식적 조작을 멈추고 원형적 상징인 카오스와 하데스를 드러내며 고대사회의 리더 역할을 했다. 이후 농경사회를 거쳐 제우스식 질서로 산업사회 시대까지 진행되었다. 이후 정보화사회가 고도화되면서 카오스적 창의성이 요구되는 시대로 접어들었다.

하데스로 가는 스틱스 강가에는 뱃사공 카론이 기다리고 있다. 카론의 배를 타고 지옥으로 가면 케르베로스라는 개가 입구를 지키고 있다. 일단 그 안으로 들어가기만 하면 비록 신이라도 하데스의 명령에 따라야 한다.

무간지옥 타르타로스에는 주로 티타노마키아, 티포노마키아, 기간토

<다나이드>, 존 윌리엄 워터하우스(John William Waterhouse), 1903.

마키아에서 제우스에게 패한 티탄족, 티폰, 기간테스 등이 투하되었다. 인간 가운데는 신을 조롱하거나 이에 반항한 탄탈로스, 시시포스, 티티오스, 익시온, 다나이드(다나오스의 딸 49명) 등도 갇혔다. 지옥에 간 사람들은 신들에게는 농락자지만 인간들에게는 무한한 도전의식을 주는 희망

의 샘물이다.

이 가운데 다나이드는 왜 지옥에 갇혔을까? 다나오스는 쌍둥이 형인 이집트 왕 아이깁토스에게 쫓겨 아르고스로 달아났다. 어느 날 아이깁토스는 아들 50명을 다나오스에게 보내 다나오스의 딸 50명과 결혼시킬 것을 강요했다.

다나오스는 위협을 느껴 일단 허락했지만 딸들에게 몰래 단검을 주면서 신랑들을 죽이라고 했다. 첫날밤 맏딸 히페름네스트라를 제외한 49명의 딸이 신랑 49명의 목을 땄다. 히페름네스트라는 신랑 린케우스가 자신의 처녀성을 지켜주자 차마 죽이지 못했다. 이 때문에 한 명을 제외한 49명의 딸이 지옥에 가게 되었다.

타르타로스는 가이아의 자궁에 해당한다. 타르타로스에 갇혔다는 것은 심리적으로 출생 이전의 상태, 즉 집단무의식과 카오스로 자아가 회귀했다는 것이다. 그곳에 인류의 근원적이며 잠재적 행동유형인 누미노제Numinose(신성한 체험)가 있다. 이를 카를 융은 생득적 정신구조라고 했으며, "우리가 자신의 깊은 내면을 들여다볼 때 하데스로 여행을 가는 것과 같은 두려움을 느낀다"고 했다. 그 지옥에는 자신의 못다 이룬 소망을 이루어내고 싶은 영혼들이 가득하다.

짝사랑에 빠진 하데스

하데스의 생애는 어떠했을까? 하데스는 제우스가 아버지 크로노스의 배 속에서 구해준 뒤 제우스가 크로노스를 비롯한 티탄족과 싸울 때 제우스를 도왔다. 그리고 전쟁이 끝난 뒤 지하세계를 통치하기 시작했다.

하데스는 워낙 고요를 좋아해 지하궁정에만 머물렀고, 일생 동안 오직 두 번만 밖으로 나왔다. 한 번은 헤라클레스가 포세이돈의 아들 페리클리메노스와 넬레우스를 공격할 때였다. 그는 조카인 쌍둥이를 도우려고 지상에 올라왔다가 도리어 헤라클레스의 화살을 어깨에 맞고 큰 부상을 당했다. 그는 올림포스로 달려가 신들의 의사 파이에온에게 치료를 받았는데, 이때 사용한 약초가 작약의 뿌리였다.

또 한 번은 기간토마키아 전쟁이 끝난 뒤였다. 제우스는 기간테스들을 붙잡아 생매장했는데, 이들이 땅속에서 몸부림치는 바람에 용암이 분출하고 화산들이 폭발했다. 이때 하데스는 이륜마차를 타고 분화구마다 돌아다니며 혹시 자신의 지하세계가 드러나지는 않았는지를 조사했다. 다행히 아무것도 드러나지 않은 것을 알고 안심했다.

아프로디테가 그 모습을 보고 에로스에게 얄궂은 주문을 했다.

"아들아, 저 하데스를 좀 보아라. 하데스도 사랑의 열병이 지옥불보다 뜨겁다는 것을 알 필요가 있다. 마침 데메테르의 딸 페르세포네가 저기 있구나. 페르세포네는 건방지게 순결의 여신 아테나와 아르테미스를 흉내 내며 우리를 무시하고 있지. 자, 이제 하데스의 가슴에 화살을 쏘아라. 지옥의 왕이 페르세포네에게 끝없이 집착하도록."

다음 순간 화산 분화구를 조사하던 하데스의 차가운 심장에 에로스의 화살이 꽂혔다. 마침 화산 자락 저 멀리서 페르세포네가 앞치마에 오랑캐꽃 등 온갖 꽃을 가득 따며 친구들과 놀고 있었다. 심장에 꽂힌 화살을 뽑고 고개를 들었을 때 하데스의 눈에 가장 먼저 페르세포네가 들어왔다. 하데스는 난생처음 묘한 기분을 느꼈다. 페르세포네가 세상 어느 꽃보다 아름다워 보였으며, 그녀와 함께하지 않는다면 어떤 일도 의미가 없을 것만 같았다.

이 광경을 지켜보던 아프로디테가 중얼거렸다.

"염라대왕도 사랑에 눈이 머는구나."

하데스가 사랑을 알아가는 과정은 카를 융의 '개성화 과정'과 같다. 인간은 모두 사회적 가면인 페르소나persona를 쓰고 있다. 속마음과는 달리 사회가 용인해주는 만큼만 행동하는 것이다. 인간은 청소년기에 페르소나가 적절히 발달되어야 사회적 필요와 관계를 충족할 수 있다. 문제는 페르소나와 인격 사이의 괴리가 너무 클 때다. 이 간극이 클수록 적응에 어려움을 겪고 이중적 성격을 띤다. 왜일까? 페르소나가 진짜 자기가 아니라 대사회용 인격이기 때문이다.

페르소나와 내적 인격이 균형을 이루려면 자신의 내면 속에 있는 그림자와 직면해야 한다. 그림자란 자아의 어두운 부분으로서 무의식에 있다. 원시인들이 문명화의 길을 걸으며 그림자가 파생했는데, 모계사회든 부계사회든 그 체제가 수용할 수 없는 부분이 어두운 무의식에 차곡차곡 축적돼 인류 전체에게 내려왔다. 이렇게 형성된 집단무의식의 그림자와 개인의 경험 속에서 생긴 개인무의식의 그림자가 함께 중첩된다.

따라서 현재 사회화 과정에서 나온 페르소나와 잊혀진 경험에서 나온 그림자의 원천은 완전히 다르다. 하지만 서로 내면과 외면으로 불가분리의 관계에 있다.

페르소나는 환경와 역할에 따라 바꿔야 하는 모습일 뿐 진정한 자기는 아니다. 이에 비해 무의식 속의 그림자는 안개처럼 늘 거기에 있다. 카를 융에 따르면 그림자는 아니마anima와 아니무스animus를 품고 있다.

여성의 무의식에 남성성인 아니무스가 있고, 남성의 무의식에 여성성인 아니마가 있다. 아니마와 아니무스는 그림자를 통과해 표출된다. 진정한 자신의 내면에 도달하려면 그림자의 모습을 통찰해야 하기 때문에 남성은 자기 안의 여성성을 들여다보고 여성은 자기 안의 남성성을 들여다보아야 한다. 이것이 개인화 과정이며, 그래야 진정한 개인이 될 수 있다. 누군가를 까닭 없이 사랑하게 될 때 자신 안의 이성성(여성은 아니무스, 남성은 아니마)과 합치되어 보이기 때문이다.

에로스의 화살을 맞은 하데스는 페르세포네를 보며 자기 안의 여성성(아니마)을 돌아볼 기회를 얻었다. 그래서 지옥과 지상의 교류를 제한적이나마 허락했다. 그러지 않았다면 불가능했다. 페르세포네도 마찬가지다. 그녀는 데메테르 아래서 온실 속의 화초처럼 살다가 하데스에게 납치를 당했다. 의존적이고 순진하게만 살았던 사람은 세상의 어둠을 만나면 쉽게 무너지게 된다.

페르세포네는 하데스와 결혼한 뒤 해마다 지옥과 지상을 순환한다. 이 또한 사회적 자아인 페르소나와 내면의 그림자가 주기적으로 만난다는 은유다. 지옥과 지상을 오가는 것이 결코 평탄치 않더라도 원형의 나와 사회적 자아가 만나야만 진정한 삶의 과정이 형성된다.

늦봄부터 가을까지 풍요로웠던 대지는 겨울이면 황량한 벌판으로 돌아간다. 그리고 이른 봄 다시 지하에서 새싹이 나와 새로운 시작을 맞는다. 이처럼 무의식 속의 씨앗은 진정한 자기를 산출하는 힘이다. 지나친 사회화로 자아가 경화되었을 때는 개성화를 통해 무의식을 조금씩 의식화하면서 본래의 특성으로 돌아가야 한다. 자아가 이룬 업적을 잠시 내려놓고 가장 깊은 곳 하데스로 내려가 내면의 소리를 성찰할 때 새로운 싹이 돋아나는 것이다.

"너 자신에게 당연한 것을 너무 강요하지 말라."

심리학자 알버트 엘리스의 당부다. 그렇게 하지 않으면 '당연함'이 자신에게 폭력이 된다. 양육자의 금기에서 시작된 초자아 속의 당연함이 자아를 지나치게 압박할 때 신경증이 나타난다. 그들은 언제나 당연히 명확한 것만 요구한다. 하지만 삶이란 때로 익숙한 것과도 결별해야 하고, 불확실성도 참자신이 될 수 있다.

페르세포네 납치 사건

하데스는 페르세포네를 보고 난생처음 사랑이라는 것을 알았다. 이후 그의 일상은 극적으로 변했다. 지옥 왕좌에 앉아 있기는 했지만 새로 들어오는 망자들의 생전 기록을 판결하지도 않고 오직 지상의 페르세포네만 주시하고 있었다.

그래서 하데스 왕궁 앞에 망자들이 얼마나 많이 모였던지 지상에서 죽음이 사라져 세상이 노인들로 가득 찼다. 보다 못해 케르베로스가 제발 정신 차리라고 짖어댔다. 하데스는 그제야 정신을 차리고 망자들을

<페르세포네 납치>, 작자 미상, 18세기경.

판결하기 시작했다.

망자들은 저승에 들어올 때 다섯 개의 강을 건너며 이승의 일을 완전히 잊는다. 망자들이 건너는 첫 번째 강이 슬픔의 강 아케론이다. 이 강에서는 뱃사공 카론이 소가죽 배 위에서 기다리고 있다. 두 번째는 강은 깊고 검은 시름이 흐르는 코키투스다.

세 번째 강은 불로 이루어진 플레게톤이다. 이 강은 이전 두 강에서 느낀 슬픔과 시름을 불로 정화시켜준다. 여기서 정화된 영혼은 네 번째로 망각의 강 레테를 건너고, 마지막으로 지옥을 일곱 번 휘감고 있는 스틱스 강을 건넌다.

이 강을 모두 건너면 낙원인 엘리시온과 지옥이 나온다. 망자들은 먼저 하데스를 만나야 한다. 하데스는 기억을 완전히 잊어버린 망자들의 지난 기록을 보며 과연 신들을 존경했는지, 손님을 대접했는지 등의 기준으로 심판을 한다.

어쨌든 밀린 업무를 처리한 하데스는 다시 페르세포네를 주시하며 납치할 기회를 엿보았다. 어느 날 페르세포네가 홀로 야산에서 수선화를 꺾고 있는 것을 본 하데스는 땅속 깊은 곳에서 손을 내밀어 페르세포네를 휘감아 끌고 내려갔다. 순식간에 갈라진 대지는 페르세포네를 삼키고는 언제 그랬냐는 듯 다시 닫혔고, 페르세포네의 비명소리만이 허공에 울려 퍼졌다.

딸의 비명소리를 들은 데메테르가 온 지구를 돌며 찾았지만 허사였다. 제우스에게도 물어보았지만 아프로디테의 사랑놀음을 묵인한 제우스는 모른 척했다. 데메테르가 9일 동안이나 아무것도 먹지 못한 채 세상을 헤매고 다니자 태양신 헬리오스가 목격담을 들려주었다.

"하데스가 네 딸을 지옥으로 끌고 내려갔다."

제우스를 비롯한 모든 신에게 실망한 데메테르는 이후 신의 일을 포기하고 올림포스 회의에 불참했다. 그리고 가난한 노파로 변신해 시장에서 인간들 틈에 섞여 살았다. 곡물의 여신인 데메테르가 노파가 되어 방랑하자 대지는 곧 황폐해지고 식물도 열매를 맺지 못한 채 타들어갔다. 그 결과 굶주림을 견디지 못한 사람들과 동물들이 여기저기서 죽어나갔다.

데메테르는 흙먼지만 날리는 황량한 대지 위를 슬픔에 잠겨 걷고 또 걸었다. 전 세계가 굶주리자 신전을 찾아와 제물을 올리는 사람들도 사라져 신들도 굶주리기 시작했다. 또한 죽는 사람이 급증하면서 하데스만 북적거렸다.

그때 제우스와 요정 플루토의 아들인 프리기아 왕 탄탈로스가 기막힌 이벤트를 생각해낸다. 탄탈로스는 평소 제우스의 총애를 입어 신들의 만찬에 자주 참석했는데, 이 기회에 아예 신이 될 생각이었다. 그는 페르세포네 납치 사건으로 기근이 들어 굶고 있는 신들을 불러 잔치를 열었다. 그러고는 자신의 아들 펠롭스를 뜨거운 물에 삶아 고기와 국물을 내놓았다. 만일 신들이 그것을 먹으면 "내 아들의 육신을 먹었으니 그 대가로 신이 되게 해주시오" 하고 요구할 작정이었다.

하지만 신들은 이에 속지 않고 음식에 일절 손을 대지 않았다. 다만 딸을 잃고 경황이 없었던 데메테르만 펠롭스의 어깨 살점을 먹었을 뿐이다. 진노한 신들은 탄탈로스를 저승의 강물에 집어넣어 그곳에서 영원한 갈증과 허기에 시달리게 했다. 목이 말라 물을 마시려고 하면 물이 내려가고, 머리 위의 나뭇가지에 달린 열매를 따 먹으려고 하면 바람이 가지를 흔들어 딸 수 없게 했다. 여기에서 '감질나게 하다, 애타게 하다'라는 뜻의 단어 탠털라이즈tantalize가 나왔다.

<페르세포네와 하데스>

한편, 제우스는 고깃덩이로 찢긴 펠롭스를 다시 살려냈는데, 데메테르가 먹은 어깨 부분은 상아로 대체했다. 그런 다음 제우스는 자신의 존재 근거인 인간의 멸종위기를 해소하기 위해 데메테르를 회유했지만 실패로 돌아갔다. 데메테르는 이미 딸을 잃은 슬픔으로 사람 고기를 먹을 만큼 분별력을 상실했기 때문이다.

결국 제우스는 헤르메스를 하데스에게 보내 페르세포네를 돌려주라고 설득하게 했다. 헤르메스가 지옥에 찾아갔을 때 페르세포네는 지상의 어머니를 생각하며 아무것도 먹지 않고 여전히 울기만 했다. 헤르메스를 만난 뒤 하데스는 페르세포네에게 석류를 건네며 말했다.

"이것만 먹으면 땅 위로 보내줄게."

그 말에 페르세포네는 석류를 냉큼 받아먹었다. 지옥 음식을 먹고 나면 지옥 시민이 되어야 한다는 것을 모르고 속아 넘어간 것이다. 이제는 제우스도 어쩔 도리가 없었다.

딸이 지옥 시민이 되었다는 소식을 들은 데메테르는 불같이 화를 냈다. 가뭄과 기근은 더 심해졌고, 지구는 더 이상 사람들이 거주할 수 없는 곳이 되었다. 올림포스 신들이 급히 모여 방법을 모색했다. 이대로 가다가는 인간이 멸종하고 인간의 인식 속에 거주하는 신들도 사라져야 할 판이었다.

먼저 제우스가 중재안을 내놓았다.

"페르세포네가 일 년 중 4분의 3은 어머니와 함께 지내고 나머지는 하데스와 지내도록 한다."

역시 제우스는 현명했다. 하데스의 애정과 데메테르의 모정 사이의 균형점을 찾아낸 것이다.

그는 하데스에게 이렇게 귀띔했다.

"내가 연애의 고수인 건 알지? 경험해보니 가끔 떨어져 있어야 사랑도 오래 유지돼. 헤라처럼 매일 추적하고 따라다니면 정말 귀찮아. 그러니 일 년에 세 달 정도만 같이 살도록 해. 서로 부딪칠 일도 적고 신선함도 유지되며 그립기도 할 테니까."

하데스는 페르세포네와 주기적으로 떨어져 살라는 제우스의 조언을 받아들이기가 어려웠다. 그런데 기근이 더 지속되면 제우스와 올림포스의 신들뿐만 아니라 하데스 자신도 사라질 처지였다. 결국 대지인 가이아도 사라지고 오직 카오스만 남게 되는 것이다.

<돌아온 페르세포네>, 프레더릭 레이턴(Frederic Leighton), 1891, 리즈 미술관.

그래서 하데스는 처음으로 지옥의 법칙을 깼다. 그 뒤 페르세포네는 겨울만 지옥에서 보내고 봄, 여름, 가을은 지상에 올라와 살았다. 이렇게 해서 사계절이 탄생했다.

페르세포네가 지상으로 돌아오자 데메테르는 그제야 일을 하기 시작했다. 대지에는 다시 꽃이 만발하고 수목이 무성하며 열매가 맺혔다. 하지만 딸이 하데스에게 가 있는 겨울 동안에는 슬픔에 빠져 아무 일도 하지 않았기 때문에 지상이 얼어붙었다.

이 광경을 지켜본 신들은 이제 소멸되지 않게 되었다며 안도의 한숨을 쉬었다. 페르세포네 납치 사건은 고대 그리스의 약탈혼掠奪婚을 반영한 것이다. 조선시대의 보쌈풍속도 약탈혼의 흔적이다.

페르세포네는 '씨앗'을 의미한다. 땅속에 묻혀 있다가 봄이 되면 새싹으로 올라온다. 하데스에게 납치되었을 때 처음엔 증오했겠지만 차츰 스톡홀름 신드롬Stockholm syndrome이 나타났다. 인질이 납치범과 오래 있다 보면 퇴행적 애착이 생길 수 있듯 약자는 강자의 강요된 논리를 처음엔 부정하다가 차츰 동화되기도 한다.

페르세포네도 그런 과정을 거쳤다. 하데스가 건넨 새콤달콤한 석류를 먹을 때까지만 해도 하데스를 증오했다. 하지만 지옥 시민이 된 뒤 하데스에게 동화되기 시작했고, 그런 페르세포네에게 하데스는 지하세계의 여왕 자리와 지상과 지하를 드나드는 특권까지 주었다. 페르세포네의 삶은 소유와 집착 중심이 아니라 순환과 경험 중심이었다.

무의식인 하데스에서 씨앗인 페르세포네가 올라온다. 무의식에서 아이디어와 통찰력과 선호감정이 자아로 올라온다. 가이아는 땅에 올라온 새싹이 잘 자라도록 영양분을 제공한다. 무의식의 잠재태virtual를 현실태actual로 바꿔주는 것이 자아다. 무의식에는 카오스에서부터 시작해 거의 모든 흔적이 들어 있다. 이 가능성의 현실화는 자아의 태도에 달려 있다.

무의식에 들어 있는 폭력과 절망의 씨앗 대신 건강한 씨앗에 물을 주어야 한다. 씨앗이 잘 자라려면 바람직한 환경도 중요한데, 그것이 무의식 내용의 가치를 평가하는 초자아다.

하늘의 날씨를 가부장의 신 제우스가 관장한다는 것은 시대의 가치관이 개인의 초자아에 지대한 영향을 끼친다는 뜻이다. 따라서 시대적 담론이 몇몇 특정세력의 이익에 휘둘리지 않게 하는 집단지성의 건강한 도전이 중요하다.

제5장

포세이돈, 아폴론, 디오니소스

퍼스낼리티의 기본

하데스와 가이아의 중재자 포세이돈

<포세이돈>, 아뇰로 브론치노(Agnolo Bronzino), 1540~1550, 브레라 미술관.

올림포스 신들이 티탄과의 전쟁에서 승리하고 천하를 삼분할 때 포세이돈은 하데스와 가이아 사이에 있는 바다와 샘을 맡았다. 포세이돈은 성격이 워낙 변화무쌍한 데다 지략이 조금 부족해서 화가 나면 무조건 태풍과 지진부터 일으켰다.

태양의 신 아폴론이 하늘과 땅 사이에 있다면 물줄기인 포세이돈은 지

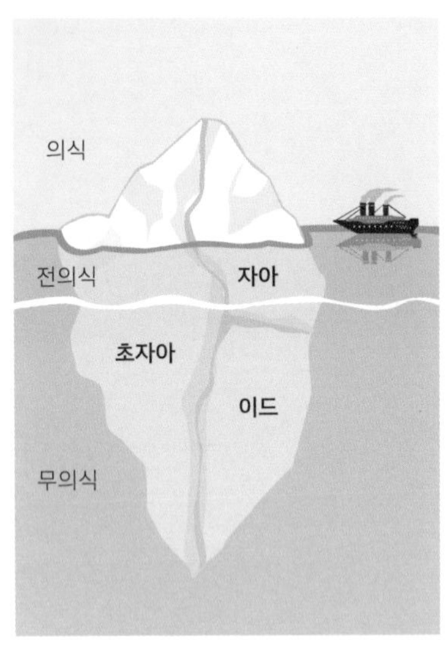

지형학적 모델로 본 인간 정신

하와 대지 사이를 오간다. 달리 말해 포세이돈은 무의식인 하데스와 자아인 가이아 사이에, 아폴론은 자아인 가이아와 초자아인 제우스 사이에 자리를 잡고 있다.

따라서 포세이돈과 아폴론은 인간 의식구조에서 전의식preconscious에 상응한다. 인간 정신을 지형학적 모델로 분류할 때 의식conscious과 무의식unconscious으로 나누는데, 둘 사이에 가교 역할을 하는 것이 전의식이다. 전의식은 인간 의식의 과부하를 방지하기 위해 무의식에 켜켜이 쌓인 많은 자료 가운데 자아가 수용하기 어렵거나 부담스러운 것들이 의식에 도달하지 않게 해준다.

무의식은 대부분 이드id와 초자아로 구성된다. 출생 때부터 타고난 본능적 욕구가 이드로 생체유지기능, 종족 보존을 위한 생식기능 등이다. 유아 때부터 자아가 생기면서 이드가 차츰 약해지다가 사춘기와 사추기 때 일시적으로 커지기도 한다.

포세이돈은 이드와 자아 사이의 전의식, 아폴론은 초자아와 자아 사이의 전의식을 의미한다. 포세이돈은 '세 개의 이빨'이라는 뜻의 삼지창을 들었다. 그는 키클롭스가 선물로 준 이 삼지창을 들고 바람, 구름, 비를 만들어내며 대지 속의 원시적 에너지를 현실감 있게 이용한다. 포세이돈이라는 이름에는 '대지를 뒤집는 자'라는 뜻이 담겨 있는데, 전의식인 포세이돈이 자아인 가이아를 뒤집어주어야 이드인 하데스가 드러나는 것이다.

자아의 핵심을 인지기능(주의력·기억력·언어능력·시공간 구성능력·실행기능)이라고 할 때 이것은 어떻게 발달할까? 인지기능은 사회적·물리적 환경과의 상호작용을 통해 발달한다. 이 작용을 장 피아제는 조작operation이라고 보았다. 이때 조작은 상호작용을 통해 논리적 인식을 확대해간다는 뜻이다.

아직 상호작용이 희박한 출생아의 경우 자아가 미약할 수밖에 없고, 하루 이틀 시간이 지나면서 점차 선명해지기 시작한다. 이때부터 자아의 주요 기능인 현실원칙(현실감각·현실검증·현실적응)이 발달한다. 자아에서 가치관을 분별하며 발달하는 것이 초자아이며, 가치관 형성과 발달에 중요한 것이 인습이다. 그래서 콜버그의 도덕발달 단계가 인습을 중심으로 구성돼 있는 것이다.

따라서 태아는 출생 직후까지 무의식 덩어리였다가 이후 세계와의 상호작용을 통해 자아가 발달하면서부터 초자아의 내재화도 일어난다. 초자아는 선악을 구분하는 양심과 개인의 가능성을 추구하는 자아 이상ideal으로 구성되어 있다. 이드와 자아, 초자아는 각자 지향하는 원칙이 있다. 즉, 이드는 쾌락원칙, 자아는 현실원칙, 초자아는 이상원칙에 따라 움직인다.

그렇다면 전의식은 어떤 기능을 할까? 의식하기에 부담스럽거나 위험한 무의식적 경험이 의식에 튀어나오지 않게 한다. 전의식에 저장된 자료들은 평소에는 망각하고 있다가 주의를 집중하면 회상이 된다. 무의식의 자료들도 전의식을 통해 꿈이나 실착失錯 행동 등을 통해 일부 의식에 나타난다.

지하의 하데스와 하늘의 제우스 사이에는 대지인 가이아가 있다. 포세이돈은 하데스에서 올라오는 샘물이며, 하데스의 입을 벌리는 지진이며, 제우스의 얼굴을 뒤덮는 물보라와 구름을 관장한다. 전의식 포세이돈이 이드와 자아 사이의 문지기 노릇을 하고 있는 것이다.

포세이돈의 성격은 폭풍처럼 거셌다. 확 끓어오르지만 지혜가 부족해서 여러 신과의 영역 다툼에서 늘 손해를 보았다. 전의식이 강렬한 사람들도 포세이돈처럼 감정기복이 심해서 눈앞의 일에만 매달리며, 장기적 안목과 이성적 대응이 부족하다.

포세이돈은 제우스가 아버지 크로노스에게 반기를 들었을 때 제우스의 편을 들어줌으로써 제우스에 버금가는 권위를 지녔다. 그 뒤 제우스가 권력을 독점하자 아테나, 헤라, 아폴론 등과 함께 거사를 도모했으나 실패하고 라오메돈 왕의 노예가 되는 벌을 받았다. 포세이돈은 간혹 제우스에게 덤볐다. 에기나 섬을 두고도 제우스와 싸웠지만 신들이 제우스의 편을 드는 바람에 양보해야 했다.

포세이돈은 지력이 제우스에게 미치지 못해서 결국 제우스의 위엄에 순응할 수밖에 없었다. 그는 신의 집회가 열리는 날이면 올림포스로 먼저 달려가 입구에 서 있다가 제우스가 전차에서 내릴 때 문을 열어 맞이하기도 했다.

한편, 포세이돈은 아테네 땅을 탐냈다. 그래서 아테네 사람들의 환심을 사려고 우물을 많이 파놓았다. 하지만 아테네 사람들은 그보다는 아테나가 심어놓은 올리브나무를 더 좋아해서 아테나를 받들었다. 단순 무식하고 격정적인 포세이돈보다 지혜로운 아테나를 선택한 것이다. 이에 단단히 화가 난 포세이돈은 아테네 전역을 홍수로 쓸고 다니며 분풀이를 했다.

포세이돈은 항상 이런 식이었다. 뭔가에 실패하면 원인을 찾아내고 역량을 길러 다음에 성공할 생각은 하지 않고 한바탕 분풀이만 하고 다녔다. 그는 그리스의 작은 나라 아르고스가 헤라에게 넘어갈 때도 그 지역의 모든 물길을 말라붙게 만들었다.

기갈에 시달리던 아르고스 왕 다나오스의 딸 50여 명이 물동이를 인 채 물을 찾아다녔다. 그 모습을 보고 통쾌해하던 포세이돈의 눈이 아미모네를 발견하고 반짝였다. 아미모네는 물을 찾다가 지쳐 들판에 쓰러

<포세이돈과 아미모네, 에로스>, 로마시대 모자이크, 파포스의 디오니소스 저택.

지고 말았다. 그때 반인반수의 괴물 사티로스가 그녀를 겁탈하려고 덤벼들었고, 포세이돈은 지진을 일으키며 달려가 삼지창으로 사티로스를 죽였다. 포세이돈은 깜짝 놀란 아미모네를 품에 안은 채 삼지창으로 바위를 내려쳤다. 샘물이 솟아오르자 아미모네에게 먹이고 둘은 사랑을 나누었다. 둘 사이에서 나우플리오스가 태어나 새로운 도시 나우플리아를 건설했고, 해상무역으로 큰 부를 축적했다.

올림포스의 2인자 포세이돈도 제우스 못지않은 바람둥이였다. 테살리아 왕 엘라토스의 딸 카이니스에게 홀딱 반하기도 했다. 그런데 카이니스가 계속 거절하자 바다에 폭풍을 일으켜 애꿎은 어부들만 죽게 만들었다. 포세이돈뿐만 아니라 뭇 남성들이 집적거리자 카이니스는 이를 견디다 못해 포세이돈을 찾아가 말했다.

"당신의 사랑을 받아줄 테니 나를 남자로 바꿔줘요."

쉽게 받아들이기 어려운 요구였지만, 포세이돈은 단 하룻밤의 풋사랑을 위해 그렇게 해주기로 약속했다. 그렇게 카이니스는 남자 카이네우스가 되었다. 강압적인 남성 포세이돈의 집착에 질려서 여성을 버린 것이다.

포세이돈은 매사가 그런 식이었다. 화나면 분풀이하고, 좋으면 그 자리에서 뭐든 내주었다. 그러다 보니 영토 다툼에서도 대부분 실패했다. 그리스신화에서 포세이돈의 영향력이 축소되기 시작한 것은 언제부터였을까? 인간들이 홍수, 가뭄 등의 자연재해를 차츰 극복해 나가면서부터였다.

그런데 포세이돈에 의해 성性이 바뀐 사람이 또 있다. 카이니스와는 달리 테이레시아스는 여성으로 바뀌었는데, 여기에는 세 가지 이야기가 전해진다.

첫째 이야기는 테이레시아스가 산길을 지나다가 교미하는 뱀을 보고 지팡이로 암놈을 죽였는데, 그때 죽어가던 뱀이 진노해 테이레시아스를 여자로 변신시켰다는 것이다.

<지팡이로 뱀을 때리는 테이레시아스>, 요한 울리히 크라우스(Johan Ulich Kraus)의 판화, 1690년경.

둘째 이야기는 아프로디테와 카리테스 세 자매 여신의 논쟁과 관련이 있다. 누가 더 아름다운지 논쟁을 벌일 때 테이레시아스는 세 자매 여신 중 칼레의 손을 들어주었고, 이에 모욕감을 느낀 아프로디테가 테이레시아스를 노파로 만들어 분풀이했다는 것이다.

셋째 이야기는 아테나 여신과 관련이 있다. 테이레시아스는 어느 날 우연히 아테나가 목욕하는 장면을 엿보게 되었고, 아테나는 이를 알고 꾸짖었다.

"감히 순결의 여신의 알몸을 젊은 남성이 엿보다니, 그러고도 무사할 줄 알았느냐!"

그러고는 테이레시아스의 두 눈을 만지며 '이것은 아테나의 몫'이라고 말했다. 그 뒤 테이레시아스는 맹인 여성이 되었지만, 마음의 눈으로 세상을 보며 그리스 최고의 예언자가 되었다.

황소와 사랑에 빠진 미노스의 왕비

포세이돈에게는 궁전이 두 개 있었다. 하나는 헤파이스토스가 올림포스에 지어준 궁전, 다른 하나는 깊은 바다의 황금 궁전이었다. 포세이돈이 황금 마차를 타고 바다 궁전에서 나와 드넓은 대양을 달리면 돌고래 떼가 뛰어오르며 환호했다.

햇볕이 따사로운 어느 날, 낙소스 섬에서 바다의 노인 네레우스의 딸 50명이 옷을 다 벗은 채 춤추며 놀고 있었다. 포세이돈은 이 가운데 암피트리테의 아름다운 모습에 반했다. 그래서 수평선 저 멀리에서부터 하얀 물거품을 일으키며 암피트리테에게 달려왔다.

하지만 암피트리테는 포세이돈을 싫어했다. 워낙 거칠고 욕망도 큰 데다 그 욕망을 다스리지 못해 좌충우돌하는 모습이 싫었던 것이다. 그래서 몇 번이나 싫다고 했지만 포세이돈은 삼지창까지 휘두르며 미친 듯이 쫓아다녔다. 결국 암피트리테는 바닷속의 아틀라스 궁전에 깊숙이 숨어들었다.

포세이돈이 암피트리테를 찾지 못해 애태우고 있을 때, 돌고래들이 아틀라스 궁전을 찾아가 부탁했다.

"암피트리테, 제발 포세이돈을 받아주세요. 포세이돈이 당신을 찾으러 항구마다 쓸고 다니는 바람에 항구가 다 파괴되고 있어요."

"바로 그런 성격 때문에 포세이돈을 싫어하는 거예요. 왜 애꿎은 사람들에게 분풀이를 하나요?"

"그래도 속정은 깊답니다. 누구보다 우리가 포세이돈을 잘 알죠. 한번

정을 주면 끝까지 돌보아준답니다."

암피트리테가 그래도 거부하자 돌고래들이 물었다.

"바다처럼 넓은 품을 본 적이 있습니까? 세상의 모든 물을 다 받아들이죠. 당신의 목욕물과 오물까지도요. 어디 그뿐인가요? 바닷속 미생물에서부터 사나운 상어에 이르기까지 모두 품고 있습니다. 바다의 깊이를 누가 잴 수 있겠어요?"

암피트리테는 돌고래들의 말에 설득당해 고개를 끄덕였다. 돌고래들은 암피트리테를 등에 태워 포세이돈에게 데려다주었다. 포세이돈은 이에 대한 고마움으로 돌고래에게 하늘의 별자리를 만들어주었으며, 암피트리테를 지중해의 여신이 되게 해주었다.

<포세이돈과 트리톤>, 지안 로렌초 베르니니 (Gian Lorenzo Bernini), 1620.

포세이돈과 암피트리테는 딸 로데, 벤테시키메와 아들 트리톤을 낳았다. 트리톤은 상반신이 인간이고 하반신은 인어인 인어 왕자로 그가 소라고둥을 불면 파도가 일고 멈추면 가라앉았다. 그는 평소 해마를 타고 물개나 돌고래들과 놀았다.

포세이돈은 이 외에도 많은 여자와 사귀었다. 제우스에는 미치지 못하지만 27명 정도와 관계를 맺었는데, 대부분이 즉흥적이었다. 그럴 때마다 풍랑이 일고 안개가 바다를 덮었으며, 그렇게 태어난 자녀들은 난폭하거나 괴물이었다. 이는 포세이돈이 상징하는 전의식을 기분 내키는 대로 방치하면 위험하다는 은유다. 물론 자아가 잘 관리하면 전의식은 엄청난 창의력의 보고이다.

포세이돈이 낳은 자식들의 운명도 순탄치 못했다. 자식들은 대부분 헤라클레스나 테세우스처럼 자부심이 강한 영웅들을 괴롭히다가 죽었다. 포세이돈이 아마존의 여인과 낳은 거인 오리온은 연인 사이였던 아르테미스의 화살에 맞아 죽었다.

한편, 포세이돈이 가이아와 낳은 아들 안타이오스는 리비아 지방을 지키면서 나그네들에게 내기 씨름을 강요했다. 그는 대지의 여신이 낳은 아들이어서 땅에 발을 붙이고 있는 한 천하무적이었다. 하지만 이를 알아챈 헤라클레스가 허공에 들어올려 안타이오스를 제거했다. 또한 폴리크루스테스, 외눈박이 거인 폴리페모스도 포세이돈의 아들이다. 폴리크루스테스는 여행객을 숙소 침대에 맞춰 절단해 죽이다가 테세우스에게 절단을 당했고, 폴리페모스는 오디세우스에게 외눈마저 잃었다.

포세이돈은 부성애가 강해서 자녀들이 비록 괴물일망정 최대한 지켜주려고 애썼다. 한편, 이티오피아의 왕 케페우스의 아내 카시오페이아도 자식 자랑이 유별났다. 처음에는 인간 가운데 자기 자식이 최고라고 떠들고 다니다가 급기야 포세이돈의 자식들까지 거론하기에 이르렀다.

“포세이돈이 바다의 신이면 뭐 해? 자식들을 좀 봐. 그렇게 흉측해서 무슨 일인들 할 수 있겠어? 부인이 바다 요정 출신이어서 조금 예쁘기는 하지만, 그래도 내 딸 안드로메다에 비하면 어림없지.”

안드로메다도 그 말에 맞장구를 쳤다.

"어머니, 어디에 비교하세요? 요정이 별건가요? 그 여자가 낳은 자식들을 봐요. 하나같이 올림포스 꼭대기에서 떨어진 호박 같잖아요. 만일 내가 자식을 낳으면 하늘의 별보다 반짝일 거예요."

이 소문을 들은 포세이돈은 길길이 날뛰며 오대양에 해일을 일으켜 이티오피아를 덮쳤다. 그뿐 아니라 이티오피아 전역을 덮친 해일 때문에 번민하는 케페우스 왕에게 "나라를 구하려면 공주를 제물로 바치라"는 신탁을 내린다. 케페우스 왕은 어쩔 수 없이 안드로메다를 바닷가 바위에 쇠사슬로 묶어두게 했다.

거친 파도 속에서 고래가 연이어 튀어오르며 안드로메다를 잡아먹으려 했다. 마침 메두사를 죽이고 돌아가던 페르세우스가 그녀를 발견하고는 뗏목을 박차고 뛰어올라 돌고래를 죽이고 안드로메다를 구출했다. 뒷날 안드로메다는 은하가 되었다.

포세이돈이 해일을 일으키면 바닷속까지 정화되고 플랑크톤에게 산소를 공급한다. 이와 같이 전의식은 무의식이 지나치게 억압되지 않게 해방로 역할도 한다. 전의식이 적정 수준으로 활성화되어야 잠재된 능력을 발휘할 수 있다. 하지만 술이나 마약에 취할 때처럼 전의식이 지나치게 활성화되면 곤란한 상황을 만들기도 한다. 마치 포세이돈이 깊은 바다에 지진을 일으키면 심해 어종이 해변까지 올라와 힘없이 떠다니다가 죽는 것처럼.

전의식은 목표를 바로 정할 때 알맞게 활성화된다. 목표를 막연하지 않게 구체적으로 설정하면 평소에는 간과했을 관련 정보, 인물, 기획 등이 새로운 의미로 다가온다. 목표에 몰입할수록 연관 능력은 상승한다. 그래도 자아는 균형감각을 잃지 않아야 하고, 이를 위해 전의식의 충동을 객관적 사고능력으로 순화시켜야 한다.

객관적 사고능력이란 몰입과 상반된 자기 거리두기다. 목표를 향해 집중하는 것이 몰입이라면 내 생각과 감정이 합리적인지 성찰하는 것이 자기 거리두기다. 몰입과 자기 거리두기가 자유로운 사람이 인지적 유연성이 큰 사람이다. 인지적 유연성이 작은 사람일수록 무분별한 혼돈에 빠지기 쉽다. 크레타의 왕 미노스가 이에 해당한다.

포세이돈은 미노스에게 우람한 황소 한 마리를 제물로 바치라고 했다. 미노스는 포세이돈의 황소를 보고는 욕심이 생겨 다른 황소로 바꿔치기했다. 이 고지식한 왕은 평소에도 멀리 보지 못하고 눈앞의 것에만 집착했는데, 급기야 포세이돈의 하얀 황소까지 바꿔치기한 것이다.

포세이돈이 미노스에게 황소를 준 이유는 자신이 받을 제물이 다른 신들의 것보다 풍성하게 보이기를 바라서였다. 그런데 미노스 왕이 황소를 바꿔치기하는 바람에 빈약한 제물로 도리어 체면을 구기게 되었다. 제우스는 물론 심지어 아프로디테 등 여신들의 제물보다 보잘것없자 여신들은 포세이돈을 놀려댔다.

"소득도 없이 성질만 부리고 다니는구나!"

어처구니없게 수모를 당한 포세이돈은 미노스에게 앙갚음을 하기 시작했다.

"네가 내 황소를 가져갔으니 네 집안이 쑥대밭이 되게 해주겠다."

미노스 왕과 파시파에 왕비는 공식행사에만 동참하는 무늬만 부부였다. 미노스는 여러 명의 애인을 두었는데, 약초에 밝은 파시파에가 독약을 만들어 죽여버렸다. 하지만 남편의 마음을 되돌릴 수는 없었고, 왕비는 마음이 떠난 남편 대신 포세이돈의 황소를 바라보며 위로를 받았다.

포세이돈은 이런 상황을 이용해 왕비가 황소를 사랑하게 만들었다. 그 뒤로 황소를 볼 때마다 욕정이 솟구치자 파시파에는 견디다 못해 크레타의 명장 다이달로스를 찾아가 암소 옷을 만들어달라고 부탁했다. 그녀는 그 옷을 입고 황소를 찾아가 수간獸姦했고, 그 결과 무시무시한 반인반수半人半獸 괴물 미노타우로스가 태어났다.

<파시파에에게 목조 암소를 건네주는 다이달로스>,
폼페이 베티 저택의 벽화, 1세기.

미노스가 포세이돈을 괄시한 대가로 파시파에는 성욕의 주체가 아니라 성욕의 노예가 되고 만 것이다.

제우스와 가이아의 중재자 아폴론

태양이 없으면 생명도 없다. 태양은 대기와 해양을 데우고 식물에 에너지를 준다. 이러한 태양을 고대 그리스인들은 아폴론이라는 신으로 숭배했다. 아프로디테가 그리스 최고의 미녀신이라면 최고의 미남신은 아폴론이다.

아폴론은 하늘과 땅 사이를 비추고 그 빛으로 땅을 보고 하늘도 보게 해준다. 포세이돈이 자아와 본능 사이의 전령사라면 아폴론은 자아와 초자아 사이의 전령사다. 두 신의 이름이 지닌 뜻도 그렇다. 포세이돈이 '대지를 뒤집는 자'를 뜻한다면 아폴론은 '빛나다, 순수하다'라는 뜻이 있다. 따라서 하데스의 그림자는 포세이돈이고, 제우스의 그림자는 아폴론이다. 그림자는 본체의 윤곽을 따라 어른거린다.

초자아는 성장 과정에서 주변과의 조우를 통해 형성된 가치관이다. 평소에 자아는 이드와 초자아를 의식하지 못하다가 전의식을 통해 의식하게 된다. 즉, 무의식에 속한 이드와 초자아를 자아와 연결시키는 기능이 전의식이다.

그런데 초자아가 텅 비었다면 어떻게 될까? 전령사의 역할이 필요 없게 된다. 따라서 성장기에는 교과목도 필요하지만 인성 교육이 매우 중요하다. 또한 사회 풍속과 가족의 분위기가 인성 함양에 안내자의 역할을 해야만 한다. 그러지 못해 초자아를 텅 비운 상태로 성장하면 엄청난 시련을 겪으며 뼈저린 고뇌 속에 초자아가 새로 정립될 수 있다. 초자아가 뻥 뚫려 있을 때 자아 팽창이 일어난다. 이때의 자아는 무의식중에 긍정적인 면보다 부정적인 면과 연대해서 인간을 수단으로만 여기고 타인의 고통을 전혀 느끼지 못한다.

아폴론은 순결한 영혼의 소유자로 제우스를 비롯한 신들과 인간 사이에서 중개자 역할을 맡았다. 법과 종교, 도덕을 주관했으며 죄를 깨닫게 하고 치유해주었다. 아폴론의 별명도 모두 초자아의 특징과 관련이 있다. 백성을 악에서부터 보호해준다 하여 '알렉시카코스', 양들에게 식량을 나눠주고 올바른 길로 인도한다고 해서 '노미오스', 양들을 늑대들에게서 보호한다는 뜻으로 '리케이오스'로 불리었다. 음악이나 시 등 예술도 주관했는데, 이 또한 양치기들이 음악을 하며 시간을 보냈기 때문이다. 이러한 아폴론을 그리스인들은 그리스 정신의 이데아로 칭송했다. 하지만 아폴론에게도 무서운 이중성이 있다. 진리와 신성함 등을 상징하는 동시에 전염병을 야기하는 사악한 힘이 있다.

이드가 충동 덩어리라면 초자아는 무자비한 죄책감의 근원지로서 자아가 금기된 일을 상상만 해도 수치감을 준다. 아폴론은 초자아의 자료를 자아에 전달해주는 역할을 하기 때문에 자부심과 죄책감이라는 이중성을 지니는 것이다. 그렇다면 바른 생활의 촉진자인 아테나의 성장 과정은 어땠을까?

아테나의 아버지는 제우스, 어머니는 티탄족 코이오스와 포이베의 딸 레토다. 보통 제우스는 바람피울 때 소극적이거나 부정적인 상대에게 적극적으로 애정공세를 폈다. 그런데 레토는 달랐다. 그녀는 제우스와 마찬가지로 적극적이었다. 그래서 레토는 동족인 크로노스와 티탄족이 제우스와 싸울 때도 전쟁에 참여하지 않았다.

그런 관계였으니 헤라의 질투가 얼마나 심했겠는가. 레토가 쌍둥이인 아폴론과 아르테미스를 임신했을 때 헤라는 안절부절못하며 뻐꾸기를 지구 곳곳에 보내어 출산할 장소를 내주지 말라고 명령했다. 그래서 출산일이 다가오는데도 출산할 곳을 찾을 수가 없자 제우스는 포세이돈에게 부탁해 돌고래를 타고 델로스 섬으로 들어갔다. 포세이돈은 산처럼 엄청난 파도를 일으켜 헤라의 눈길을 피하게 해주었다. 포세이돈이 자신처럼 인간의 전의식을 상징하는 아폴론의 출생을 도운 것이다.

아르테미스는 조금 먼저 태어나 동생 아폴론이 세상에 나올 때 도와주었다. 헤라의 핍박 아래 서럽게 태어난 아폴론과 아르테미스 남매는 헤라의 자녀들보다 위대하게 되었다. 아폴론은 태양의 신, 아르테미스는 달의 신이 된 것이다.

남매는 성격도 비슷해서 모두 규범집착형이었다. 이는 혼외자녀로 태어난 데 대한 출생 콤플렉스의 반작용이었다. 그래서 아폴론이 초자아의 상징인 제우스의 대변인이 되었고, 아르테미스도 순결의 여신이 되었다.

아르테미스는 세 살이 되자 아버지 제우스를 찾아가 '영원한 처녀성'을 선물로 달라고 했다. 그래서 에로스의 화살이 그녀에게만은 효력을 발휘하지 못하게 된다. 아르테미스는 순결의 여신이 된 뒤 키클롭스에게 은으로 만든 활과 화살을 선물받았다. 이것을 기념해 활을 쏘았는데,

두 번째 화살까지 숲속 깊은 곳의 작은 나무에 연달아 적중했다. 세 번째 화살은 나무 사이로 뛰어다니던 다람쥐를 맞혔다.

<수렵의 여신 아르테미스>,
기욤 세냑(Guillaume Seignac), 개인소장.

아르테미스가 쏜 네 번째 화살은 허위와 기만의 도시 위에 떨어졌다. 그래서일까. 청동기 초기부터 세워진 그녀의 신전은 수차례 파괴와 재건을 거듭했다. 그러던 중 기원전 365년 헤라스트라투스라는 허영에 들뜬 인물이 신전을 둘러보다가 엉뚱한 상상을 한다.

'내가 죽으면 누가 기억해줄까? 후세인들이 이 신전은 알아도 나는 모를 거야. 이 웅장한 신전을 불태우면 나를 기억하겠지.'

결국 그는 이름을 남길 욕심으로 신전을 불태웠고, 소원대로 이름이 남긴 했지만 미친 녀석이라는 욕을 먹고 있다.

환상적인 몸매를 지닌 아르테미스가 영원한 처녀 신으로 남겠다고 선언하자 그녀에 대한 호기심은 더 커져갔다. 하지만 아무도 그녀의 알몸을 볼 수가 없었는데, 사냥꾼 악타이온이 그 주인공이 된다. 악타이온은 사냥개 50마리를 데리고 깊은 산속에 들어가 큰 곰을 쫓다가 우연히 계곡에서 목욕 중이던 아르테미스를 발견했다. 순간 아르테미스와 악타이온의 눈이 마주쳤다. 당황한 아르테미스는 님프들이 둘러싼 가운데 옷을 입고는 악타이온을 꾸짖으며 물을 뿌렸다.

<목욕 중에 놀라는 아르테미스>, 장 밥티스트 카미유 코로(Jean-Baptiste-Camille Corot), 1836, 메트로폴리탄 미술관.

"내 알몸을 본 자를 살려둘 수 없다!"

악타이온은 그 자리에서 사슴으로 변했고, 악타이온이 데리고 다니던 사냥개들이 돌변해 악타이온을 갈가리 찢어놓고 말았다.

아르테미스의 시중을 드는 님프 가운데 가장 아름다운 님프가 칼리스토였다. 그녀는 아르테미스에게 영원한 순결 서약을 했기 때문에 제우스가 흑심을 품고 수차례 유혹해도 전혀 흔들리지 않았다. 하지만 그렇다고 멈출 제우스인가. 제우스는 아르테미스로 변신해 칼리스토와 단둘이 온천 여행을 갔다. 뜨거운 김이 사방에 자욱할 때 제우스는 칼리스토의 순결을 훔쳤다.

그제야 제우스라는 것을 알았지만 이미 때는 늦었다. 칼리스토는 임신을 했고, 아르테미스에게 숨기려 했지만 점차 배가 불러와 결국 드러나고 말았다.

"내가 누구냐? 순결의 수호신이 아니냐! 그런데 순결 서약까지 한 네가 나를 속이다니……."

칼리스토가 전후사정을 이야기하려 했지만 아르테미스는 들으려고도 하지 않았다. 칼리스토는 님프의 세계에서 추방돼 홀로 아들 아르카스를 낳았다.

이 사실을 알게 된 헤라는 어김없이 찾아와 저주를 퍼부었다.

"이 모든 일이 네 미모 때문이다. 이제 너도 미모 없이 한번 살아봐라."

헤라의 지팡이가 칼리스토의 머리 위를 한 번 맴돌자 칼리스토는 그 자리에서 못생긴 곰으로 변했다. 헤라는 청동거울로 그 모습을 비춰주고는 사라져버렸다. 할 수 없이 칼리스토는 깊은 산중에 들어갔고, 어느

<제우스와 칼리스토>, 프랑수아 부셰(Francois Boucher), 1744, 푸슈킨 미술관.

덧 세월이 흘러 장성한 아들을 만났다. 칼리스토는 자신이 곰이 되었다는 것을 망각한 채 반가운 마음에 달려가 아들을 안으려 했다. 달려드는 곰이 어머니인 줄 알 리 없는 아르카스는 곰을 향해 창을 겨누었다. 그때 제우스가 나타나 아르카스도 곰으로 변신시켜 어머니와 함께 하늘로 끌어 올렸다. 그러고는 칼리스토에게는 큰곰자리, 아르카스에게는 작은곰자리를 만들어주고 살게 했다.

한편, 아르테미스는 남동생 아폴론을 유달리 챙겼다. 태양의 신 아폴론이 피곤할 때면 대신 지구에 빛을 비추며 하늘을 지켰다. 그런데 순결 서약을 한 아르테미스도 딱 한 번 남자를 좋아한 적이 있었다. 바로 사냥의 명수 오리온이다. 둘은 함께 사냥을 다니며 정이 들었는데, 특히 멧돼지 사냥을 할 때는 찰떡궁합이었다.

그러자 올림포스 신들 사이에 이상한 소문이 돌기 시작했다.

"순결의 신이 머지않아 순결을 버릴 것이다. 그러면 더 이상 신의 권위를 누리게 해서는 안 된다."

아폴론이 걱정이 되어 아르테미스를 말렸지만 아무 소용이 없었다. 어떻게 해야 누나를 지켜줄까 고민하고 있을 때, 저 멀리 한 사람이 바다를 헤엄쳐 오는 게 보였다. 눈이 밝은 아폴론은 그가 오리온이라는 것을 알아차렸다.

'저 자식! 아마도 누나를 만나러 오겠지? 이쯤에서 정리해줘야겠다.'

아폴론은 누나를 불러 말했다.

"저기 바다 위에 검은 물체가 보이지? 활솜씨를 한번 보여줘."

시력이 안 좋은 아르테미스는 오리온인 줄도 모르고 조건을 내걸었다.

“좋아. 내가 저것을 적중시키면 오리온과 사귀는 걸 방해하지 않겠다고 약속해.”

“알았어.”

바다 위에 떠 있는 검은 물체가 오리온이라고는 상상도 못한 채 아르테미스는 힘껏 활시위를 당겼다. 화살은 그대로 명중했다. 잠시 뒤 오리온의 시체가 파도에 밀려왔다. 아르테미스는 그제야 자신이 쏜 물체가 오리온이었다는 것을 알고 슬픔에 빠졌다. 그녀는 오리온을 하늘의 별자리로 만들어주었다.

우애가 깊은 아르테미스와 아폴론은 어머니 레토에 대한 효심도 남달라서 어머니를 무시하거나 괴롭힌 이들을 가만두지 않았다. 테베의 왕비 니오베도 아르테미스, 아폴론 남매의 응징을 받은 인물이다.

7녀 7남을 둔 니오베는 레토를 무시하며 우쭐댔다.

“나는 자식이 레토보다 일곱 배나 많아. 내 자식들과 혼인하려고 내로라하는 가문의 자식들이 몰려와 문전성시를 이루지. 자식이 둘밖에 없는 레토보다는 내가 훨씬 행복해. 내 자식들이 행복을 보증하거든.”

레토는 그 말에 신경이 곤두서서 킨토스 산으로 아폴론과 아르테미스를 불러 하소연했다.

“얘들아, 엄만 너희를 큰 자랑으로 여기고 있다. 나도 헤라 여신 말고는 어느 여신에게도 뒤지지 않는다고 생각했지. 그런데 저 오만한 니오베가 나를 능멸하는구나.”

아폴론이 흐느끼는 어머니를 달랬다.

“어머니가 이러시면 니오베에게 내려야 할 벌이 늦어질 뿐입니다.”

<니오베의 자식들을 공격하는 아르테미스와 아폴론>,
자크 루이 다비드(Jacques-Louis David), 1772.

어머니를 겨우 진정시킨 남매는 맑은 하늘의 구름조각을 건너뛰어 테베 성루에 내려섰다. 다음 순간, 들판에서 추수하던 니오베의 열네 자녀를 향해 화살이 날아들었다. 하나둘 쓰러지는 자식들을 보자 니오베는 레토의 응징이라는 것을 깨닫고는 땅에 머리를 박으며 절규했다.

"제발 한 자식이라도 남겨주세요."

"어림없는 소리! 자식 가지고 으스댔으니 자식 때문에 괴로워봐야지."

어머니를 욕보인 니오베의 자식들에 대한 남매의 응징은 잔혹했다. 결국 열네 자녀를 모두 잃은 테베 왕 암피온은 자결했고, 니오베는 한적한 곳에 잠적해 백일을 울기만 하다가 바위로 변하고 말았다.

<피톤을 죽인 아폴론>, 안토니오 템페스타(Antonio Tempesta), 1606.

한편, 아폴론은 델포이 지역의 가이아 신전으로 달려가 가이아의 아들인 거대한 뱀 피톤을 죽였다. 헤라에게서 임신 중인 레토를 죽이라는 명령을 받고 레토를 괴롭혔던 데 대한 앙갚음이었다.

아폴론의 빛과 그림자

아폴론은 피톤을 죽이고 가이아 신전을 차지한 뒤 가이아가 아니라 아버지 제우스의 뜻을 알리며 직접 신탁을 내리기 시작했다. 그 명성이 자자해지면서 그리스인들이 줄지어 찾아왔다. 사실 아폴론 신전에서는 무녀가 아폴론의 신탁을 빙자해 개인은 물론 국가의 명운이 걸린 중대사에까지 영향을 끼치기도 했다.

그리스인들이 가이아 대신 제우스의 의중을 전하는 신탁을 듣기 시작했다는 것은 무엇을 의미할까? 그만큼 신화와 사회적 규범이 하나의 양심이 되어 강력한 힘을 발휘하기 시작했다는 뜻이다. 양심은 사회의 윤리적 기준이 내재화한 것이다.

아폴론은 고대사회의 이상理想을 대변한다. 그런 아폴론도 상사병에 빠진 적이 있다. 어느 날 아폴론이 에로스를 만나 자신의 탁월한 궁술을 보여주며 놀려댔다.

"네 활은 꼭 장난감 같구나. 그러니 전쟁에는 사용하지도 못하고 맨날 달콤한 사랑놀이만 하고 있지."

에로스는 자존심이 상했지만 속으로 삼켰다.

'그래? 달콤한 사랑놀이? 네가 아직 전쟁 같은 사랑도 있다는 것을 모르는구나. 어디 한번 전쟁보다 심한 사랑에 빠져봐라.'

그날부터 에로스는 복수를 꿈꾸며 아폴론을 주시했다. 어느 날 강가를 거니는 다프네를 아폴론이 물끄러미 바라보고 있었다. 에로스는 이때다 싶어 금빛 화살을 아폴론의 등에 꽂았다. 그러고는 아폴론을 향해 외쳤다.

"아폴론, 네 화살이 세상을 정복한다면 내 화살은 사람의 심장을 정복한다. 누가 더 강한지 이제 알게 될 거다."

그 말이 끝나자마자 다프네를 바라보던 아폴론의 무심한 눈길이 사랑 가득한 눈길로 변했다. 이제 아폴론의 눈에는 누나와 어머니보다, 세

<아폴론과 다프네>, 파올로 베로네세(Paolo Veronese), 1560~1565, 샌디에이고 박물관.

상 그 누구보다 다프네가 사랑스럽고 소중해 보였다.

그런데 바로 그때 에로스가 쏜 증오의 화살이 다프네의 등에 명중했다. 다프네는 평소에도 지나치게 규범적인 아폴론을 좋아하지 않았는데, 그 화살까지 맞고 보니 아폴론의 이름만 들어도 기겁할 정도였다.

그럴수록 아폴론은 더 열정적으로 다프네의 꽁무니를 쫓아다녔다.

"다프네, 거기 서라고! 난 네 적이 아니야. 널 사랑해서 이러는 거야. 너 때문에 내 심장이 깨졌어. 내가 의료의 신이라도 내 아픈 가슴만은 치료할 수 없구나. 오직 네 사랑만이 나를 치료할 수 있어."

아폴론이 애원하며 뒤쫓았고, 다프네는 도망치다 지쳐서 강가에 멈춰 섰다. 마침내 아폴론이 다가와 뒷덜미를 잡으려는 순간, 다프네는 아버지인 강의 신 페네이오스에게 호소했다.

"아버지, 도와주세요. 아폴론과 사는 것은 죽기보다 싫어요. 그러느니 차라리 땅속에 뿌리를 내리고 아버지의 물을 마시며 살겠어요."

그 말이 끝나자 다프네의 다리는 대지에 뿌리로 박히고 양팔은 나뭇가지가 되었으며, 머리부터 잎사귀가 나고 고운 살결은 나무껍질이 되었다. 월계수로 변한 것이다. 다프네의 변신에 놀란 아폴론은 탄식하며 월계수에 키스를 퍼부었다.

"다프네, 내 아내가 될 수는 없겠지만 너는 이제 나의 나무가 될 것이다. 네 잎사귀로 왕관을 만들어 승리자들에게 씌어줄 것이며, 네 가지는 하프가 되어 나의 노랫가락이 될 것이다."

그러자 월계수가 된 다프네는 아폴론에게 가지를 흔들며 감사의 뜻을 표했다.

사랑을 거부하고 아버지 안에만 머무르려 하는 심리를 가리켜 '다프네 콤플렉스'라 한다. 남성의 마마보이도 같은 경우다. 이들은 자기 부모에 대한 애착이 강한 나머지 이성과의 사랑을 거부하고 이성에게 쏟을 관심까지 다른 방향에 쏟아붓는다.

어쨌든 아폴론의 첫사랑은 실패했지만, 에로스의 화살 때문에 사랑을 맛본 아폴론은 에로스의 화살과 관계없이 스스로 사랑을 찾는다. 그는 인간 세계를 돌다가 다프네와 분위기가 비슷한 테살리아의 공주

<아폴론과 코로니스>, 아담 엘스하이머(Adam Elsheimer), 1606~1608.

코로니스를 보고 구애했다. 코로니스는 다프네와는 달리 곧바로 화답했고, 이에 고무된 아폴론은 다프네와 못다 이룬 사랑을 재현하듯 코로니스에게 열정을 쏟았다.

얼마 뒤 아폴론은 천상에 가봐야 한다면서 코로니스에게 은빛 까마귀 한 마리를 선물했다. 사실 아폴론은 그 까마귀에게 코로니스의 일상을 보고하라고 지시해둔 상태였다.

아폴론이 하늘로 떠난 뒤에야 코로니스는 자신이 사랑한 상대가 인간이 아니라 신이라는 사실을 절감하며 고민에 빠진다.

'아폴론은 신이어서 영원히 늙지 않을 거야. 그런 그가 점점 늙어갈 나를 끝까지 사랑해줄까?'

고민 끝에 코로니스는 사람은 사람과 사랑을 해야 어울린다고 결론을 내렸다. 사실 외모며 가치관이 반듯한 아폴론과의 사랑은 뭔지 모를 삭막함이 느껴지기도 했다. 그래서 아폴론의 아이를 임신하고도 아폴론 몰래 발랄한 청년 이스키스와 결혼했다. 까마귀는 아폴론에게 날아가 이 모든 사실을 알려주었다. 인간의 정서를 이해하지 못하는 아폴론은 그 즉시 화살을 꺼내 들었고, 코로니스는 절규하며 쓰러졌다.

"내 배 속에 당신의 아이가 있어요. 이 아이만은 제발 살려주세요."

아폴론은 그제야 성급했던 자신을 책망하며 코로니스 배 속의 아이를 끄집어냈다. 아폴론은 아이를 켄타우로스족의 현자 케이론에게 보내 의술을 배우게 했으며, 이 아이는 자라서 의술의 신 아스클레피오스가 되었다.

상대와 교류하는 애정이 아니라 자기 기준만을 절대시하는 아폴론식 사랑은 실패하기 쉽다. 두 번의 사랑에서 쓴맛을 본 아폴론은 또다시 사랑을 찾아 나섰고, 그렇게 해서 사랑한 세 번째 여인이 트로이의 공주 카산드라다.

카산드라는 여행 도중 아폴론 신전에서 하룻밤을 묵었는데, 그날 밤 아폴론이 찾아와 그녀를 껴안으려 했다. 카산드라는 아폴론의 손을 밀쳐내고는 먼저 예지 능력을 달라고 했다. 그래서 예지 능력을 주었지만 아폴론의 손을 또 뿌리쳤다.

아폴론은 화가 나서 두 손을 카산드라의 입술에 대서 설득력을 빼앗고는 떠나버렸다. 그 뒤로는 카산드라가 아무리 진실한 예언을 해도 사람들이 믿지 않게 되었다. 초자아의 전령사 아폴론은 이렇게 세 번째 사랑에도 실패하고 만다. 여성의 심리를 고려하지 않는 아폴론의 일방적이고 성급한 태도가 거듭된 실연을 낳은 것이다.

아폴론은 이성애자이면서 동성애자였다. 그는 한때 청년 히아킨토스를 사랑해서 함께 다니고 함께 운동하고 함께 노래했다. 둘의 사랑은 그렇게 깊어졌다. 서풍의 신 제피로스도 이 청년을 사랑했지만, 청년이 오직 아폴론만을 흠모하고 자신은 거들떠보지도 않자 심통이 나 있었다.

어느 날 아폴론과 히아킨토스가 즐겁게 원반던지기를 하고 있었다. 먼저 아폴론이 언덕 아래로 원반을 던지자 히아킨토스가 원반을 잡으려고 뛰어 내려갔다. 그때 제피로스가 돌풍을 일으켜 원반의 방향을 되돌렸고, 불시에 원반에 맞은 히아킨토스는 그대로 쓰러지고 말았다. 아폴론이 살려보려고 애썼지만 아무 소용이 없었다. 히아킨토스가 흘린 피는 땅을 흥건히 적셨고, 그 자리에서 히아신스라는 꽃이 피어났다. 아폴론은 그 꽃을 보고는 다시 하늘과 땅 사이로 올라갔다.

우라노스부터 시작된 부계사회가 제우스 때 정착되면서 성적인 사랑도 생식 중심으로 바뀌었으며, 제우스를 대변하는 아폴론 또한 이성애자로 고착되어야 했다. 하지만 우라노스 이전 오래 기간 동안 성애와 생식이 분리되어 있던 원인류의 습관은 아직도 이어지고 있다.

아폴론의 태양마차는 중간으로 달려야 한다

히아킨토스 외에 아폴론이 사랑한 또 한 명의 미소년이 키파리소스다.

소심하고 정도 많았던 키파리소스는 어느 날 어린 수사슴을 발견해서 애지중지하며 길렀다. 다 자란 사슴의 뿔은 금빛으로 빛났고, 목에는 키파리소스가 걸어준 꽃목걸이를 하고 있었다.

키파리소스는 그 사슴을 타고 초원을 누비다가 아폴론을 만났다. 그 뒤 아폴론은 키파리소스를 늘 그림자처럼 보호하고 다녔다. 어느 무더운 여름날 아폴론은 신들의 모임에 가고 사슴은 더위를 피해 숲속 그늘로 들어갔다. 키파리소스는 강가에서 물푸레나무를 깎아 창을 만들고 있었다. 창을 다 만들고 일어서는데 숲속에서 동물이 움직이는 낌새가 느껴졌다. 키파리소스는 그 즉시 창을 힘껏 던졌다. 그런데 사슴의 비명소리가 들리는 게 아닌가.

혹시나 해서 급히 달려가보니 자신이 그렇게 아끼던 사슴이 쓰러져 있었다. 키파리소스는 죄책감을 견딜 수 없어 아폴론에게 자신을 죽여달라고 간청했다.

"이성적으로 생각해라. 그깟 사슴 한 마리를 실수로 죽였다고 그렇게 절망하면 되겠느냐? 더욱이 너에겐 내가 있지 않느냐? 내가 사슴보다 더 사랑스럽지 않으냐?"

하지만 아폴론이 아무리 어르고 달래도 소용이 없었다. 키파리소스는 식음을 전폐한 채 하염없이 울다가 끝내 아폴론의 품에서 숨을 거두고 말았다.

"영원히 슬픔을 상징하는 존재로 만들어주세요."

키파리소스는 자신의 유언대로 삼나무Cyparissos가 되었다.

아폴론의 연애는 여신, 여성, 남성 할 것 없이 모두 불행한 결과를 낳았다. 이런 결과를 피하려면 경직된 초자아를 유연하게 해야 한다. 한 사람의 초자아가 형성될 때 양육자가 그 모델이 된다. 보호와 격려, 인정과 함께 적당한 교정과 훈계를 하는 양육자는 바림직한 초자아를 형성시킨다. 반면 양육자가 종교적으로 엄격한 경우 초자아가 지나치게 강할 수 있다.

초자아가 너무 경직되어 있으면 자기 검열이 많아 늘 죄책감에 시달리며, 반대로 너무 약하면 본능의 충동을 억제하지 못해 반사회적 인물이 된다. 방치와 무시 또는 모멸, 가혹한 체벌 등이 왜곡된 초자아를 유발한다.

아폴론은 제우스의 뜻을 중재하는 성직자 같은 존재다. 성직자와 에로스는 원래 어울리지 않는다. 사랑 속에는 질투와 독점이 있고 대상을 우상화하는 환상이 있기 때문이다. 그래도 사랑을 유지하는 경우는 공유하는 가치관에 대한 헌신으로 묶여 있을 때다. 아폴론은 자기 신전에서 카산드라를 범하려 했는데, 이렇게 겉으로는 엄격한 윤리를 주장하면서 다른 행동을 할 때는 에로스의 열정이 지속될 수 없다.

성장기에 초아자가 어떻게 형성되었든 성인이 되면 스스로 적당히 관리하고 재구성해야 한다. 물론 이것이 쉽지는 않지만 불가능한 일도 아니다. 자신의 초자아가 어떤 모양인지 파악만 해도 자아의 통제권으로 들어온다. 무의식과 초자아를 동시에 조율하려는 노력만으로도 자아는 강해진다. 달리 말해 나의 도덕관과 가치관, 나의 열망과 욕구를 합리적 지성으로 관리해 나가야 한다.

아폴론이 타는 태양마차의 궤도는 항상 일정한데, 딱 한 번 엉킨 적이 있다. 아폴론과 요정 클리메네가 낳은 아들 파에톤이 몰았을 때다.

하루는 파에톤이 울면서 집으로 돌아온다. 아폴론이 자기 아버지라고 했다가 친구들에게 거짓말이라고 놀림을 받은 것이다. 파에톤은 클리메네에게 아폴론이 아버지라는 사실을 증명해달라고 졸랐다. 아들의 끈질긴 요구에 클리메네는 마지못해 허락한다.

"알았다, 아들. 아폴론에게 가라. 가서 진실을 요구해라."

그래서 파에톤은 눈부신 빛의 궁전을 찾아갔다. 아폴론이 다이아몬드 의자에 앉아 있었다.

"어떻게 여기까지 왔지?"

"오, 세상의 어둠을 모두 몰아내는 빛이시여! 당신이 제 아버지입니까?"

"네 어머니의 말이 맞다, 아들아. 이리 오너라. 이제 모든 의심을 풀어라. 네가 원하는 것은 무엇이든 다 들어주마."

"그렇다면 태양마차를 몰게 해주세요."

그 순간 아폴론은 아차 싶었다.

"내가 너무 성급하게 약속을 했구나. 아들아, 번개와 천둥의 신 제우스도 태양마차를 몰기는 어렵단다. 그런데 어린 네가 어떻게 몰려고 하느냐?"

하지만 파에톤은 고집을 꺾지 않았다. 자기를 무시한 친구들 앞에서 보란 듯이 멋지게 태양마차를 몰고 싶었던 것이다.

"제가 아들이라면 아버지의 능력도 타고났겠죠. 저는 아버지가 생각하는 것보다 훨씬 더 강합니다. 제 능력을 보여드리죠."

자신을 타인에게 증명해 인정받고 싶어 하는 심리가 '파에톤 콤플렉스'다. 제우스도 몰기 어려운 태양마차를 어린 파에톤이 어떻게 몰겠는가. 능력을 기르고 난 뒤에 도전해도 늦지 않은데, 파에톤은 친구들에게 자신이 아폴론의 아들이라는 것을 증명하는 한편 아버지에게 능력 있는 아들로 인정받고 싶은 마음이 강했다. 그 욕구 때문에 기어이 태양마차를 몰기로 한 것이다. 지나친 의욕이 설익은 능력을 앞선 경우다.

파에톤 콤플렉스의 대표적인 사례가 슈퍼우먼 콤플렉스와 슈퍼맨 콤플렉스다. 자기 여건과 역량을 무시하고 부모, 부부, 자녀, 직장인이라는 여러 가지 상충된 역할을 완벽히 수행하려 하지만, 그것이 불가능하기 때문에 늘 불안과 초조와 자책감에 시달리게 된다.

인정 욕구는 본성이며 자연스럽고 건강한 것이지만 지나치면 문제가 된다. 인정을 받아야만 비로소 마음이 편하다거나 인정받는 것 자체를 목표로 삶을 전부 소모할 때는 병리적이다.

지나친 인정 욕구는 항상 잘 보여야 한다는 강박관념을 불러온다. 그러면 삶의 주인이 자신이 아니라 타인이 된다. 그런데도 불안한 속마음을 누구에게 털어놓지도 않는다. 자신의 약한 모습이 드러나면 인정을 받지 못할까 봐 두려워서다. 이는 내가 나의 주인이 되지 못한 사람들의 비극이며, 체면이 인격을 죽이는 것이다.

파에톤 콤플렉스를 극복하려면 완벽주의에서 벗어나야 한다. 자신을 포함해 어느 누구도 완벽할 수 없다는 것을 깨닫고 인정해야 한다. 그래야 부족한 나, 부족한 너를 수용할 수 있다. 열이면 열 모두 잘할 수는 없다. 그중 서넛이라도 잘하면 이를 인정해야 한다.

또한 세상 사람 모두가 나를 좋아할 수도 없고 반대로 다 싫어할 수도 없다는 사실을 받아들여야 한다. 그래서 내 인생을 타인의 시선에 두지 말고 내가 주인이 되어야 한다. 그래야 인정 욕구보다 역량의 함양에 집중할 수 있다.

어쨌든 파에톤은 능력을 입증해 보이겠다며 계속 고집을 부렸고, 아폴론도 더 이상 말리지 못했다. 다음 날 이른 새벽 아폴론은 아들을 데리고 마구간으로 가서 날개 달린 말 세 마리를 태양마차에 매달았다. 그러고는 채찍을 주며 당부했다.

"파에톤, 이 말은 매우 거칠고 빛의 속도로 빨리 달린다. 일단 양손으로 고삐를 단단히 쥐어야만 속도를 조절할 수 있어. 이 채찍은 방향을 수정할 때만 사용해라. 잊지 마라. 항상 남극과 북극을 피하고, 너무 높거나 낮지 않게 하늘과 땅의 중간으로만 달려야 한다."

밤새 반짝이던 별들이 저녁까지 쉬기 위해 하늘에서 물러가고 있었다. 이때를 맞춰 태양마차의 말들은 말발굽으로 땅을 박차며 날 준비를 했다. 파에톤이 올라

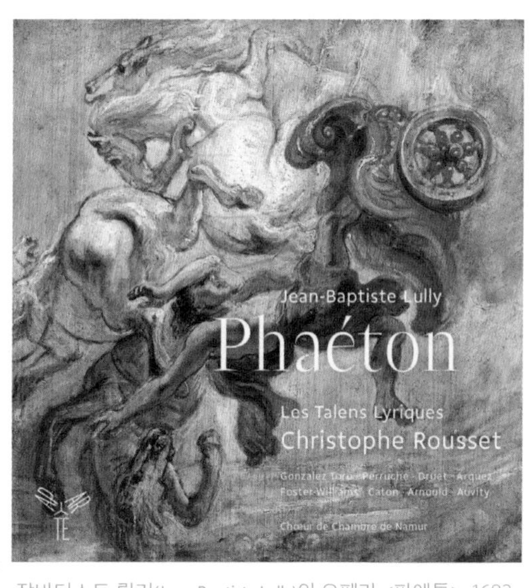

장바티스트 륄리(Jean-Baptiste Lully)의 오페라 <파에톤>, 1683.

타는 것을 신호로 태양마차가 달리기 시작했다. 새벽이 걷히며 붉은 태양이 솟아오르기 시작했다.

태양마차가 달리기 시작하자 파에톤의 눈앞에 지구가 회전하며 다가왔다. 파에톤은 현기증이 나서 중심을 잡으려 했지만 마차의 휘황한 불빛 때문에 앞을 볼 수 없었다.

"아! 내가 왜 마차를 몰겠다고 고집을 부렸을까?"

크게 당황해 의식을 잃을 지경이었다. 말들은 고삐 풀린 망아지처럼 미친 듯이 달렸다. 너무 높이 달리면 대지가 얼어붙었고, 너무 낮게 달리면 대지가 불타오르며 사막이 생겨났다. 에티오피아 사람들의 피부는 까맣게 탔다.

하늘의 구름과 별에까지 불길이 옮겨붙어 연기가 되고 별똥별이 되어 떨어졌으며, 강물과 바다까지 말라붙었다. 견디다 못해 대지가 제우스를 원망했다.

"신들의 왕이시여, 태양의 불길에 우리 모두를 태워 죽이시렵니까? 당신에게 풍요로운 음식을 바쳤는데 어찌 이렇게 대우하십니까? 우주가 카오스로 떨어지는데 보고만 계실 겁니까? 오직 당신만이 지구를 구할 수 있습니다."

결국 제우스가 긴급히 회의를 소집했다. 아폴론을 포함한 모든 신이 올림포스 산으로 속속 몰려왔다. 제우스는 그들이 보는 가운데 벼락과 천둥을 미친 듯이 달리는 태양마차에 던졌다. 먼저 파에톤이 새까맣게 그을린 채 태양마차에서 떨어졌고, 곧 이어 마차도 다 타버린 별처럼 큰 강에 추락했다. 그 참상을 차마 볼 수 없어 아폴론이 눈을 감자 세상이 잠깐 캄캄해졌다. 파에톤의 누이들도 슬퍼하다가 우두커니 선 포플러가 되었고, 그녀들의 눈물은 호박구슬이 되었다.

파에톤이 탄 아폴론의 태양마차는 언제나 중도로 가야 한다. 너무 높으면 가이아를 죄책감과 수치심 등으로 압도해서 얼어붙게 한다. 너무 낮으면 광기와 방종으로 가이아를 불태우게 된다. 중도를 유지할 때 비로소 자긍심으로 비옥해진다.

카오스 회귀론자 디오니소스

알렉산드로스 대왕이 황토로 만든 통 속에 누워 있는 디오게네스를 찾았다.

"현자여, 그대가 무엇을 원하든지 다 들어주겠노라."

"햇볕을 쬘 수 있게 비켜 주십시오."

"그것뿐인가?"

"다른 것은 다 부질없지요."

세계 최대의 제국을 건설한 자신을 조금도 부러워하지 않는 디오게네스를 보고 알렉산드로스 대왕은 탄식했다.

"아, 내가 지금 왕이 아니라면 나도 그대처럼 자유인이 되고 싶구나!"

이 일화의 주인공 디오게네스가 추종하는 신이 방랑자와 술과 황홀경의 신 디오니소스다. 디오니소스는 올림포스 신들 가운데 유일하게 인간의 몸에서 태어난 신이기도 하다.

<디오게네스>, 장 레옹 제롬(Jean Leon Gerome), 1860, 워커 미술관.

테베 왕 카드모스의 딸 세멜레가 제우스의 아들 디오니소스를 임신했을 때였다. 노파로 변신한 헤라는 세멜레가 사는 곳 골목에 숨어 있다가 제우스가 떠나자 모습을 드러냈다.

"처녀, 보아하니 제우스와 사귀는 것 같은데 조심해. 바람둥이라서 언제 떠날지 모르니까."

"저는 걱정하지 않아요. 그이는 저를 정말 사랑하거든요"

"그이? 음, 하나만 물어보지. 내가 듣기에 제우스는 헤라 앞에 나타날 때는 늘 찬란한 갑옷을 입는다더군. 또 정말 사랑하는 여자 앞에서도 그렇다네. 자네에게도 그리 하는가? 정말 사랑한다면 증거를 보여달라고 해보게."

헤라는 세멜레의 마음에 의심의 씨앗을 뿌려놓고 떠났다.

그날 저녁 다시 찾아온 제우스에게 세멜레가 졸랐다.

"제우스, 당신에게 저는 무엇이죠? 한때 스쳐가는 바람인가요?"

"무슨 소리인가? 너는 나의 영원한 항구니라."

"그렇다면 내가 원하는 것을 무엇이든 들어주실 건가요?"

"뭘 원하느냐? 스틱스 강을 두고 맹세하노니, 다 들어주겠노라."

"다음에 오실 때는 갑옷 입은 휘황찬란한 모습을 보여주세요. 위풍당당한 모습을 보고 싶어요."

제우스는 순간 아차 했다. 그녀의 부탁을 들어주면 그녀가 파멸할 것이지만, 그렇다고 스틱스 강을 두고 한 맹세를 어길 수도 없었다. 제우스는 깊은 고뇌에 싸여 하늘로 올라갔다.

제우스는 결국 갑옷을 입었다. 옛날 거인족들과 싸울 때 했던 중무장은 하지 않고 가벼운 갑옷만 입고 세멜레의 방에 들어섰다. 세멜레는 휘황찬란한 모습의 제우스를 보며 기뻐하는가 싶더니 까맣게 타 죽고 말았다. 가이아가 타다 남은 세멜레의 자궁에서 태아를 끄집어냈다.

제우스는 태아를 받아 자기 허벅지에 넣고 꿰맸다. 열 달 뒤 허벅지를 뚫고 나온 아이가 바로 디오니소스였고, 제우스는 이 아이를 카드모스의 딸 이노에게 맡겼다. 이렇게 해서 디오니소스는 이모의 손에서 자라게 된다.

제우스의 머리를 뚫고 나온 아테나가 형이상학적이라면 허리 아래 다리를 뚫고 나온 디오니소스는 형이하학의 상징이다. 아폴론과 디오니소스는 모두 음악의 신이었는데, 음악은 전혀 달랐다. 아폴론의 멜로디는

<술 마시는 디오니소스>, 귀도 레니(Guido Reni), 1623, 드레스덴 알테마이스터 회화관.

선명하고 조화로운 데 반해 디오니스소의 멜로디는 열정적이고 충동적이었다. 디오니소스와 아폴론은 무질서와 질서, 우연과 필연, 광기와 이성의 대비였다.

아폴론이 호모사피엔스 이후 발생한 도덕과 이성 중심의 가치 전달자라면 디오니소스는 도덕과 이성이 발전하기 전의 자연스러움을 추구했다. 디오니소스는 인간을 포함한 존재들의 기반인 카오스를 지향해서 '방탕의 신'이라는 별명도 붙었다. 이는 인간이 자연을 지배해야 한다는 아폴론적 문명의 영향이었다.

역사는 물론 개인에게도 아폴론적인 것과 디오니소스적인 것이 반복해 나타난다. 열정이 이성을 지배할 때도 있고, 오직 이성만이 찬양을 받을 때도 있다. 이성과 열정은 대립적인 것이 아니라 상호보완적이다. 카오스에서 생명 창출의 열정으로 가이아가 나왔듯 이성의 모체는 바로 열정이기 때문이다.

디오니소스가 태어난 뒤에도 헤라의 질투가 여전하자 이노는 조카 디오니소스에게 여자아이 옷을 입혀 눈을 피하려 했다. 평생 디오니소스적인 삶을 즐겼던 작가 어니스트 헤밍웨이도 어머니가 어릴 때 여자아이 옷을 입혀 길렀다고 한다. 그런데 그는 성인이 되고 나서는 일부러 전쟁 현장을 찾아 다녔으며, 아프리카 밀림에서 사자를 사냥하고, 거친 바다에서 식인상어 낚시를 즐겼다. 또한 권투를 즐겨 주기적으로 스파링을 했으며, 이런 말도 했다.

"글쓰기보다 권투가 좋다. 권투가 없다면 생의 의미가 없다."

따지고 보면 성별에 따라 옷을 달리 입는 것도 일종의 '구별짓기'다. 문명이 시작되면서 문화라는 이름으로 구별짓기가 시작되었다. 구별짓기가 심화된 사회에서는 계층, 성별, 직무 등 그 영역이 만든 구별짓기를 학습해야 역할에 맞는 정체성을 확립할 수 있다. 프랑스 사회학자 피에르 부르디외는 이런 사회에 저항하는 것을 '정당한 분노'라 했다. 그렇게 하지 않으면 문화의 성역이라는 이름으로 승화된 즐거움에 빠지지만 이는 자연스러운 기쁨이 아니라 타산적인 비굴한 즐거움이다.

한편, 여장한 디오니소스를 찾지 못해 애를 태우던 헤라에게 누가 고자질을 했다.

"이노가 당신을 속이려고 디오니소스에게 여자아이 옷을 입혔답니다."

"이런 괘씸한 년! 네 남편부터 비정상으로 만들어버리겠다."

헤라는 들쥐를 보내 이노의 남편 아타마스를 물게 했다. 그러자 아타마스는 정신이 나간 채 집에 들어오더니 자식들을 벽에 세우고 하나씩 활로 쏘아 죽이기 시작했다.

그 광경을 보고 깜짝 놀란 이노는 자신의 딸을 겨우 빼내 도망치다가 바다에 빠져죽고 말았다. 어린 디오니소스도 큰 곤경에 처했는데, 제우스가 헤르메스를 보내 디오니소스를 니사 산 골짜기에 거주하는 님프들에게 데려가게 했다. 그렇기 때문에 디오니소스는 헤라를 좋아할 수 없었다. 그는 정절을 내세우면서도 질투에 눈이 멀어 무고한 아이들까지 괴롭히는 헤라의 위선을 증오했다.

디오니소스는 님프들의 손에서 자라며 포도 재배와 포도주 짜는 법을 발견했다. 그 뒤 방랑자가 되어 여러 나라를 돌며 포도재배법과 양조기술을 가르쳐준다. 그는 아티카 지방에서 농부 이카리오스에게도 포도주 짜는 법을 가르쳐주었다. 이카리오스는 디오니소스가 떠난 뒤 마을 사람들을 불러 자신이 만든 포도주를 나눠주었다. 지구에서 인간이 처음 술을 마시는 장면이다.

그런데 포도주를 함께 마시던 사람들은 정신이 몽롱해지자 이카리오스가 마을 재산을 탐내 독을 주었다고 오해해 그만 이카리오스를 죽이고 말았다. 다음 날 술이 깨자 잘못을 깨달았지만 이미 돌이킬 수 없었다.

그날부터 마을에 전염병과 기근이 돌고 처녀들이 하나씩 미쳐 나가기 시작했다. 마을 사람들이 신탁소로 가서 원인을 알아보니 술에 취해 저지른 잘못에 대해 디오니소스가 내리는 형벌이었다.

"너희를 기분 좋게 해주려 한 사람을 왜 죽였느냐? 멀쩡할 때 지은 죄보다 술 마시고 지은 죄가 더 중하다."

이때부터 디오니소스 신에 대한 숭배가 시작되었고, 반인반수인 정령 사티로스(파우누스)가 악기를 불며 수행했다. 사티로스는 상반신만 사람이고 하반신은 염소인데 엄청난 호색한이었다.

디오니소스가 가는 곳마다 남녀노소 할 것 없이 사람들이 몰려들어 뒤를 따랐다. 마치 개선장군의 행렬 같았다. 그 장면을 미국의 시인 헨리

롱펠로는 '술잔치 노래'에서 이렇게 노래했다.

사티로스(파우누스)들이 젊은 디오니소스를 따라간다.
아폴론처럼 이마가 높고,
영원한 젊음을 간직한 그 얼굴에는 담쟁이가 관冠처럼 자라 있다.
그의 주위에는 아름다운 신도들이
손에 손에 바라와 피리와 주신장酒神杖을 들고,
낙소스 숲이나 자킨토스 포도밭에서
미친 듯이 술잔치 노래를 부르고 있다.

디오니소스는 도취와 해방을 전파하러 다니다가 크레타 섬에 이르렀다. 그는 미노스 왕의 딸 아리아드네를 보고는 술에 취하듯 깊이 빠져들었다.

"아리아드네여, 술은 입으로만 들어오지만 그대는 내 눈으로 들어오는구나."

당시 아리아드네는 아테네의 영웅 테세우스에게 실연을 당한 상태였다. 그녀는 테세우스를 사랑해서 다이달로스의 미궁에 있던 친오빠 미노타우로스를 처치할 수 있게 붉은 실타래와 칼까지 주었다. 그리고 테세우스와 함께 도망치다가 낙소스 섬에서 들렀는데, 아리아드네가 잠깐 잠든 사이에 테세우스는 혼자 떠나버렸다. 잠에서 깨어난 아리아드네는 버림받았다는 것을 깨닫고 깊은 슬픔에 빠져 바다에 뛰어들었다.

마침 그때 디오니소스가 풍악소리와 함께 나타났다. 그는 머리를 산

<디오니소스와 아리아드네>, 안니발레 카라치(Annibale Carracci), 1597, 파르네제 궁전.

발한 채 상심에 잠겨 있는 아리아드네의 모습에 더 매료된다. 그리고 운명에 지친 그녀와 포도주를 마시며 포도넝쿨로 만든 관을 머리에 씌워 준다.

"아리아드네, 애인도 애인 나름이야. 인간 애인은 서로 사랑해도 결국 헤어지게 되어 있지. 내가 너의 연인이 되어줄게."

디오니소스의 구애에 아리아드네의 마음이 흔들렸다. 그녀도 테세우스와 전혀 다른 분위기의 디오니소스에게 끌렸던 것이다. 디오니소스는 아리아드네에게 보석으로 장식된 금관을 결혼선물로 주고 동굴로 데려가 결혼식을 치렀다.

세월이 흘러 아리아드네가 삶의 여정을 마칠 때였다. 디오니소스는 한 손으로 아내의 눈을 감기고, 다른 한 손으로는 금관을 벗겨 하늘로 던졌다. 금관은 하늘로 올라가 별자리가 되었다.

<디오니소스와 아리아드네>, 티치아노(Titian), 1520~1523, 런던 내셔널 갤러리.

<가을-디오니소스와 아리아드네>, 외젠 들라크루아(Eugène Delacroix), 1856~1863.

<테세우스에게 버림받은 아리아드네>, 안젤리카 카우프만(Angelika Kauffmann), 1774, 휴스턴 미술관.

디오니소스의 정조

도취의 신 디오니소스의 결혼생활은 어떠했을까? 결혼이라는 제도 자체가 그와 어울리지 않았다. 디오니소스는 정욕의 화신이었으며, 추종하는 여신도들도 반나체로 따라다녔다. 하지만 그도 아리아드네에게만은 충실했다.

영국 시인 에드먼드 스펜서도 디오니소스와 아리아드네의 진실한 사랑을 찬양했다.

> 보라, 아리아드네의 상아 같은 이마에 놓여 있던 금관을.
> 테세우스가 아리아드네를 데리고 친구의 결혼식에 참석했을 때
> 켄타우로스족이 무례한 짓을 하다가
> 용감한 라피타이족에게 패배하고 도망갔다.
> 저 금관은 그날에 쓰고 있던 것, 지금은 밤하늘의 별이 되었다.

스펜서의 시에는 약간의 착오가 있다. 시 후반부에 아리아드네는 이전 애인이 준 금관을 쓰고 있는데, 그래도 디오니소스가 질투하지 않고 그 금관까지 별이 되게 했다는 것이다. 켄타우로스족이 라피타이족과 싸운 곳은 라피타이족의 왕 페이리토스의 결혼식장이었는데, 테세우스와 아리아드네는 이 결혼식이 열리기 훨씬 전에 헤어졌기 때문이다. 스펜서는 디오니소스와 아리아드네의 사랑을 감동적으로 전하려다 이런 내용을 미처 확인하지 못했을 것이다. 여기서 결혼식 사건을 알아보자.

켄타우로스족은 허리 이상은 사람, 허리 아래는 말인 반인반마로 비록 괴물이지만 고대인들은 말을 워낙 좋아해서 켄타우로스들과 잘 어울렸다. 그래서 페이리토스의 결혼식에도 초대한 것이다. 그런데 피로연이 한참 진행될 때 술에 취한 켄타우로스들이 신부를 폭행하려 했고, 이를 말리던 라피타이족과 혈투가 벌어졌다. 그리고 이 싸움에서 진 켄타우로스들은 추방을 당했는데, 그 가운데는 유명한 케이론이 있었다. 그는 의술이 뛰어나 죽은 사람도 살린 것으로 유명하다. 아폴론과 아르테미스, 헤라클레스를 비롯한 그리스 영웅 대부분이 케이론의 제자였고 디오니소스도 한때 그의 가르침을 받았다. 어쨌든 아리아드네의 금관은 테세우스가 아니라 디오니소스가 씌워준 것이다.

디오니소스뿐 아니라 하데스도 결혼생활에 충실했다. 영웅들이 저승을 방문해 하데스를 만날 때면 그는 항상 페르세포네와 사이좋게 있었다. 이에 비해 가부장제도의 선봉인 제우스나 아폴론의 결혼생활은 지옥이었다. 이런 아이러니는 어디서 비롯되었을까? 도덕과 종교를 상징하는 신들보다 본능과 혼돈을 상징하는 신들이 더 행복했던 이유는 무엇일까?

무의식적 충동이 강한 하데스와 디오니소스의 경우 자기 안의 여성성인 아니무스를 그대로 느끼면서 부합된 이성을 만나기 쉽다. 서로 궁합이 잘 맞는다는 것은 사실 무의식에 내재한 이성성異性性과 어울리는 상대라는 뜻이다.

이와 달리 제우스나 아폴론의 경우 사랑도 초자아의 기준에 맞춰 계산한다. 가부장적 권위의 상징인 제우스는 여성을 열락의 도구로만 대했고, 아폴론도 상대가 자기 가치 기준대로만 따라주길 바라다가 계속 실패했다. 결국 자신의 한계를 절감한 아폴론은 자신의 델포이 신탁소를 디오니소스에게 주기적으로 위탁한다. 겨울이면 북극으로 떠나며 디오니소스에게 신탁소를 맡긴 것이다. 아폴론과 디오니소스의 결탁은 이성과 광기의 절묘한 조화다.

분노가 치밀수록 냉철한 이성이 필요하고, 이성이 얼음처럼 전통과 규칙에만 고착될 때는 불타는 정열이 필요하다.

인간의 자아는 보통 출생 후 4개월이 지나면서 형성된다. 그 이전으로 올라갈수록 원시적 상태인 카오스로 가득한데, 그 카오스를 명백하게 나타내는 힘이 디오니소스다. 합리적 이성을 중시하며 아폴론을 숭배하던 그리스인들이 전 지역에서 디오니소스 축제를 개최한 이유도 인간 존재의 밑바탕을 이루고 있는 것이 이성보다 카오스이기 때문이다.

<아폴론과 디오니소스의 연회>

자아가 탄생하면서 시작된 개별적 특성을 잠시 접어두고 인간 존재의 저 밑바닥으로 회귀해 공생적 융합을 시도하는 것이 디오니소스 축제다. 칠흑같이 어두운 밤에 시작되는 이 축제에는 주로 여인들이 모인다. 부계사회의 관습을 벗어던지고 시간을 거꾸로 돌려 모계사회를 넘어 씨족사회 이전으로 돌아간다.

여성들이 짜야 했던 직물 옷을 벗고 동물 가죽을 걸친 뒤 산짐승을 잡아 피를 묻히며 뜯어먹었다. 또한 포도주를 마시며 난무를 즐겼는데, 이 모두가 인간이 만든 제도와 문화에 항거하는 행위다.

인간은 그 바탕에 카오스적 심리가 있기 때문에 문명의 틀을 정교하게 짜면 짤수록 벗어던지고자 하는 욕망도 강해진다. 이것이 지그문트 프로이트가 말하는 타나토스 본능이며, 불가의 무화본능이다. 일상에서도 독서삼매경 또는 명상 등으로 무아지경을 추구한다.

인간의 아들 가운데 디오니소스만 유일하게 올림포스 12신에 올랐다. 신이라는 지고지선의 자리에 인간이라는 부조리한 존재가 포함된 것이다. 이 또한 선악이원론이 분명한 조로아스터교, 수메르, 유대, 기독교 신화 등과는 전혀 다른 그리스신화의 매력이다.

아라비아 사막 계통의 신화들은 대부분 천국과 지옥을 극명하게 대비한다. 만유를 주관하는 하늘의 신이 선택한 사람이 천국에 간다. 천국과 지옥은 축복받은 자들과 저주받은 자들이 가는 곳으로 교류할 수도 없고 완전히 상극이다. 그런데 그리스신화는 다르다. 하늘의 지배자 제우스와 염라대왕 하데스는 적대자가 아니라 형제지간이다. 하데스가 올림포스에 오면 제우스가 융숭하게 대접하고, 어려운 일이 있으면 서로 도와준다.

천국과 지옥의 교류가 가능했던 그리스신화에서 가치관의 신 제우스가 광기의 신 디오니소스와 친밀하게 지낸 것은 당연하다. 디오니소스의 이름에도 '니사의 제우스'라는 뜻이 담겨 있다. 디오니소스는 자연스러운 것만을 중시한다. 그 밖의 모든 인위적인 것, 즉 사회의 인습과 상식 등을 반대한다.

이런 디오니소스에게 반항하다 비극적 운명을 맞은 이가 테베의 펜테우스 왕이며, 이 왕의 이모가 헤라의 박해로 불에 타 죽은 세멜레다. 디오니소스가 고향 테베를 찾았을 때 사촌인 펜테우스는 디오니소스를 냉대했다.

어느 날 밤, 펜테우스 왕은 디오니소스 축제를 목격하고 충격을 받는다. 평소 그토록 순종적이던 여인들이 막대기로 짐승을 때려 죽이고 음주가무를 즐기는데 그야말로 광란이었던 것이다. 왕은 이런 풍속을 그대로 방치했다가는 나라가 어려워질 것만 같아 디오니소스 숭배를 금지시켰다.

그러자 디오니소스가 조용히 왕을 찾아와 부추겼다.

"왕이 축제를 금지시키는 바람에 오늘밤 키타이론에서 비밀리에 축제가 진행됩니다."

그날 저녁 왕이 나무 위에 올라가 축제를 염탐하다가 그만 만취한 여인들에게 발각당하고 말았다.

"야, 너 누구냐? 사람이면 나무에서 내려와 우리와 함께 즐기자."

하지만 펜테우스 왕은 자신의 정체가 탄로날까 봐 나무 위로 더 높이 올라갔다. 여인들은 왕을 야생동물로 오인하고는 끌어내려 찢어 죽였다. 그 여인들 가운데는 왕의 누이는 물론 어머니 아가베도 있었다.

여인들은 다음 날 아침 술이 깨어서야 자신들이 얼마나 엄청난 일을 저질렀는지를 깨닫고 경악했다. 바로 그때 디오니소스가 나타났다.

"왕의 죽음은 그대들의 잘못이 아니오. 왕이 이성의 광기로 감히 광기의 신을 무시한 대가요."

물론 이 사건은 은유다. 왕을 짐승으로 보고 죽였다는 것은 정치체제에 대한 부정이며, 어머니가 아들을 죽여 천륜을 저버린 것은 가족제도에 대한 부정이다. 그런 면에서 어느 폴리스, 어느 가족에도 속하기를 거부한 디오니소스는 우주주의자의 시조라 할 수 있다. '디오니소스적'이라는 의미는 "기존의 것을 해체하고 부정해 새로운 차원의 의미와 긍정을 이끌어내는 것"이다.

고대 그리스 철학을 아폴론주의와 디오니소스주의로 크게 나눌 수 있다. 소크라테스, 플라톤이 아폴론주의자라면 디오게네스는 디오니소스주의자다. 디오게네스의 스승이 한때 소크라테스의 제자였던 안티스테네스다. 소크라테스가 설파한 "너 자신을 알라"도 아폴론 신전에 씌어 있는 문장이다.

소크라테스는 대화법의 일종인 산파술을 통해 무지를 자각하게 했다. 감정에 호소하지 않고 논리와 사실 여부로 질문하며 이성을 통해 진리를 깨닫도록 한 것이다. 그러기 위해 "물욕을 버리고 진리를 위해 살라"고 가르쳤다.

안티스테네스는 소크라테스의 가르침 가운데 주지주의主知主義는 버리고 금욕주의를 발전시켰다. 디오게네스는 스스로 명성이나 부를 경멸하고 자연에 순응하며 살아가는 안티스테네스의 모습에 감탄했다.

"다들 말로만 철학을 하는데, 사람으로 철학하는 이분이야말로 진정한 철학자시다."

그 당시 아테네는 스파르타와 벌인 30년 전쟁의 후유증을 겪고 있었다. 나라가 쇠락하면서 아테네의 비전과 관습이 무너지고 있었는데, 소크라테스는 그래도 국가의 전통을 중시하며 '악법도 법'이라고 주장했다. 디오게네스는 이 지점에서 소크라테스와 결별했다. 개인이 국가보다 중요하다며 무정부주의 사상을 설파했고, 당대의 위인 소크라테스와 플라톤을 서민과 하등 다를 것 없이 똑같이 대했다.

어느 날 그가 플라톤에게 포도주를 좀 달라고 하자 플라톤은 포도주를 통째로 주었다. 디오게네스는 그때 의미심장하게 비웃었다.

"그대는 둘에 둘을 더하면 스물이라고 대답할 사람이다. 무엇이 아름다운가? 자연스러운 것이다. 그런데 왜 감추려 하는가? 무엇이 행복인가? 그대의 필요를 그만큼만 쉽게 채우는 것이다."

플라톤의 이데아는 눈앞의 현실, 즉 일상의 경험을 넘어선 관념이다. 따라서 진리란 주관이 아닌 객관이며, 그 객관은 사물의 현현이 아니라 본질이다. 그러나 디오게네스의 진리는 개별적 사물과 직접 관련되어 있다. 그 사물의 본질이 어디에 따로 있는 것이 아니라 경험한 그대로인 것이다.

프리드리히 니체는 그리스 문명이 아폴론을 대변하는 조형예술과 디오니소스를 대표하는 음악으로 구성되었다고 보았다. 그리스 비극의 탄

<디오니소스의 승리>, 코르넬리스 데 보스(Cornelis de Vos), 17세기경.

생도 아폴론의 조형심리와 디오니소스의 창조적 해체심리의 조화에서 이루어졌다. 그리스 비극은 염세주의가 아니라 존재를 증거하는 하나의 표시다. 따라서 그리스의 비극적 파토스pathos는 곧 긍정적 파토스가 된다. 개인이든 조직이든 형식과 틀의 아폴로니즘과 우연과 해체의 디오니시즘이 조화를 추구해야 한다. 그래야 균형의 복원이 이루어진다.

제6장

프로메테우스, 시시포스, 페르세우스

실존의 이유

세상에 불을 선물한 프로메테우스

그리스의 수많은 신 가운데 누가 가장 인간을 사랑했을까? 프로메테우스다. 프로메테우스의 아버지 이아페토스는 가이아와 우라노스의 아들이고, 어머니는 가이아와 우라노스의 아들인 오케아노스의 딸 클리메네다. 또한 형제로는 아틀라스, 에피메테우스, 메노이티오스가 있다. 프로메테우스는 그리스 신 가운데 가이아와 함께 최고의 예지력을 가졌다. 그래서 동족인 티탄족과 올림포스 신족이 전쟁을 벌일 때 올림포스 쪽의 승리를 예견하고 동생 에피메테우스와 함께 그쪽에 가담했다.

인간도 미리 생각하는 프로메테우스형과 사후에 후회하는 에피메테우스형이 있다. 어떻게 하면 프로메테우스형이 될 수 있을까? 분명한 목표를 향해 당면 과제를 풀어가려 노력할 때 전두엽이 활성화해서 선견지명先見之明을 갖추게 된다.

인류 역사에서 신화가 등장한 시기는 현생인류인 호모사피엔스(크로마뇽인)가 나타난 3만 5천 년 전 무렵일 것이다. 그 후 5천 년가량 네안데르탈인과 공존하다가 3만 년 전쯤 네안데르탈인이 사라지면서 호모사피엔스가 네안데르탈인의 서식지를 차지한다. 그리고 남자들은 전멸시키고 일부 여자만 살려두어 아내로 삼는다. 이때 호모사피엔스가 일부 네안데르탈인을 잡아먹었던 식인 풍습이 크로노스가 자녀를 잡아먹는 신화에 반영되어 있다.

그리스신화에서 가모장家母長인 가이아 때 시작된 농경문화가 크로노스 때 확산되었는데, 이를 배경으로 제우스 시대에 가부장제도가 정착되었다. 더불어 일부 야생동물의 가축화도 진행되었다. 새로운 시대는 새로운 인간상을 필요로 하기 마련이다. 그래서 제우스가 프로메테우스와 에피메테우스를 불렀다.

"새 포도주에는 새 부대가 필요하다. 새 시대에 어울리는 인간과 동물을 만들어보아라."

두 형제는 먼저 대지에서 진흙을 떼어내어 짐승을 만들었다. 그런 다음 신의 형상을 닮은 인간을 만들고는 직립보행을 하게 해서 땅을 바라보는 다른 동물들과 달리 하늘을 쳐다볼 수 있게 했다. 또한 인간과 동물에게 필요한 능력을 주는 일은 에피메테우스가 맡았고, 프로메테우스는 나중에 감독하기로 했다.

먼저 일을 저지르고 나중에 생각하는 유형인 에피메테우스는 짐승들을 차례로 지나가게 하고 능력 주머니에서 손에 잡히는 대로 선물을 나눠주었다. 맹수들이 오자 강한 이빨을 주고, 새들이 다가오자 날개와 매서운 발톱을 주고, 파충류가 오자 변신의 능력을 주는 식이었다. 그러다 보니 마지막으로 인간 차례가 왔을 때는 능력 주머니에 남아 있는 선물이 하나도 없었다.

당황한 에피메테우스는 프로메테우스를 찾아가 도움을 청했다.

"인간에게 줄 선물이 하나도 남지 않았는데 어쩌면 좋지?"

"너는 항상 왜 그 모양이냐? 생각 좀 하고 살아."

프로메테우스는 동생을 꾸짖은 뒤 고심 끝에 하늘로 올라갔다. 그러고는 아폴론 몰래 불타는 태양의 이륜차가 있는 마구간으로 찾아갔다. 그는 아테나의 도움을 받아 그녀의 횃불에 이륜차의 불을 옮겨 붙였고, 지상으로 내려와 불을 인간의 손에 넘겨주었다.

"불을 도구로 사용하여라. 그래야만 명실상부한 만물의 영장이 될 것이다."

그날부터 인간은 추위도 동물도 두려워할 필요가 없게 되었다. 게다가 모닥불 근처에 모여 신들을 비웃으며 흉내를 내기도 했다. 제우스의 신조인 독수리가 신을 조롱하는 소리를 듣고 날카로운 발톱으로 할퀴려다가 불을 보고 도망갔다. 인간은 제우스가 벼락을 쳐도 놀라지 않고 잠시 피했다가 벼락을 맞아 불타는 나무에서 불씨를 가져다가 이용하기까지 했다.

이렇게 프로메테우스는 에피메테우스의 실수를 무한한 기회로 바꾸어주었고, 그 덕분에 인간은 스스로 에너지를 충당하고 신을 경외의 대상이 아니라 희롱의 대상으로 여기게 되었다.

<불을 가져온 프로메테우스>, 하인리히 퓌거 (Heinrich Füger), 1817.

인간에게 무시당하고 조롱당하자 제우스는 탄식했다.

"이 모든 것이 불 때문이다. 불 때문에 인간이 타락했다. 원인을 제공한 프로메테우스를 그냥 놔둘 수는 없다."

어쩐 이유인지 그때까지 여인을 만들지 않았는데, 제우스는 헤파이스토스를 불러 인류 최초의 여인을 만들게 했다. 그렇게 탄생한 여인이 바로 판도라다. 제우스는 프로메테우스 형제를 제외하고 신들을 모두 불러 판도라에게 선물을 주라고 명령했다. 그래서 아프로디테는 미모를, 아폴론은 문학적 감수성과 음악성을 주었고, 마지막으로 헤르메스는 설득력과 강한 호기심을 주었다.

지상에 내려온 판도라를 처음 본 에피메테우스는 기꺼이 아내로 맞으려 했다. 프로메테우스가 제우스를 조심하라며 만류했지만 아무 소용이 없었다. 제우스는 에피메테우스에게 혼인을 축하한다며 진주 상자를 선물로 주었다.

"이 상자를 안전한 곳에 잘 보관하고 어떤 경우에도 열지 마라. 그러면 다 잘될 것이다."

그때 프로메테우스가 동생에게 주의를 주었다.

"제우스는 우리에게 앙심을 품고 있어. 그러니 진주 상자를 받으면 안 돼. 저의가 있는 게 분명해."

하지만 에피메테우스는 형의 말을 무시하고 진주 상자를 받아 깊은 곳에 넣어두었다. 호기심이 많은 판도라는 이때부터 그 상자 안에 무엇이 들어 있는지 궁금해서 애를 태웠다.

어느 날 남편이 사냥을 나간 사이 판도라는 집안을 샅샅이 뒤져 상자를 찾아냈다. 상자를 여는 순간, 연기가 피어오르더니 무수한 재앙이 튀어 올라왔다. 육체를 괴롭히는 두통, 복통, 치통, 류머티즘 등에다 정신을 괴롭히는 불안, 걱정, 질투, 원망, 복수, 집착 등까지 나왔다. 판도라가 화들짝 놀라 황급히 뚜껑을 닫았지만 이미 바람을 타고 세상 각지로 날아간 뒤였다. 다만 딱 한 가지, 희망만은 남았다.

<판도라의 상자>, 존 워터하우스(John Waterhouse), 1896, 개인소장.

판도라가 상자를 열기 전에는 질병과 죄악이 없는 황금시대였는데, 상자가 열린 뒤로는 온갖 재난과 역경이 세상에 몰려왔다. 하지만 인간은 희망으로 극복해내며 '호모 에스페란스(희망하는 존재)'가 되었다. 이를 독일의 사회심리학자 에리히 프롬은 '소유'와 '존재'라는 시각으로 분석했다.

그리스신화에서는 역사를 황금시대, 은의 시대, 청동시대 등으로 나눈다. 그리스인들은 창과 투구가 필요 없이 언제나 봄날이며 늘 꽃이 피고 열매도 풍성했던 황금시대를 그리워했다. 그런데 판도라가 재난이 가득한 상자를 열고 난 뒤 약육강식의 시대가 시작되면서 은의 시대를 지나 청동시대로 이어졌다. 황금시대의 존재 양식으로 살던 인류의 삶은 차츰 소유 양식으로 이동하게 된다.

은의 시대에 제우스는 농경사회에 맞춰 일 년을 사계절로 나누었다. 인간은 동굴에서 나와 집을 지어야 했고, 숲과 자연에서 거두던 곡물을 직접 심어 추수해야만 했다. 사유재산이 더 많아짐에 따라 인간 개체보다 소유가 중요하게 되면서 소유 보존과 확대를 위해 생명도 죽이게 된다. 내가 있어야 소유가 있는 것인데, 소유가 있어야 내가 있는 것으로 도치된 것이다.

인간은 생존을 위해 물이나 식량 등을 소유해야 한다. 이 소유 욕망은 기본 결핍을 채우는 데 그치지 않는다. 더 많이 소유해서 그 여분으로 타인을 지배하고 자기과시를 하려 한다. 소유 욕망이 존재 양식을 압도하면 판도라의 상자에서 튀어나온 온갖 고통과 번민이 시작된다. 소유는 항상 상실을 전제로 한다. 어떤 소유물도 영원하지 않다. 소유 중심에서 존재 중심으로 삶의 양식을 바꾸어야 진정한 자유를 누릴 수 있다. 그런데 에피메테우스는 프로메테우스보다 훨씬 소유 중심이었다.

인간도 동물처럼 기본적으로 생리적 욕구를 충족해야 한다. 하지만 삶의 보람은 애정과 존경 그리고 자기실현의 과정에 있으며, 자기실현을 위해 프로메테우스처럼 당대의 규범과 맞서야 할 때도 있다. 1955년, 미국의 흑인 여성인권운동가 로자 파크스는 흑인과 백인의 좌석을 구분하는 제도에 맞섰다. 또한 신분제 사회인 고려시대에 최충헌의 사노비 만적은 "어디 왕후장상의 씨가 따로 있더냐? 때를 만들면 누구나 할 수 있는 것이다" 하고 반란을 일으켰다. 이와 같은 탁월한 용기를 실행하는 순간 순간이 모여 세상을 더 살기 좋은 곳으로 만든다.

프로메테우스는 최고 권력자인 제우스 위주로 짜인 법과 제도를 거부했다. 이는 제우스의 입장에서는 불법을 저지르는 만용이었지만 인간의 입장에서는 인간해방을 실천하는 최고의 혁신이었다.

프로메테우스가 인간에게 불을 준 뒤, 불은 더 이상 아폴론의 마구간에나 있던 예전의 불이 아니었다. 음식을 익히는 연료가 되고, 맹수를 제압하는 무기가 되고, 추운 지역을 정복하는 따뜻한 온기가 되었다. 인간은 더 이상 하늘의 날씨나 자연의 변덕에 휘둘리지 않게 되었다. 그 대신 자아실현을 향한 걸음을 내디디기 시작했다. 그래서 제우스가 화를 내고 프로메테우스를 위험인물로 지목한 것이다. 아무리 그래도 판도라 상자 안에 '희망'이 남아 있어 프로메테우스는 제우스의 모진 핍박을 견뎌낼 수 있었다.

프로메테우스, "나는 침묵이 아니다"

인간을 위해 신중심의 사고를 버린 프로메테우스에게 제우스는 수차례 경고를 보냈다. 하지만 프로메테우스는 이에 아랑곳하지 않고 제우스를 또 속이고 인간을 도와주었다.

티탄 시대가 끝나고 올림포스의 12신이 만물을 다스리면서 인간과 신이 분리되었다. 이때부터 인간은 신에게 짐승의 번제물, 즉 제사음식을 바쳐야 했다. 그런데 한 가지 문제가 발생한다. 제물을 신과 인간이 어떻게 나눠 먹느냐 하는 것이었다. 오랫동안 협상을 벌여도 합의가 되지 않자 제우스는 일방적으로 통보했다.

"그래도 우리가 신이고 너희는 인간이 아니냐. 맛있는 부위를 신들이 먹고 나머지는 너희가 가져가라."

그 뒤 좋은 고기와 음식은 신들이 먹고 맛없고 영양가 없는 부분만 인간들이 먹게 되었다. 이에 마음이 아팠던 프로메테우스는 황소를 잡아 제사 드리는 인간들을 찾아가 신을 속일 방법을 가르쳐주었다.

"일단 제물을 맛있는 살코기와 내장, 뼈다귀로 나누어라. 그런 다음 살코기와 내장은 소 위장 안에 집어넣고, 뼈다귀는 부드러운 지방으로 감싸서 내놓아라."

그래서 인간들은 살코기와 내장을 소 위장에 감추어서 먹고, 지방으로 감싼 뼈다귀는 프로메테우스에게 주었다. 프로메테우스는 제우스를 찾아가 제물을 내놓았다.

"제우스님, 인간들이 정성껏 바치는 제물입니다."

"오, 이렇게 정성스러운 음식을 보내다니! 얼마나 부드러운지 살살 녹을 것 같구나."

제우스는 지방 주머니를 덥석 물었다가 그만 어금니를 부러뜨리고 말았다.

"아니, 이건 겉만 부드럽고 속은 순 뼈다귀잖아? 나를 속이다니! 그 대가로 불을 회수하겠다."

그렇게 해서 불을 상실한 인간들은 다시 맹수의 위협에 노출되었고, 음식을 익혀 먹지 못해 전염병에 시달리게 되었다. 환경이 열악해지자 인간들은 신을 더욱 두려워하게 되어 자신들은 굶더라도 신에게는 꼬박꼬박 제사를 올렸다.

제우스는 크게 웃으면서 올림포스 신전에 모인 신들에게 자랑했다.

"인간이란 참 묘한 존재야. 기를 살려주면 신을 무시하고, 기를 꺾어놔야만 신들을 경외하는구나."

그 자리에는 헤파이스토스도 와 있었다. 인간의 처지를 딱하게 여긴 프로메테우스는 그 자리를 빠져나와 헤파이스토스의 대장간으로 가서 불을 훔쳤다. 신들이 다시 자신들의 노예가 된 인간들을 비웃고 있을 때, 프로메테우스는 불을 가지고 인간 앞에 나타났다.

"불씨를 잃어버린 인간은 지렁이만도 못하다. 불씨를 제우스에게 다시 빼앗기지 않으려면 집집마다 불씨를 묻어두어라. 불씨를 독점하면 빼앗기고, 분산하면 누구도 빼앗지 못할 것이다."

그 뒤로는 인간들이 아무리 심기를 거슬러도 제우스는 불을 빼앗아 갈 수 없었다.

그런데 프로메테우스가 이토록 인간을 도운 이유는 무엇일까? 제우스의 본심을 알았기 때문이다. 제우스는 자신이 세운 세계질서를 따르지 않는 인간들을 모조리 없애고 새로운 인간상을 만들려 했다. 불을 가졌을 때 신의 권위에 반항했던 인간들은 기회가 되면 또 반항할 것이었기 때문이다.

반대하는 자들을 전멸하려는 제우스는 경직된 초자아의 상징이다. 양심이 경직되면 양심이 없는 것과 다를 바 없다. 어떤 사람의 초자아가 경직될까?

초자아는 사회적 초자아와 종교적 초자아로 구성된다. 종교적 초자아는 인간의 무지와 불안한 실존에서 유발되고, 사회적 초자아는 인간의 친밀 욕구에서 비롯된다. 종교적 초자아와 사회적 초자아는 상대적이다. 즉, 종교적 초자아가 강하면 사회적 초자아가 약해진다.

특히 유일신 중심의 초자아가 강할수록 수직적 윤리의식이 발달한다. 그만큼 수평적 사회관계에 무관심하기 쉽다. 이들은 신앙심을 지켜야 한다며 필수적인 사회활동마저 무시할 뿐 아니라 사회현상에도 무관심할 때가 많다. 사회구조가 왜곡되어 있어도 신과의 관계만 바로 서면 된다는 추상화된 논리에 빠져 있는 것이다. 이것이 권위적 양심의 폐해인데, 성장기에 부모, 학교, 종교 등 외부의 권위가 무비판적으로 내면화된 결과로 나타난다.

권위적 양심이 건강하지 못하다는 것은 사람의 양심이 그다지 보편적이지 않다는 것이다. 양심의 소리가 항상 옳은 것도 아니고 사람들의 양심도 제각각이다. 에리히 프롬은 인간의 양심을 권위적 양심과 인간적 양심으로 구분한다. 인간다운 삶이 무엇인가를 기준으로 주어진 목적과 환경을 성찰하는 내면의 비판적 이성이 인간적 양심이다. 이런 양심은 카오스에서 진화한 호모사피엔스의 무의식의 바닥에 깔려 있다. 다만 부절적한 환경과 왜곡된 교육 등에 의해 억눌려 있다. 왜곡된 외부의 권위에 동요하지 않을 때 인간적 양심이 살아난다.

권위적 양심은 후천적이다. 어린 시절 1차적 양육자와 안정적 애착을 형성하지 못할 때, 즉 안정적 양육자의 부재, 미숙한 양육자의 지속적 위협, 방치 등으로 인해 형성된다. 아이 때 생존의 위협으로 생긴 트라우마는 성인이 되어서도 본능적인 방어기제처럼 작동한다. 즉, 비슷한 분위기가 조성되면 자신도 모르게 과거의 패턴을 물색하게 된다.

자발적으로 종교를 맹신하거나 특정인을 신처럼 추앙하며 자신도 모르게 자기학대를 한다. 권위적인 양육자에게 야단맞고 변명하며 자란 사람들이 야단치고 캐묻는 곳을 찾아다닌다. 불건전한 조직과 집단의 광기가 이 토양에서 자란다.

또한 성인이 되어서도 성장기에 절대적 권위로 통제하던 양육자와 유사한 절대 신을 찾는다. 그 앞에 회개하고 헌신하고 나서야 후련해진다. 그러지 않으면 죄책감을 느낀다. 이때의 죄책감은 자신의 권위적 초자아가 자아에게 내린 벌이다. 이 사실을 깨달으면 권위적 양심의 폐해를 극복할 수 있다. 어떤 독단적 권위를 중심으로 양심이 고착되면서 다른 보편적 가치를 무시한다. 그렇게 내면화된 권위적 양심을 양심의 소리로 착각하며, 그 소리에 결벽증을 띠고 완벽주의를 추구한다.

하지만 자아가 성숙해지면 합리적 권위와 비합리적 권위를 분별할 수 있으므로 비로소 후천적인 권위적 양심은 본래의 인간적 양심 속으로 흡수된다. 인간적 양심을 가지면 권위가 합리적이냐 아니냐로 순응과 불복종을 결정한다. 아무리 강한 권력이라도 비합리적이면 거부하고, 아무리 약한 권위라도 합리적이면 동조하게 되는 것이다.

인간적 양심으로 존재 양식의 삶을 산 표본이 프로메테우스다. 절대적 권위자인 제우스의 세상에서 성공하려면 제우스의 가치관을 내면화해야만 하는데 프로메테우스는 이에 반기를 들었다. 제우스에게서 비롯된 권위적 양심을 버린 것이다. 프로메테우스는 보편적 가치에 비추어 제우스의 이념을 자율적으로 비판하며 인간을 도왔다. 제우스가 인간에게서 빼앗은 불을 돌려주었으며, 제우스가 다시는 회수하지 못하게 했다. 그 뒤로는 제우스도 더 이상 인간을 함부로 대하지 못했다. 프로메테우스의 양심적 용기로 신과 인간의 경계가 허물어진 만큼 절대지존의 하나님 제우스가 혼돈에 빠진 것은 당연했다.

프로메테우스는 인간의 입장에서는 해방자였지만 제우스의 입장에서는 방해자였다. 카오스로 시작해 수백만 년 동안 우라노스, 크로노스를 거치며 제우스 시대에 이르러 새 질서(코스모스cosmos)를 세워가는 중에 프로메테우스가 다시 카오스로 되돌리려 한 것이다.

신의 존엄성을 상실한 제우스는 헤파이스토스를 불렀다.

"쇠사슬로 저놈을 묶어 코카서스 섬의 높은 바위 위에 고정시켜라. 내 코스모스를 파괴한 형벌이다!"

그 뒤 매일 정오쯤 독수리가 날아와 프로메테우스의 간을 쪼아 먹다가 프로메테우스가 기절하면 날아갔다. 그렇게 하루를 보내고 찬 이슬

<헤파이스토스에 의해 묶인 프로메테우스>, 디르크 반 바부렌(Dirk van Baburen), 1623, 레이크스 미술관.

이 내리는 저녁이면 간이 다시 재생되기 시작해 새벽쯤에 겨우 회복되었다. 그러면 다시 독수리가 날아와 간을 쪼아 먹었다. 이러한 상황은 끝없이 반복되었다.

그러는 동안 인간들도 제우스가 보낸 상자에서 나온 온갖 재앙과 맞서며 버텼다. 마지막 남은 희망이라는 단어를 가슴에 새기며 활로를 개척했다. 간의 손상과 회복을 매일 반복하면서도 프로메테우스는 희망적 예언을 외치고 있다.

<프로메테우스>, 귀스타브 모로(Gustave Moreau), 1868, 귀스타브 모로 미술관.

"제3의 하나님 너 제우스도 영원하지 않다. 우라노스, 크로노스처럼 반드시 몰락한다."

제우스에게 큰 공포인 이 외침이 인간에게는 희망의 원동력이다.

《희망심리학》의 저자인 임상심리교수 찰스 릭 스나이더는 희망을 "지금 여기서 내가 원하는 곳에 도달케 하는 정신적 힘"으로 정의했다. 이 힘은 사고(목표 지향적), 인지능력(목표로 가는 경로 발견), 의지력(효과적 방법을 주도적으로 사용) 세 가지로 구성되어 있다. 희망이 있다면 과거의 부정적 경험을 활용할 수 있고, 불필요하면 단절할 수도 있다.

프로메테우스는 인간에게 희망을 준 대가로 부당한 수난을 당했지만 굴종하기는커녕 인간해방을 향해 인내하고 저항했다. 프로메테우스가 끝까지 항거하자 제우스는 독수리를 불러 다그쳤다.

"불길한 예언을 하지 못하게 저놈의 간을 최대한 쪼아 먹어 없애라."

독수리는 사방이 어두워지기 전까지 온 힘을 다해 프로메테우스의 간을 쪼아댔지만, 워낙 간이 튼튼해서 모조리 없애지는 못했다. 또한 그날 밤이면 프로메테우스의 간은 어김없이 더 강력하게 재생되었다.

영국 시인 조지 고든 바이런은 프로메테우스에게 송가를 바쳤다.

> 그대의 신성한 죄목은 애정.
>
> 그대가 보여준 교훈으로 인간의 고통이 줄어들고 정신은 더 강해졌지.
>
> 대지와 하늘조차 꺾지 못한 그대의 불굴의 정신을 우리도 계승하고 있다네.

그렇다면 제우스가 프로메테우스에게 내린 천형을 감히 누가 끝냈을까? 수천 년 뒤 인간 헤라클레스가 해냈다. 그는 바위 꼭대기에 올라가 간을 쪼아대는 독수리를 죽이고 프로메테우스를 해방시켰다.

이렇게 하늘의 신이 내린 형벌을 인간이 해결했다. 결국 모든 구원의 능력은 신이 아니라 인간이 어떻게 하느냐에 달려 있다. 희망이 없다면 고뇌도 없고 고뇌하는 한 희망은 있다. 인간에게 불을 가져다주고 자신들의 힘으로 미래를 창조하게 도와준 프로메테우스를 루트비히 판 베토벤과 요한 볼프강 폰 괴테 등이 작품에서 다뤘다. 또 고대 그리스의 대표적인 비극 작가인 아이스킬로스는 권력자 제우스 대신 결박당한 프로메테우스를 성웅聖雄으로 내세웠다.

프로메테우스 이야기는 신의 영역을 하나씩 점유해가는 인간들에게 영감과 희망의 원천이다.

시시포스, "반항한다 고로 존재한다"

프로메테우스가 인간을 위해 제우스를 농락했다면, 제우스를 비롯한 하데스 등 모든 신을 농락한 사람이 있다. 바람의 신 아이올로스와 에나레테 사이에서 태어난 시시포스다.

시시포스는 고대 도시국가 코린토스를 창건하는 과정에서 디오니소스의 이모인 이노의 아들 멜리케리테스의 시체를 발견하고 성대하게 장례를 치러준다. 그리고 그의 영혼을 기리기 위해 이스트미아 제전을 시작했는데, 이것이 후에 올림픽 경기로 발전한다.

<시시포스>, 프란츠 폰 슈투크(Franz von Stuck), 1920.

시시포스의 아내는 아틀라스의 일곱 딸 가운데 하나인 메로페다. 메로페를 제외한 다른 자매들은 모두 신과 결혼했다. 후에 일곱 자매가 하늘의 별 '황소자리'가 되었을 때 메로페는 자신만 인간과 결혼한 것을 부끄러워하며 희미한 별이 되었다.

아틀라스도 제우스와 티탄족이 싸울 때 티탄족을 돕다가 제우스에게 벌을 받아 하늘을 떠받치는 벌을 받았다. 서쪽 바다 수평선 너머 아틀라스가 하늘을 받치는 곳이 '아틀란틱 오션(대서양)'이다. 장인과 사위는 이렇게 제우스에게 항거했다. 아틀라스가 우직하다면 시시포스는 매우 현명하고 신중했다.

이러한 시시포스의 소를 희대의 도적 아우톨리코스가 훔쳐 갔다. 아우톨리코스는 훔친 물건의 빛깔을 바꾸는 재주가 있어 누구도 되찾을 수 없었다. 그런데 시시포스는 이런 일이 생길 줄 알고 미리 모든 소의 발굽에 자기만 아는 낙인烙印을 찍어두었다. 시시포스가 소의 발굽을 들어 보이며 자기 소라는 증거라고 말하자 아우톨리코스는 크게 감탄했다.

"당신 소가 맞소. 이제껏 나보다 뛰어난 사람을 만나지 못했는데, 당신은 나보다 뛰어나니 앞으로 친하게 지냅시다."

그 뒤 두 사람은 화목하게 지냈다. 하지만 시시포스는 소를 훔쳐 간 일에 대해서는 대가를 치르게 해주겠다고 마음속으로 다짐했다. 마침 아우톨리코스의 딸 안티클레이아가 라에르테스와 혼인을 앞두고 있었다. 시시포스는 혼인 선물을 주겠다며 처녀의 침실을 찾아갔다. 안티클레이아가 선물이 무엇이냐고 묻자 "선물은 바로 나!" 하며 겁탈했다. 기어이 소 도둑질에 대한 보복을 한 것이다.

이 일로 안티클레이아는 시시포스의 아이를 임신한 채 라에르테스와 결혼해 아들을 낳았다. 그 아이가 바로 영웅 오디세우스다. 라에르테스는 오디세우스의 진짜 아버지가 시시포스인 줄 알지 못했다.

어느 날, 시시포스는 자신이 다스리는 코린토스를 살펴보기 위해 높은 망루에 올랐다. 왼쪽 시냇가에서 누군가가 급히 달려가는 소리가 들려 자세히 보니 제우스가 요정 아이기나를 끌고 사라지는 게 보였다. 잠시 후 아이기나의 아버지인 강의 신 아소포스가 시시포스 쪽으로 달려왔다.

"혹시 내 딸을 못 보았소? 아무래도 누가 납치한 것 같은데, 혹시 보았다면 알려주시오."

"알려줄 테니 저 피레네 언덕에서 샘물이 흐르게 해주시오."

그러자 아소포스는 잠시 눈을 감고 주문을 외우더니 피레네에 샘물이 솟구치게 했다.

"당신 딸의 납치범은 바로 제우스요."

시시포스의 대답을 듣자마자 아소포스는 제우스를 찾아 올림포스 산으로 올라갔다.

"야, 제우스! 하나님이면 하나님답게 행동해야지. 남의 딸이나 납치하고 그러니 누가 너를 믿겠느냐? 당장 내 딸을 내놓아라!"

크게 망신을 당한 제우스는 천둥과 번개를 번갈아 쳐대며 아소포스를 간신히 쫓아냈다. 그러는 바람에 헤라까지 알게 되어 제우스는 큰 곤욕을 치렀다. 제우스는 화가 나서 누가 고자질을 했는지 조사했고, 시시포스라는 것을 알아냈다.

“이런 고약한 놈이 있나. 인간 주제에 감시 신들의 일을 훔쳐보다니! 분수를 모르는 놈은 존재할 가치가 없지. 타나토스를 불러라.”

제우스는 타나토스에게 시시포스를 붙잡아 하데스의 지옥으로 처넣으라고 명령했다. 하지만 시시포스는 영민했다. 그는 제우스가 어떻게 나올지 미리 짐작하고 대비를 했다. 타나토스가 사슬을 들고 찾아오자 시시포스가 먼저 물었다.

“타나토스, 그 사슬은 어떻게 작용하는 거요?”

“아직 잘 모르나 보군. 내가 시범을 보여줄 테니 잘 보고 그대로 해라.”

타나토스는 시범을 보이기 위해 자신을 꽁꽁 묶었다. 그 순간 시시포스는 타나토스를 끌고 가 동굴 속 깊이 가두고는 큰 돌로 입구를 막았다. 이렇게 죽음의 신 타나토스가 갇히자 세상에는 죽음의 그림자가 걷혔다.

프로이트는 타나토스를 에로스와 함께 인간의 본능이라고 했다. 삶의 본능이 에로스라면 죽음의 본능은 타나토스다. 이 두 가지가 동시에 인간 속에 있다. 삶이란 순간적이고 비본질적인 것이다. 타나토스가 있기 때문에 에로스가 있고, 에로스가 있기 때문에 타나토스가 있다. 죽음이 없다면 삶의 본능이 있을 수 없다.

타나토스는 진화의 역과정인 무기물 상태로 퇴행하고자 하는 특성이 있어서 자기해체와 외부공격성으로 표출된다. 이와는 달리 에로스는 진화의 최첨단에 있는 생동적 에너지다. 그런데 가부장제 하에서는 종족 보존의 욕구가 가장 중요해지면서 에로스를 성적 본능으로 격하시켰다. 에로스가 생태계 전반의 활기를 뜻하지 못하고 종족 번성에만 한정되는 것이 에로스의 타락이다.

에로스가 이렇게 타락하면 생태계의 균형이 깨어진다. 오직 인간만을 존중하는 인본주의적 시각으로 대기와 수질은 오염되고 지구는 온난화 등의 홍역을 치른다. 이것이 영국 과학자 제임스 러브록이 지적한 '가이아의 복수'다.

가이아는 에로스와 타나토스의 균형을 바란다. 타나토스의 쌍둥이 형제가 히프노스(잠의 신)이고, 닉스(밤의 여신)와 에레보스(어둠의 신)도 형제다. 이는 곧 타나토스가 '안식'과 '내려놓음'이라는 것을 나타낸다. 왕성한 생명력과 조용한 자기 비움의 결합이야말로 고양된 삶이며, 이마누엘 칸트의 '숭고미'다.

타나토스가 시시포스에 의해 동굴에 갇히자 제우스는 신들만 누리던 영생불사의 특권을 빼앗겼다며 크게 당황했다. 그는 전생의 신 아레스를 불러 다그쳤다.

"아레스, 큰일이다. 지상에서 죽음이 사라졌어. 이제 인간들과 우리가 같은 위치에 놓이게 되었다. 당장 타나토스를 찾아내서 풀어주어라."

"제우스여, 누구를 찾아내고 소식을 전하는 일은 헤르메스의 일입니다. 왜 싸움밖에 모르는 저를 보내시려는 겁니까?"

"이 일은 바로 네 일이다. 인간들이 죽지 않는데 전쟁이 무슨 소용이냐? 전쟁도 고난도의 게임에 불과하다. 치열하게 싸워 팔다리가 부러져도 다시 수리하고 죽지도 않는다면 누가 너를 숭배하겠느냐?"

그제야 아레스는 정신이 번쩍 들어 핏발이 선 눈으로 지구의 동굴이란 동굴은 모두 뒤지고 다닌 끝에 겨우 타나토스를 찾아내 풀어주었다. 이 사실을 몰랐던 시시포스는 타나토스가 찾아오자 기겁했다.

"어, 어떻게 여기에?"

"네 이놈, 감히 죽음의 신을 속이다니!"

시시포스가 미처 대책을 마련하기도 전에 타나토스는 신속하게 사슬로 묶어 지옥으로 내려갔다. 그 와중에도 시시포스는 아내에게 의미심장한 말을 남겼다.

"내 장례를 절대 치르지 말아요. 내 시체도 매장하지 말고 사람들이 많이 다니는 대로에 앉혀두시오."

그렇게 하데스 앞에 끌려간 시시포스는 넋두리를 늘어놓았다.

"아직 저는 장례도 안 치렀고, 물론 매장도 되지 않았소. 다시 지상에 올라가 아내에게 장례를 치르라고 하겠소."

하데스도 제사를 지내지 못하는 시시포스의 영혼을 굳이 받을 필요가 없었다.

"알았다. 사흘 말미를 줄 테니 장례를 잘 치르고 오너라. 네 아내가 제사를 성대히 치르게 하여라."

그렇게 해서 저승에 갔다가 당당히 이승으로 돌아온 시시포스는 꼭 돌아오라는 하데스의 말을 무시했다. 그리고 제우스 보란 듯이 이전보다 더 잘 살았다. 결국 제우스는 물론 타나토스, 하데스까지 시시포스에게 속았지만 시시포스가 수명을 다할 때까지 기다리는 것 외에 방법이 없었다.

시시포스는 천수를 누린 뒤 아주 느린 걸음으로 저승에 내려갔다. 그러자 오래 참고 기다렸다는 듯 제우스가 추상같이 따졌다.

"살아생전에 네가 저지른 죄를 알렸다! 우선 주변 나라를 침략했으며, 국민을 편 가르기 해서 분쟁을 일으켰고, 그 과정에서 고문과 살육을 엄청나게 저질렀다. 인간 세상에서 그 정도는 그럴 수 있다 치자. 하지만 내가 아이기나를 납치했을 때 그 아비에게 폭로하고 흥정까지 했다. 그뿐인가. 타나토스를 속여 감금했고 하데스의 명령도 어겼다. 감히 하나님과 염라대왕을 능멸하고 죽음의 신까지 가두었다. 다른 죄는 다 용서해도 신을 모멸한 죄는 영원히 용서할 수 없다."

그러자 시시포스가 호탕하게 웃으며 말했다.

"하나님이시여, 아니 제우스여. 나는 살 만큼 살고 이미 죽은 사람이오. 죽은 내게 내리는 형벌이 무슨 의미가 있겠소?"

시시포스의 말에 대꾸할 말이 없자 제우스는 얼굴이 빨개져서 헤르메스를 불렀다.

"당장 저놈을 타르타로스의 계곡으로 끌고 가 그곳의 거대한 바윗돌을 산꼭대기까지 밀어 올리게 하라."

그렇게 해서 시시포스는 바윗돌을 굴려서 정상에 올려놓았고, 그 돌은 무게를 견디지 못해 다시 계곡으로 굴러 떨어졌다. 시시포스가 그 돌을 다시 굴려서 올려놓으면 또 낙하를 하염없이 반복했다.

시시포스가 제우스의 판결을 듣고 웃은 데는 이유가 있다. 그가 하데스를 속이고 지상으로 올라온 뒤부터 제우스의 힘이 살아 있는 사람에게는 아무 영향을 주지 못하고 죽음 이후로 후퇴했는데, 죽음 이후의 판결이란 공염불에 불과하기 때문이다. 죽음이란 무기질로 환원되는 것이며 카오스로 돌아가는 것이다. 그 세계에서는 신과 인간과 짐승의 구별이 없다. 그래서 시시포스는 웃었고, 타나토스로 내려가 기꺼이 바윗돌을 계속 굴려서 올려주었다. 허구적 상징으로만 남은 신의 심판을 비웃기 위해서였다.

신들의 섭리가 생명체의 경험을 지배하지 못하고 피안의 세계에만 국한된다면? 신들이야말로 실체 없는 '시뮬라시옹simulation'이 되고 만다. 이제 제우스 등의 신들은 현실세계에서 물러나 '죽은 자를 심판'하는 취향 정도로 자신들을 인간과 구별 지으려 한다.

그러나 시시포스로 인해 신들이 추상의 존재라는 것이 발각되었다. 따라서 제우스가 시시포스에게 내릴 수 있는 형벌은 고작 영원한 돌 굴리기 정도였다. 제우스도 똑같은 일을 반복해야 하는 지루한 일상 그 이상의 벌은 내릴 수 없었다. 제우스로 상징되는 종교나 규범은 더 이상 인간에게 질병, 무지 등으로 협박할 수 없는 처지가 된 것이다.

시시포스에게 내린 형벌은 실제적이기보다 의미론적이다. 그래서 정신신체의학 전문가 스튜어트 울프는 일중독을 '시시포스 콤플렉스'라 했다. 일중독자들은 내일을 위해 자신을 준비하고 탐색할 여유 없이 무조건 일만 열심히 한다. 그래서 목표를 달성하기도 하지만 기쁨과 만족은 없다.

이런 관점은 시시포스의 일을 반복적이라는 측면에서만 본 것이다. 시시포스의 바윗돌 굴리기는 인류의 정신을 옭아매온 절대권력자 신들의 독재에 맞선다는 준엄한 의미가 있다. 프리드리히 니체 식으로 해석한다면 시시포스의 행위는 '수동적으로 반복되기보다는 주체적으로 반복하는 것'이다.

<비너스의 거울>, 에드워드 콜리 번 존스(Edward Coley Burne-Jones), 1875, 리스본 굴벤키안 미술관.

아무리 힘든 일도 주체적일 때 자긍심을 느낀다. 그래서 시시포스가 돌을 굴리면서도 웃고 있는 것이다. 그의 장기적 목표는 인간의 주체성이다. 인간이 오를 수 있는 최고의 정신적 고지를 매일 오르며 정복과 추락을 반복하는 것이다.

높이 오르지 않으면 추락할 일도 없고, 추락하지 않으면 높이 오를 일도 없다. 돌이 떨어져 내릴 줄 알면서도 다시 돌을 굴리는 시시포스의 행위는 부조리해 보인다. 하지만 바로 그런 행위, 현실 존재의 불안을 불요불굴의 정신으로 헤쳐 나가고, 모두가 기존의 신적 권위에 "예"라고 할 때 "아니요"라고 반응하는 그 행위 자체가 곧 인간 승리다. 사람이 왜 살아야 하는지를 안다면 어떤 일도 견뎌낸다. 알베르 카뮈는 돌을 굴려 올리고 굴러 떨어진 돌을 다시 올리기를 반복하는 이 부조리한 상황을 '인간승리'라고 칭송했다.

부조리한 존재의 영웅 시시포스. 그는 인간의 실존이 본질을 앞서고, 따라서 더 이상 신은 없으며, 인간은 주체적 선택과 결단으로 운명을 스스로 창조할 수 있음을 행동으로 보여주었다.

황금 소나기의 아들 페르세우스

아르고스의 공주 다나에가 청동탑에 갇혀 황금 소나기를 흠뻑 맞고 낳은 아들이 페르세우스다. 다나에는 왜 청동탑에 감금되었을까? 아크리시오스 왕이 받은 신탁 때문이었다.

"네 딸 다나에가 낳을 손자 때문에 네가 죽을 것이다."

그날부터 다나에를 보면 불길한 생각을 떨치지 못하다가 결국 다나에를 청동탑에 가둔 것이다. 그런데 우연히 제우스가 탑 지붕에 난 창문

<다나에와 금비로 변신한 제우스>, 레옹 코메르(Léon Comerre), 1908.

을 통해 비스듬히 앉아 있는 다나에를 본다. 마침 제우스는 헤라와 다투고 밖으로 돌던 때였다. 어떻게 해야 다나에를 만날 수 있을까 고민하던 그는 소나기로 변신한다.

어느 나른한 오후에 다나에가 발가벗은 채 들녘을 보려고 청동탑의 창문을 여는데 황금 소나기가 바람에 밀려 안으로 몰려왔다. 이리저리 피하는데도 빗줄기는 다나에를 따라와 흥건히 적셨고, 페르세우스는 그렇게 잉태되었다.

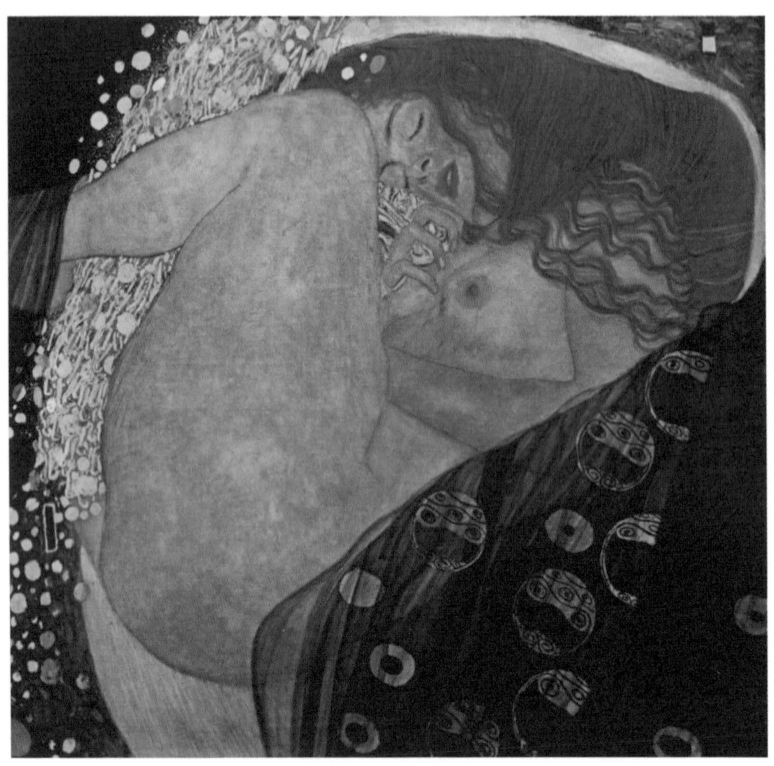

<다나에>, 구스타프 클림트(Gustav Klimt), 1907~1908, 개인소장.

아크리시오스 왕도 이를 알았지만 제우스의 자식이어서 차마 죽이지는 못하고 갈대 상자에 모자를 함께 넣어 바다에 띄우게 했다. 그러자 제우스는 포세이돈에게 상자를 지켜주라고 부탁했고, 포세이돈은 돌고래들을 보내 상자를 세리포스 섬 해안으로 옮기게 했다.

마침 고기 잡으러 가던 어부 딕티스가 그 상자를 발견했다. 상자 안에서 모자가 나왔고, 그는 페르세우스가 장성할 때까지 돌보아주었다. 그동안 수많은 남성이 다나에를 향해 구애의 눈길을 보냈다. 그중에는 세리포스 섬의 왕 폴리덱테스도 있었다. 하지만 페르세우스가 다나에를 지키는 바람에 아무도 뜻을 이루지 못했다.

기어이 다나에를 차지하고 싶었던 폴리덱테스 왕은 아예 페르세우스를 제거할 음모를 꾸몄다. 이 섬에는 왕이 결혼하면 말을 예물로 바치는 것이 풍습이었다. 그래서 왕은 이웃 나라의 공주와 결혼한다고 주민들을 초청해 잔치를 열었다. 주민들이 제각기 말을 예물로 내놓았지만 가난한 페르세우스는 빈손으로 왔다.

왕이 페르세우스에게 물었다.

"너는 왕의 혼인 예식에 어찌 말 한 마리도 가져오지 않았느냐?"

"왕이여, 저는 바닷물에 밀려 빈손으로 이 섬에 왔습니다. 그래서 말을 바칠 형편이 안 됩니다. 그 대신 왕께서 무엇을 원하시든 그대로 하겠습니다."

"좋다. 세상 끝에 살고 있는 메두사의 머리를 가져오라!"

"예, 알겠습니다."

그 자리에 있던 사람들은 놀라서 입을 다물지 못했다. 메두사는 본래

<메두사의 머리>, 미켈란젤로 메리시 다 카라바조(Michelangelo Merisi da Caravaggio), 1598년경, 우피치 미술관.

반인반사半人半巳의 미녀였는데, 아테나의 저주로 머리카락이 모두 독사가 되었다. 또한 손과 발이 청동이고 멧돼지의 어금니를 지녀 누구든 그녀를 보기만 해도 바로 돌이 되었다. 그런데 눈동자만은 보석처럼 빛나 예전의 아름다운 흔적이 남아 있었고, 누구든 그녀에게 다가가기도 전에 발각되었으므로 감히 싸워볼 엄두도 낼 수 없었다. 또한 메두사를 만나는 사람마다 돌로 변했기 때문에 제사지내는 인간의 수가 줄어들 것을 우려해 신들도 그녀가 사는 곳을 비밀로 할 정도였다.

그런데 페르세우스가 메두사를 처치하겠다고 나서니 누구나 놀라는 게 당연했다. 사실 페르세우스도 막막했는데, 제우스가 아테나와 헤르메스를 보내 도와주게 했다. 헤르메스가 날개 달린 신발을 빌려주고 아테나는 자신의 상징물인 아이기스 방패를 빌려주었다. 아이기스는 헤파이스토스가 제우스에게 젖을 주었던 암염소 아말테이아의 가죽으로 만든 것으로 사물을 거울처럼 상세하게 보여주었고 조금만 흔들어도 태풍이 일었다.

준비를 마치고 나서는 페르세우스에게 아테나가 일렀다.

"먼저 메두사의 고르곤 세쌍둥이 자매를 찾아가라. 그들만이 메두사가 사는 곳을 알고 있다."

고르곤 세 자매는 태어날 때부터 백발이었고, 눈과 이빨이 하나뿐이어서 공유해야만 했다. 다행히 하나뿐인 이빨은 아주 강해서 세상 무엇이든 먹을 수 있었고, 눈도 노안이어서 '그라이아이'라 불렸지만 세상 모든 것을 볼 수 있었다. 페르세우스가 찾아가 물었지만 그녀들이 메두사가 있는 곳을 가르쳐줄 리 없었다.

그날 저녁 두 자매가 잠들면서 막내에게 눈과 이빨을 건네려 할 때 페르세우스는 재빨리 그것을 가로챘다.

"자, 이제 메두사가 어디 있는지 말해라. 그래야 이 눈과 이빨을 돌려주겠다."

결국 고르곤 세 자매는 어쩔 수 없이 말해주었고, 페르세우스는 메두사가 기거하는 리비아의 어느 동굴로 갔다. 동굴 입구 주변에는 메두사를 보고 돌이 된 사람들과 동물들이 무수히 널려 있었다.

페르세우스는 메두사가 잠들기를 기다렸다가 청동방패로 비쳐보며 다가갔다. 인기척에 놀라 잠에서 깬 메두사는 방패에 미친 자기 모습을 보고 깜짝 놀랐다. 그 틈을 타서 페르세우스가 다가가 메두사의 목을 베자 피가 솟구쳤다.

포세이돈은 자신과 사랑한 죄로 비참하게 된 메두사를 보더니 천마로 거듭나게 해주었다. 그 말의 이름이 페가수스다.

그런데 페르세우스는 어떻게 천하의 강적 메두사를 제거할 수 있었을까? 메두사가 지배하는 동굴에서 메두사의 방식대로 싸우면 무조건 지게 되어 있다. 메두사도 익숙한 싸움 방식이 아니라 다른 방식으로 접근해오자 당황했다. 더구나 페르세우스의 방패에 비친 자신의 모습을 처

<페르세우스와 메두사의 머리>

음 보았다. 예전에 흐르는 물에 자기 모습을 비춰보기는 했지만 그렇게 적나라하게 보기는 처음이었다. 누가 이 모습을 보고 돌처럼 굳지 않으랴. 메두사가 자신을 한탄하는 순간, 페르세우스의 칼이 그녀의 목을 내리친 것이다.

사실 그녀는 내공 없는 강자의 아우라를 상징하며, 외유내강형이 아니라 외강내유형이다. 알고 보면 연약하지만 겉으로만 강해 보였다. 메두사는 본래 포세이돈과의 사랑밖에 모르는 여인이었다. 아테나의 저주로 외모가 흉물로 변하자 그 모습을 보고 사람들이 지레 겁을 먹고 온몸이 굳어버린 것이다.

이처럼 허세에 약한 사람들은 수치심과 강박감과 우울증에 잘 빠진다. 누가 허세에 약할까? 내용을 간과하고 간판, 직위, 유명세만 따지는 사람들이다. 그들의 깊은 내면에는 실패와 소외에 대한 두려움이 자리하고 있다. 이런 부정적 감정에서 자유로워지려면 페르세우스처럼 외면보다 본질을 볼 수 있어야 한다. 그래야 과도하고 이유 없는 두려움이 사라진다. 1930년대 대공황 시기에 미국 대통령 프랭클린 루스벨트는 "우리가 두려워해야 할 것은 두려움 그 자체뿐"이라고 말하며 뉴딜 정책을 도입해 경제를 살려냈다.

두려움에 빠질수록 그에 대한 저항력이 약해지며 더 어려운 상황으로 몰리게 된다. 메두사가 그 경우였다. 흉악한 외모는 자신의 잘못이 아니었다. 아테나의 질투 때문에 그렇게 된 것인데, 마치 자신의 잘못처럼 동굴 속에 피해 칩거했다. 메두사는 동굴로 숨을 것이 아니라 제우스에게 항거했던 시시포스처럼 자신을 비참하게 만든 아테나에게 항거했어야 한다. 그러면 포세이돈도 메두사를 도울 수밖에 없었을 것이다.

그렇게 마음이 약한 메두사였기에 페르세우스의 방패에 비친 자신의 모습을 보고 더 위축되었다.

사실 페르세우스가 아니더라도 메두사를 두려워하지만 않으면 누구나 목을 벨 수 있었을 것이다.

<사슬에 묶인 안드로메다>, 귀스타브 도레 (Gustave Doré), 1869.

페르세우스는 메두사의 머리를 자루에 넣고 세리포스 섬으로 향했다. 한참 날아가는데 해변의 바위에 한 처녀가 제물이 되어 묶여 있었다. 내려가보니 에티오피아의 공주 안드로메다였다.

페르세우스는 안드로메다

를 구출해서 에티오피아 궁정으로 데려갔다. 케페우스 왕은 크게 기뻐하며 당부했다.

"내 딸에게는 이미 정혼자가 있지만, 그놈은 비겁해서 하나밖에 없는 내 딸을 구출하지 못했네. 자네가 내 딸과 결혼해주게나."

그렇게 해서 며칠 후 안드로메다와 페르세우스의 결혼식이 성대하게 열렸다. 이 소식을 들은 안드로메다의 약혼자 피네우스가 반란을 일으켜 결혼식장에 뛰어들었다. 왕의 수비대가 페르세우스와 함께 격렬히 저항했지만 중과부적衆寡不敵이었다. 왕과 수비대가 차츰 밀리자 페르세우스는 높은 곳으로 뛰어올라가 외쳤다.

"왕과 나를 믿는 자는 모두 그대로 눈을 감으라!"

그러고는 메두사의 머리를 자루에서 꺼내 높이 들었다. 그러자 눈을 감지 않고 메두사를 쳐다보던 피네우스와 반군들은 그 자리에서 돌이 되어버렸다.

결혼축하연이 재개되었고, 그날의 화제는 단연 페르세우스의 영웅담이었다. 뜻하지 않게 에티오피아의 공주와 결혼한 페르세우스는 장인의 뒤를 이어 그 나라를 다스리게 되었다.

그런데 꿀같이 달콤한 나날을 보내던 중 문득 어머니가 떠올랐다.

'아, 어머니는 어떻게 되셨을까? 폴리덱테스 왕이 얼마나 괴롭힐까? 내가 무심했구나.'

다음 날 페르세우스는 어머니 다나에가 있는 세리포스 섬을 찾아갔다. 아니나 다를까, 다나에는 폴리덱테스의 구애에 시달리다 못해 잠적한 상태였다. 페르세우스는 화가 나서 궁전으로 달려가 왕 앞에서 메두사의 머리를 쳐들었다. 왕과 신하들은 순식간에 돌로 변하고 궁전에는 침묵만이 흘렀다. 페르세우스는 자신과 어머니를 돌봐준 딕티스를 왕으로 세웠다.

그 후 페르세우스는 어머니와 함께 고향 아르고스로 향했다. 외손자가 영웅이 되어 돌아온다는 소식에 아크리시오스 왕은 불길한 신탁이 떠올라 부랴부랴 평민 옷으로 갈아입고 이웃 도시 라리사로 숨었다. 그 무렵 페르세우스도 라리사를 지나고 있었는데, 때마침 열린 운동경기에 참가하게 되었다. 페르세우스는 원반던지기에 참가해 원반을 저 멀리 던졌다. 그런데 멀리 날아가던 원반이 회오리바람에 방향이 바뀌는 바람에 그만 관중석에 있던 노인을 맞히고 말았다. 원반에 맞아 죽은 그 노인은 바로 아크리시오스 왕이었다.

이처럼 그리스신화에서 신탁은 반드시 성취되어야 한다. 그래야 신들의 권위를 인정받을 수 있기 때문이다. 의도하지 않았지만 외조부를 죽이고 만 페르세우스는 슬픔을 가누지 못했다. 그는 차마 외조부의 영토를 이어받지 못하고 미케네로 가서 새로운 도시를 개척했다.

얼마 뒤 페르세우스는 메두사의 머리를 아테나에게 바쳤고, 아테나는 자신의 방패에 그 머리를 달았다. 페르세우스의 뒤를 이어 아들 엘렉트리온이 미케네 왕이 되며, 엘렉트리온의 딸 알크메네와 제우스 사이에서 그리스 최고의 영웅 헤라클레스가 태어난다.

제7장

아르고 원정대

집단심리

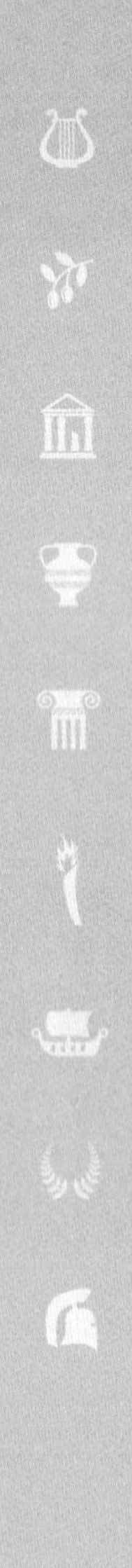

이아손의 아르고 원정대, 황금 양피를 찾아 떠나다

지금부터 3천 년 전 그리스신화 사상 최초의 아르고호 원정대가 출발한다. 이 탐험대의 선장은 이아손이다. 그는 야망을 위해 가족을 버리면서까지 자신을 사랑한 여인을 버렸다. 그 후 자멸하게 되는데, 이런 개인사에도 불구하고 그의 영웅적 리더십은 후대의 귀감이 되고 있다. 오랜 기간 50여 명의 대원과 더불어 거친 바다를 항해했는데, 당대 최고의 인재 헤라클레스와 테세우스도 그와 함께였다.

아르고호 대원들이 오랜 항해 기간에 겪은 다양한 사건들은 집단심리 mass psychology를 그대로 표출한다. 세 명 이상일 때부터 발생하는 동조 현상이 바로 집단심리다. 예를 들어 네 사람이 있는데 세 명이 서로 협조

<아르고호>, 로렌조 코스타(Lorenzo Costa), 6세기 전반경, 파도바 시립미술관.

하면 나머지 한 사람의 의견은 아무리 객관적이어도 무시를 당한다. 이것이 집단심리에 휩쓸리는 현상이다.

개인이 무리로 모이면 개성이 약해지고 무리만의 특별한 경향을 띠면서 정확하고 객관적인 사고가 어려워진다. 그렇다고 집단심리가 항상 비이성적인 것은 아니며 가치중립일 때도 많다. 중요한 것은 집단심리의 방향을 어떻게 조성하느냐인데, 이때 절대적으로 중요한 사람이 리더다. 같은 집단이어도 누가 리더인지에 따라 전혀 다른 결과가 나온다. 석기시대부터 수십 명 단위로 무리를 지어 살면서 씨족사회, 부족사회, 고대국가 등으로 이어지는 가운데 집단심리는 우리 속에 본능처럼 자리하고 있다.

이아손은 무엇 때문에 50명이나 되는 원정대원을 조직했을까? 도둑맞은 왕위 계승권을 되찾기 위해서였다. 이아손의 조부 크레테우스는 이올쿠스를 건국했으며, 크레테우스의 형제인 시시포스도 코린토스를 세웠다. 크레테우스는 나이가 많이 들어서야 티로와 결혼해 이아손의 아버지 아이손과 페레스, 아미타온을 낳았다. 티로는 처녀 때 포세이돈과 사랑을 나눠 쌍둥이 형제 펠리아스와 넬레우스를 출산했지만 계모 시데로가 무서워 두 아이를 길가에 버렸고, 그 아이들을 마부가 데려가 돌보고 있었다. 그 뒤 늙은 왕과 결혼해 세 아들을 낳은 것이다.

크레테우스 왕이 죽자 아이손이 뒤를 이었다. 하지만 그는 정치에 싫증이 나서 마침 궁정에 찾아온 이복형제 펠리아스에게 조건을 걸고 왕위를 맡겼다. 이아손이 성장하면 왕위를 돌려준다는 조건이었다. 그러고는 어린 아들 이아손을 펠리온 산에 은거하던 켄타우로스족의 현자 케이론에게 맡겼다. 이아손은 그곳에서 헤라클레스와 만나 평생 친구 겸 경쟁자가 된다.

이아손은 케이론에게 훌륭한 교육을 받으며 어느덧 건장한 청년이 되었다. 그는 마침내 왕위를 찾으러 하산했다. 물살이 센 개울을 건너려는데 주저앉아 있는 노파를 발견하고는 등에 업고 개울을 건넜다. 그때 미끄러운 돌을 밟는 바람에 샌들 한쪽을 잃어버렸는데, 이것은 노파로 변신한 헤라의 계략이었다. 헤라는 이미 펠리아스에게 샌들을 한쪽만 신은 자에게 파멸당할 것이라는 신탁을 내려두었던 것이다.

왕정 사람들은 이아손이 샌들을 한쪽만 신고 들어오자 왕위 계승자라며 뒤를 따랐다. 하지만 펠리아스는 그것을 보고도 왕위를 내주려 하지 않았다. 그는 이아손에게 질문을 던졌다.

"제법 컸구나. 먼저 한 가지만 물어보자. 만일 왕위를 찬탈하려는 자가 있다면 어떤 벌을 내리겠느냐?"

"제가 왕이라면 콜키스의 황금 양피를 가져오라고 하겠습니다."

"그래, 그 일을 할 자가 바로 너다."

콜키스는 머나먼 동방에 있었다. 황금 양피는 콜키스에 있는 아레스 숲에 있었는데, 항상 깨어 지키는 용이 황금 양피에 가까이 다가가는 자는 모조리 죽였다.

하지만 이아손은 용감하게 대답했다.

"숙부, 황금 양피를 가져오는 것이 제게는 영광스러운 모험입니다."

그러고는 그날부터 그리스 전역에서 용사를 모집했다. 이때도 헤라 여신이 도와주어 헤라클레스, 오르페우스, 폴리데우케스, 아르고스 등 50여 명의 영웅들이 뭉친 것이다. 특히 그리스 최고의 목공 아르고스가 거대하고 튼튼한 함선을 건조해주어 그 이름을 따라 아르고 원정대라고 불렀다.

마침내 이아손 대장이 이끄는 아르고호를 타고 원정대는 오르페우스가 리라를 연주하는 가운데 콜키스로의 항해를 시작했다. 이 광경을 태양신 아폴론이 따사롭게 지켜보고 있었다. 오르페우스는 아폴론과 뮤즈 칼리오페의 아들이었고, 오르페우스에게 연주를 가르쳐준 이도 아폴론이었던 것이다.

이아손의 원정대가 떠난 직후, 펠리아스는 왕위에 위협이 되는 아이손에게 아르고호가 침몰해 모두 익사했다고 거짓으로 전했다. 그 소식을 들은 아이손 부부는 절망한 나머지 스스로 목숨을 끊고 말았다.

한편, 아르고호는 오르페우스가 연주하는 멜로디를 들으며 일단 렘노스 섬에 잠시 들렀다. 렘노스 섬은 여인들만의 왕국이었는데, 거기에는 사연이 있다.

어린 헤파이스토스가 부모인 제우스와 헤라에게서 추남이라고 외면받을 때였다. 뒷날 아킬레우스를 낳게 되는 테티스는 이 섬에서 헤파이스토스를 보살폈다. 그 뒤 헤파이스토스와 결혼한 아프로디테가 아레스 등과 바람을 피우자 이 섬의 여인들은 아프로디테를 소홀히 대했다. 자신을 무시한 섬 여인들에게 아프로디테가 내린 벌은 독한 체취였다. 어느 날부터 아내들의 몸에서 악취가 나자 남편들은 이를 멀리하고 바다 건너 트라키아에서 여인들을 약탈해 와 데리고 살았다. 트라키아는 아프로디테와 아레스가 자주 밀회를 나누던 곳이었다.

헤파이스토스를 존중하는 렘노스 여인들의 질투와 분노는 상상을 초월했다. 그녀들은 어느 날 아침 남자들이 모두 고기를 잡으러 간 사이에 모여 남편은 물론 남자들까지 전부 몰살시키고 여인만의 나라를 만들기로 결의했다. 그리고 그날 늦은 오후에 배를 타고 돌아온 남자들을 모두 죽였다. 이때부터 렘노스 섬은 여인국이 되었다.

그런 렘노스 섬에 오랜만에 건장한 남자들만 탄 배가 도착하자 여왕 힙시필레가 직접 나와 이들을 맞았다.

"저는 이 섬의 왕 힙시필레입니다. 이 섬은 헤파이스토스에게 봉헌된 섬으로 여인들만 살고 있습니다. 더 이상의 사연은 묻지 마시고 원하는 만큼 쉬었다 가십시오."

집단심리에 휘둘리는 아르고 원정대

아르고 원정대원들은 렘노스 섬의 여왕 힙시펠레의 극진한 대우를 받으며 지냈다. 일주일쯤 지났을 때, 영웅들을 보살피느라 분주했던 여왕은 오랜만에 늦잠을 잤다. 그때 옆을 지키고 있던 늙은 유모 폴릭스가 부스스 일어나는 여왕에게 조용히 말했다.

"여왕님, 섬 여인들이 하나둘 늙어갑니다. 머지않아 이 섬은 황무지가 됩니다. 지금이 문제를 해결할 절호의 기회예요. 아르고 원정대 영웅들을 각자의 집으로 초대하게 하세요. 그래야 문제를 해결할 수 있습니다."

힙시팔레가 대답했다.

"오, 내가 왜 진작에 그 생각을 못했을까? 워낙 여인끼리만 오래 살다 보니……."

그날 정오쯤 힙시팔레는 50여 명의 여인을 데리고 출항하려는 아르고 원정대를 찾아왔다. 그러고는 각자 여인들의 집에 며칠만 더 묵고 가라고 권했다. 이아손을 비롯한 영웅들은 기꺼이 응했지만 헤라클레스는 이에 반대했고, 두 명의 영웅도 헤라클라스를 따라 배에 남아 있겠다고 했다.

힙시팔레가 앞장서서 이아손의 손을 잡고 궁전으로 가고, 다른 영웅들도 제각기 여인들의 집으로 갔다. 사실 이아손은 힙시팔레를 처음 봤을 때 이미 반한 상태였다.

힙시팔레가 섬 사정을 이야기하며 종족 보존을 위해 도와달라고 부탁하자 이아손은 흔쾌히 응했다. 이아손은 힙시팔레와 함께 지냈고, 그

밖의 영웅들은 섬의 모든 성인 여인들과 자유롭게 교제하며 시간을 보냈다. 이미 이들은 본래의 사명을 잊은 채 오직 여인들의 극진한 대접에 취해 지낼 뿐이었다.

<아르고호>, 콘스탄티노스 볼라나키스(Konstantinos Volanakis), 19세기.

이것이 집단의 피암시성이다. 집단이 되면 개인의 특성이 약화되어 집단의 고유한 특성을 무분별하게 받아들이게 된다. 지역감정, 국민감정, 종교감정, 동무의식, 또래의식 등이 그런 경우다. 무리 속의 다수가 개인에게 보내는 암시에 부응하는 것이다. 여기서는 깨어 있는 소수만이 힘겹게 객관성을 유지한다.

원정대원 가운데 헤라클레스만이 목적지도 아닌 렘노스 섬에서 유흥으로 세월을 보내는 것을 반대했다. 이때 리더인 이아손이 헤라클레스의 의견을 받아들여야 했지만 그렇게 하지 못했다. 전횡성, 과장성, 충동성 등은 일반적인 집단심리의 특징인데, 이아손은 이 가운데 전횡성에 휘둘린 것이다. 집단의 전횡성은 일종의 편협성으로 다른 의견을 용인하지 않는 것이다. 집단 내 소수의 의견을 뭉개는 전횡성 때문에 과장성과 충동성이 일어난다.

즉, 자기 집단이 절대라는 과장성이 발생하고 개인의 분별력은 소멸된다. 그 대신 감정이 단순해지는데, 이때 유언비어 등 작은 암시만 주어도 집단적으로 충동적인 행동을 서슴지 않는다. 집단 안에 일단 어떤 견해든 지배적 의견이 형성되면 그때부터는 다른 의견을 쉽사리 수용하지 않는다.

헤라클레스의 위대성은 바로 집단의 전횡성에 이의를 제기했다는 점에서 드러난다. 다른 대원들은 헤라클레스의 의견을 무시하고 여인들과 1년 이상을 함께 지냈다. 섬에 다시 아이 울음소리가 들리기 시작했을 때 힙시팔레는 이아손의 품에 안기며 말했다.

"당신이 이 섬의 왕이 되어주세요. 저는 당신의 왕비로 만족해요."

이아손은 이에 마음이 움직여 다른 대원들을 불러 모아 물었다.

"이 섬에 이대로 머무르면 어떻겠는가?"

다들 고개를 끄덕이며 흡족해하는 가운데 헤라클레스가 버럭 소리를 질렀다.

"대장, 저는 오로지 황금 양피를 고국으로 가져갈 사명을 생각하며 지난 1년 동안 묵묵히 배를 지켰습니다. 당신들은 고작 이 섬에서 종마 노릇이나 하려고 험한 뱃길을 헤쳐 왔습니까?"

그제야 이아손은 정신이 번쩍 들었다. 이아손은 여인들의 간곡한 만류를 뿌리치고 서둘러 아르고호에 올랐다. 이아손이 북을 치며 노 젓는 속도를 조절하는 가운데 렘노스 여인들은 해변에 서서 배가 수평선 멀리 사라질 때까지 환송했다.

며칠 후 아르고호는 키지코스에 닻을 내렸다. 대원들이 왕과 주민들에게 융숭한 대접을 받을 때도 헤라클레스는 배에 남아 있다가 배를 훔

치려는 도적들을 제거했다. 키지코스를 떠나 다시 항해를 시작했는데, 먹구름이 몰려오더니 온 바다가 어둠에 잠겼다. 몰아치는 폭풍우에 돛이 부러졌지만, 대원들은 사력을 다해 노를 저어 겨우 근처 섬에 정박했다. 사실 이 섬도 키지코스였는데 어두워서 분간을 하지 못했다.

키지코스 주민들은 어둠을 틈타 해적이 쳐들어온 줄 잘못 알고 무기를 들고 싸우러 달려왔다. 하지만 이들은 아르고 대원들의 상대가 되지 못했다. 결국 모래사장에 왕과 섬 주민들이 즐비하게 쓰러졌다. 동틀 무렵 어둠이 걷히자 대원들은 자신들을 환대해준 사람들을 죽였다는 사실에 경악했다.

그 일이 있은 뒤 거센 비바람이 몰아쳐 도무지 출항할 수가 없었다. 대원들 중 예언자인 몹소스가 거친 바다를 향해 한참 몸을 떨더니 두 손을 들고 외쳤다.

"저 폭풍우는 선량한 섬사람들의 죽음에 분노한 키벨레 여신의 신음이니라."

그러자 이아손은 염소를 잡아 아르고 원정대원들이 무릎을 꿇은 가운데 키벨레 여신에게 제물을 드렸다. 그제야 바다가 잔잔해져 출항할 수 있었다.

그런데 항해 도중 미시아 해안을 지나다가 헤라클레스의 노가 부러졌다. 아르고호는 노를 만들기 위해 숲이 우거진 작은 섬에 잠시 정박했다. 헤라클레스가 노를 만들 나무를 찾으러 간 사이에 청년 힐라스도 배에서 내려 대원들이 마실 물을 구하러 샘으로 갔다. 그런데 힐라스가 물을 퍼 담으려고 고개를 숙이자 물에 비친 힐라스의 미모에 반한 샘의 요정들이 물속으로 그를 끌어들였다.

대원들은 감쪽같이 사라진 힐라스를 찾아 섬 곳곳을 뒤졌지만 헛수고였다. 순풍이 불어 아르고호가 출항하게 되자 헤라클레스는 자신을 따라 배에 탄 힐라스를 찾기 위해 섬에 혼자 남겠다고 했다. 이아손이 헤라클레스를 설득하려고 하자 칼라이스와 제테스 형제는 "헤라클레스 때문에 더 지체할 수는 없으니 이대로 떠나자"고 주장했다. 결국 아르고호는 헤라클레스를 섬에 남겨둔 채 다시 항해를 떠났다.

황금 양피와 마녀 메데이아

아르고 원정대의 다음 도착지는 베브리케스였다. 이곳의 잔인한 왕 아미코스는 권투의 귀재였다. 베브리케스 섬을 방문한 이방인들은 무조건 아미코스와 권투시합을 해야만 했다. 이를 거절하면 추방당했고 받아들이면 주먹으로 두들겨 맞아 죽었다. 아미코스의 주먹에 수많은 사람이 죽어나갔다.

아미코스는 양 주먹을 쳐들고 아르고 원정대원들이 차례로 덤비기를 기다리고 있었다. 일당백인 대원들도 선뜻 나서지 못하고 수군댔다.

"이럴 때 헤라클레스가 있었다면 한방에 날려버렸을 텐데……."

아미코스는 기고만장해서 더 크게 외쳤다.

"나하고 한판 붙기 싫으면 당장 이 섬을 떠나라!"

이때 원정대원 가운데 권투를 가장 잘하는 폴리데우케스가 아미코스 앞에 나섰다. 두 사람의 거듭되는 일진일퇴에 모두 숨죽여 시합을 지켜 보았다. 서너 시간이 흘러도 승부가 나지 않았는데, 폴리데우케스가 일부러 지친 듯이 고개를 뒤로 젖히는 시늉을 했다. 그러자 아미코스가 이때다 하며 사력을 다해 폴리데우케스의 복부를 가격했다. 이를 노리고 있던 폴리데우케스는 몸을 돌려 아미코스의 귀 아래 목 부분을 내리 찍었다. 그것으로 게임은 끝났다. 왕이 쓰러지자 베브리케스 사람들이 떼로 대원들에게 덤벼들었지만 영웅들에 의해 추풍낙엽 신세가 되었다.

아르고호가 다음에 들른 곳은 트라키아 지역의 사르미데소스 섬이었다. 이곳의 왕은 장님 예언자인 피네우스였는데, 그는 예언을 남발하다가 제우스의 미움을 사서 하늘의 괴조 하르피아의 습격을 받는 처지였다. 그가 무엇을 먹으려고 하면 하르피아들이 날아와 낚아채고 똥오줌을 갈겨댔다.

아르고호의 영웅들을 만난 피네우스는 일일이 앞길을 예언해주고는 자신의 어려움을 해결해달라고 호소했다. 마침 식사 때라 어김없이 하르피아들이 날아와 오줌을 싸며 식탁을 어지럽혔다. 원정대원 중 날개가 있는 쌍둥이 형제 칼라이스와 제테스는 하르피아를 추격해 공중에서 죽이려 했다.

그때 무지개의 여신 이리스가 나타났다.

"하르피아는 제우스의 새다. 죽이지 마라. 대신 더 이상 피네우스를 괴롭히지 않게 하겠다."

하늘의 괴조가 완전히 물러가자 피네우스는 매우 고마워하며 콜키스까지 가는 방법을 알려주었다.

"사실 나는 예언자입니다. 흑해 입구에 두 개의 바위섬이 있는데, 무엇이든 그 사이로 들어오면 섬이 움직여 양손이 박수치듯 짓이겨버립니다. 그래서 두 섬을 부딪치는 바위라고 심플레가데스라 부르지요. 그곳을 통과해야 목적지에 도달할 수 있습니다. 심플레가데스 앞에 닿거든 반드시 비둘기를 먼저 날려 보내십시오."

피네우스에게 귀중한 정보를 얻은 이아손과 원정대는 쾌재를 부르며 아르고호에 올라탔다. 배는 동쪽 방향으로 미끄러지듯 항해했다. 그렇게 평온할 수 없는 가운데 그리스 최고의 음악가 오르페우스가 거북등으로 만든 리라를 꺼냈다.

"이렇게 나른한 바다에서 어찌 음악이 없으랴."

베르나르 피카르(Bernard Picart)의 판화.

모두 음악에 심취해 있는데 조용히 서 있는 커다란 바위 두 개가 나타났다. 이아손이 나지막이 말했다.

"심플레가데스다. 에우페모스, 비둘기를 날릴 준비를 하라!"

음악에 심취해 있던 포세이돈의 아들 에우페모스가 정신을 차리고 비둘기를 날렸다. 비둘기가 두 바위 사이로 날아가자 두 바위가 굉음을 내며 부딪쳤다. 다행히 비둘기는 꼬리털이 바위틈에 끼어 빠졌을 뿐 무사히 통과했다. 충돌한 바위가 반작용으로 다시 열릴 때 아르고호는 그 틈을 이용해 무사히 빠져나갔다. 이후 피네우스의 예언대로 별다른 어려움 없이 항해해 마침내 콜키스 왕국에 상륙했다.

왕국으로 가는 길에 있는 나무에는 여기저기 시체가 달려 있었다. 아직 매장풍습이 정착되기 전이라 여자만 매장하고 남자는 풍장風葬을 했기 때문이다. 왕궁 앞에 도착하니 분수대가 있는데 중앙에서 물이 나오고, 주변 세 곳에서 올리브와 우유, 포도주가 솟구치고 있었다.

이아손은 아이에테스 왕을 만나 찾아온 이유를 설명했다. 왕이 한참 생각에 잠겼다가 입을 열었다.

"황금 양피는 전쟁의 신 아레스의 떡갈나무 숲속에 감춰져 있다. 너희는 먼저 불 뿜는 청동 발굽의 황소 두 마리에 쟁기를 달아 밭을 갈고, 그 밭에 용의 이빨을 뿌려라. 그리고 그 자리에서 무수한 검객들이 올라오면 그들을 다 제거해라. 그러면 내가 용에게 명령해서 황금 양피를 내주게 하겠다."

아르고 원정대는 지금까지 무수한 난관을 겪으면서도 용기를 잃지 않았지만, 이번만큼은 이겨낼 엄두가 나지 않아 깊이 좌절하고 있었다. 그런데 이 난감한 상황에서 이아손에게 손을 내민 여인이 있었다. 왕의 딸이자 마녀인 메데이아였다.

메데이아가 이아손을 처음 만나는 순간 그녀의 심장에 에로스의 화살이 날아들었다. 이아손을 응원하는 헤라가 에로스에게 부탁한 일이었

<메데이아와 이아손>, 샤를 앙드레 반 루(Charles André Van Loo), 1759.

다. 그래서 메데이아는 호동 왕자를 사랑한 낙랑 공주처럼 아버지를 배신하게 된다.

메데이아는 진퇴양난에 빠진 이아손을 은밀히 찾아가서 속삭였다.

"그대를 도와줄게요. 나와 결혼해준다고 약속만 한다면……."

이아손은 넋이 나간 듯한 그녀의 눈을 바라보며 결혼을 약속했다. 그러자 메데이아는 주머니 속에 숨겨온 마법의 약을 꺼냈다.

"싸우기 전에 이 약을 전신에 바르세요. 어떤 불도 그대를 사르지 못하고, 어떤 무기도 그대를 해하지 못할 거예요."

이렇게 이아손은 메데이아의 도움으로 사나운 소를 길들여 밭을 갈고, 용 이빨에서 일어난 검객들까지 전멸시킬 수 있었다.

그러나 아이에테스 왕은 약속을 지키지 않았다. 황금 양피를 내주기는커녕 오히려 아르고 대원들을 감금했다. 이때 메데이아가 나타나 이아손 일행을 몰래 풀어주며 황금 양피를 숨겨둔 떡갈나무 숲으로 데려갔다. 이제 남은 일은 어떻게든 용을 잠들게 하는 일이었다. 용은 긴 혀를 날름거리며 밤낮을 가리지 않고 사방을 감시하고 있었다.

이아손이 높은 나무 위에 올라가자 용이 일어나 이아손의 머리를 물어뜯으려고 입을 벌린 채 다가왔다. 이아손은 메데이아가 준 마법의 약을 용의 혀 위에 몇 방울 떨어트렸다. 그러자 한 번도 잠들지 않았던 용이 맥없이 고개를 떨어트리더니 깊은 잠에 빠져들었다. 이아손은 용의 몸 위로 뛰어내려 황금 양피를 손에 넣었다.

이아손과 메데이아, 오르페우스와 에우리디케의 엇갈린 운명

원정대 일행은 그길로 메데이아와 함께 아르고호를 타고 서둘러 출항했다. 이 사실을 뒤늦게 안 아이에테스 왕은 자신을 배신한 딸과 이아손 일행을 잡기 위해 수십 척의 배를 보내 전속력으로 쫓게 했다.

망망대해에서 아이에테스 왕의 배가 아르고호를 포위한 절체절명의 위기에서 메데이아가 나섰다. 그녀는 선두에 서 있는 동생 압시트로스에게 외쳤다.

"누나를 믿어라. 어찌 내가 아버지를 배반하겠느냐? 내게 다 생각이 있으니 너는 나를 따라오너라."

그러고는 바다에 뛰어들었다. 메데이아가 바다에 뛰어들자 압시트로스도 엉겁결에 바다로 뛰어들었다. 메데이아는 헤엄쳐서 다뉴브의 한 섬에 상륙했다. 그리고 뒤따라 올라오는 동생에게 마법의 약물을 뿌렸다. 결국 압시트로스는 질식사했고, 메데이아는 동생의 시체를 여덟 토막으로 잘라 바다에 던졌다. 왕자의 시체 조각이 파도에 떠다니자 아이에테스 왕의 배들은 그것을 건져내는 데 급급했다. 아르고 원정대와 메데이아는 그 틈에 무사히 이올쿠스로 돌아갈 수 있었다.

이아손이 황금 양피를 가져왔지만, 펠리아스는 그래도 왕위를 돌려주지 않았다. 이아손은 그제야 자신이 떠난 뒤 벌어진 엄청난 일들을 알게 된다. 펠리아스가 아르곤 원정대가 좌초해 전멸했다고 거짓말을 하는 바람에 아버지는 독약을 마셨고, 어머니도 펠리아스를 저주하면서 목을 매 자결했던 것이다.

이아손은 이를 갈며 복수를 결심했고, 이번에도 메데이아가 도와주었다. 메데이아는 먼저 펠리아스의 딸들을 만나 젊어지는 마법을 보여주었다. 가마솥에 약초와 늙은 양을 넣고 푹 삶은 뒤 솥뚜껑을 열자 어린 양이 튀어나왔다. 그것을 본 펠리아스의 딸들은 깜짝 놀라며 메데이아에게 애원했다.

"우리 아버지에게도 젊음을 돌려주세요. 제발 부탁합니다."

그날 밤, 깊이 잠든 펠리아스를 딸들이 꽁꽁 묶어 메데이아의 가마솥에 집어넣었다. 하지만 이번 가마솥의 약초는 가짜였다. 펠리아스는 젊어지기는커녕 그대로 삶겨 죽고 말았다. 펠리아스의 딸들이 경악해서 메데이아와 이아손을 찾았지만 이미 코린토스로 피신한 뒤였다.

이아손과 메데이아는 처음으로 둘만의 시간을 가지며 두 아들을 낳고 더없이 행복하게 지냈다. 하지만 3년쯤 되었을 때 코린토스의 왕 크레온이 이아손에게 호감을 가지면서 둘 사이는 어색해지기 시작했다. 왕이 이아손을 사위로 삼으려 했기 때문이다.

여기서 코린토스의 가장 슬픈 이야기가 탄생한다. 코린토스의 글라우케 공주와 이아손이 곧 결혼할 것이라는 소문이 파다했지만, 메데이아는 결코 믿지 않았다. 어느 날 왕실 병사들이 들이닥치더니 "콜키스의 여인은 그리스 남자와 결혼할 수 없다"며 메데이아를 추방하려 했다. 당황한 메데이아는 급히 이아손을 찾았다. 그러자 병사들은 이아손이 글라우케 공주와 결혼하기 위해 왕궁으로 들어갔다고 말했다.

그제야 소문이 사실이라는 것을 안 메데이아는 세상이 무너지는 것 같았다.

"어찌 이럴 수가! 너를 위해 조국과 아버지와 동생까지 버렸는데, 그런 나를 버리다니……. 절대 용서할 수 없다. 내가 희생한 것 이상으로 너도 대가를 치르게 해주겠다."

메데이아는 그렇게 혼자 중얼거리고는 일단 왕실 병사들에게 말했다.

"나라의 법이 그렇다면 따라야겠지. 하지만 떠날 준비를 할 시간을 조금만 주시오."

그러고는 방으로 들어가더니 아름다운 신부복을 들고 나와 병사들에게 주었다.

"어쨌든 한때 같이 살았던 이아손이 공주와 결혼한다니 축하해주고 싶소. 여기 신부옷이 있으니 전해주시오."

병사들에게서 옷을 전해 받은 글라우케는 참 예쁘다며 결혼식장에 입고 입장했다. 그런데 결혼식이 한창 진행 중일 때 글라우케의 옷에서 폭탄이 터지듯 화염이 일었다. 메데이아가 옷 속에 몰래 인화성 물질을 발라놓았던 것이다. 신부가 불에 타면서 고꾸라지자 왕은 황급히 딸을 껴안았고, 그만 함께 타죽고 말았다.

메데이아의 분노는 여기서 그치지 않았다. 그녀는 이아손과 함께 낳은 아들도 없애버렸다. 모든 것을 희생하고 격정적으로 사랑했던 이아손과 그의 외도 대상자는 물론 그와 함께 공유한 자식마저 없애버린 것이다.

이렇게 서로 깊이 정서적 유대감을 지닌 관계일수록 배신을 당할 때 이성적으로 대응하기보다는 격정적으로 대응하기 쉽다.

<메데이아>, 외젠 들라크루아(Eugène Delacroix), 1938, 릴 미술관.

메데이아가 자식을 죽인 것은 어떤 의미일까? 남편을 향한 복수심이 극에 달해 자녀에게 아버지를 미워하도록 세뇌시키는 것, 이것이 '메데이아 콤플렉스'다. 여성에게 한 여자로서의 삶을 포기하고 오직 모성의 삶만을 강요하는 사회

일수록 메데이아 콤플렉스가 만연한다. 남성도 마찬가지로 아버지이기 전에 남성이다. 물론 남성과 여성 이전에 인간의 본성이 더 기본적이다.

태양신 헬리오스는 질투와 배신감의 광기를 내뿜는 손녀 메데이아를 안쓰럽게 생각했다. 그래서 용의 수레를 보내 메데이아가 수레를 타고 멀리 떠나게 했다. 메데이아와 아들들, 글라우케까지 모두 잃고 만 이아손은 깊은 절망에 빠져 각지를 배회했다. 그러다가 끝내 아르고호의 돛대에 목을 매어 삶을 끝냈다.

한편, 리라 연주의 달인 오르페우스는 어떻게 되었을까? 그는 변절남 이아손과는 달리 순정남의 길을 걷는다. 아르고 원정을 마치고 돌아온 오르페우스는 숲의 요정 에우리디케를 만나 달콤한 사랑을 나눴다. 그리고 마침내 결혼하는 날 둘은 혼인의 신 히메나이오스도 초대했다. 그런데 웬일인지 히메나이오스는 연기만 나는 횃불을 들고 왔다. 그 때문에 식장이 연기로 가득 차 축하객들은 눈물을 흘려야 했다. 불길한 징조였지만 오르페우스와 에우리디케는 조금도 개의치 않았다. 서로 아껴준다면 어떤 어려움도 문제가 되지 않는다는 신념이 있었기 때문이다.

결혼식이 끝난 뒤 신부가 친구 요정들과 숲속을 거닐고 있을 때였다. 목동 아리스타이오스가 에우리디케를 보고 욕정이 솟구쳐 사냥개를 보내 요정들을 흩어놓았다. 그런 다음 혼자 남은 에우리디케를 겁탈하려고 다가갔는데, 에우리디케는 이를 피해 뒷걸음질하다가 그만 바위에 부딪쳐 쓰러졌다. 그때 바위 아래 있던 독사가 에우리디케의 목을 물어 죽이고 말았다.

오랜 전쟁 끝에 찾아온 신혼의 단꿈이 비극으로 끝나자 오르페우스는 한동안 비탄에 잠겨 지냈다. 그러고는 마침내 아내를 찾아 저승까지 가기로 결심한다. 하지만 산 사람에게 금단의 지역인 저승에 어떻게 간단 말인가?

오르페우스는 음악을 최대한 활용한다. 스틱스 강가에서 아내 잃은 슬픔을 연주하자 사공 카론이 말없이 배를 태워주었고, 저승의 개 케르베로스도 짖지 않고 꼬리를 흔들며 통과시켜주었다. 무사히 하데스와 페르세포네 앞에 도착해서도 오르페우스의 망부가는 계속되었다. 금슬 좋은 하데스 부부도 울었고, 지옥의 형벌조차 잠시 멈춰 섰다. 망자들까지 우는 바람에 그 눈물로 지옥의 불이 꺼질 지경이었다. 마침내 하데스가 양보했다.

"새로 들어온 망자 가운데 에우리디케를 찾아오너라."

잠시 후 저 멀리에서 에우리디케가 독사에 물린 목을 한 손으로 감싸고 나타났다.

하데스는 예외적인 양보를 하면서 조건을 붙였다.

"오르페우스, 네 아내를 데려가라. 단, 한 가지 조건이 있다. 지상에 도착할 때까지 결코 뒤를 돌아보아서는 안 된다."

그렇게 해서 저승의 어둡고 험한 길을 오르페우스가 앞서고 에우리디케가 뒤에서 말없이 따라왔다. 한참을 걸어 지상에 거의 다다랐을 때, 오르페우스는 갑자기 아내가 잘 따라오고 있는지 불안해졌다. 그래서 그만 뒤를 돌아보고 말았다. 그 순간, 에우리디케는 다시 지옥으로 떨어졌다.

"조금만 참지, 왜 그랬어요? 거의 다 왔는데……. 그래도 고마웠어. 이제 영원히 안녕!"

<하데스에서 에우리디케를 데려오는 오르페우스>,
장 밥티스트 카미유 코로(Jean Baptiste Camille Corot), 1861, 휴스턴 미술관.

에우리디케의 슬픈 뒷모습을 바라보며 오르페우스가 황급히 손을 뻗었지만 차가운 바람만 맴돌 뿐이었다.

동서양의 신화에는 대부분 "뒤돌아보지 말 것"이라는 스토리가 들어 있다. 과거를 아련히 회고할 수는 있지만 지나치게 집착하는 것은 결코 도움이 되지 않는다. 극단적인 과거지향주의가 에리히 프롬이 언급한 '네크로필리아'다. 이는 그리스어로 시체를 뜻하는 '네크로스'와 사랑을 뜻하는 '필리아'의 합성어로 시체에 성욕을 갖는 범죄 심리를 나타낸다. 과거에 대한 집착이 극한에 이르면 이런 이상병리현상도 나타날 수 있다.

사랑이 지나치면 애착이 되고, 애착이 지나치면 집착이라는 병이 된다. 어떤 추억이든 때로는 망각이라는 강물에 씻어낼 줄 알아야 한다.

오르페우스는 다시 아내를 찾으러 저승으로 가려 했다. 하지만 이번에는 고집이 센 카론이 가로막았다. 오르페우스가 스틱스 강가에서 일주일 동안 식음을 전폐하고 망부곡을 연주해도 소용이 없었다. 할 수 없이 홀로 지상으로 돌아온 오르페우스는 자신 때문에 아내가 두 번 죽었다는 자책감에 사로잡혀 인생의 허무를 노래하기 시작했다. 그런 모습에 많은 여성과 요정들이 반해 수없이 구애했지만, 오르페우스는 모두 거절하고 오직 연주에만 전념했다.

오르페우스에게 거절당한 여인들은 앙심을 품고 있다가 디오니소스 축제 때 오르페우스를 몰래 불러냈다. 그러고는 오르페우스를 난도질해 시체를 리라와 함께 계곡으로 던져버렸다.

<오르페우스의 머리를 발견하는 님프들>, 존 윌리엄 워터하우스(John William Waterhouse), 1900.

제8장

헤라클레스, 테세우스, 카드모스, 오이디푸스

방어기제

헤라클레스, 너는 누구의 아들이냐

헤라클레스는 제우스와 알크메네의 아들이다. 즉, 신과 인간 사이에서 태어났다. 그의 이름에 '헤라의 명예'라는 뜻이 담겨 있어 헤라가 애지중지한 것으로 오해하기 쉬운데 오히려 정반대였다. 제우스의 본처 헤라는 제우스와 인간 사이에서 태어난 자녀들에게 유독 적의를 품었다. 헤라클레스의 일생도 헤라의 저주를 극복해내는 사건으로 가득했다. 물론 그 때문에 헤라클레스는 어떤 역경도 이겨내는 불굴의 존재가 되었고 괴력과 함께 열정과 냉정, 기지와 지혜까지 골고루 갖추게 되었다.

헤라클레스의 어머니 알크메네는 영웅 페르세우스의 손녀다. 알크메네의 아버지 미케네의 왕 엘렉트리온은 대를 이을 아들이 없어 알크메네와 결혼한 암피트리온이 후계자 수업을 받았다. 그러던 어느 날 암피트리온이 실수로 장인을 죽이고 만다. 황소를 잡으려고 던진 도끼가 그만 장인의 머리에 꽂히고 만 것이다. 할 수 없이 암피트리온은 알크메네를 데리고 테베로 망명했고, 미케네의 왕위는 엘렉트리온의 동생 스테넬로스가 이어받았다.

어쨌든 유부녀인 알크메네를 제우스는 호시탐탐 노리고 있었다. 마침 테베의 왕 크레온이 암피트리온을 데리고 원정을 떠났다. 제우스는 혼자 남은 알크메네에게 온갖 선심을 쓰며 유혹했지만, 평소 정조를 중시하던 알크메네는 이를 차갑게 거절했다.

제우스는 마지막 수단으로 암피트리온의 모습으로 변신해 막 전쟁에서 돌아온 것처럼 알크메네를 찾아갔다. 감쪽같이 속은 알크메네가 달려와 품에 안겼다. 제우스는 그날 밤의 길이를 평소보다 몇 배나 늘리며 알크메네와 지냈다. 그리고 헤라클레스가 잉태되었다.

<사랑의 장면>, 줄리오 로마노(Giulio Romano), 1524~1525, 에르미타주 미술관.

역사상 가장 긴 밤이 지나고 다음 날, 진짜 남편 암피트리온이 전장에서 돌아왔다. 그 순간 제우스에게 속았다는 것을 깨달은 알크메네의 얼굴은 흙빛으로 변했다. 암피트리온은 아내의 태도가 미심쩍었지만 오랜만에 만난 그날 밤 운우지정을 나누었고, 알크메네는 이피클레스를 잉태한다.

한편, 제우스는 들뜬 나머지 헤라가 있는 줄도 모르고 다른 신들 앞에서 자랑을 늘어놓았다.

"앞으로 알크메네가 낳을 내 아들은 페르세우스의 후손이다. 장성하면 미케네의 통치자가 될 것이다."

그제야 남편이 또 바람피웠다는 것을 알게 된 헤라가 비꼬았다.

"이 주책바가지야! 내가 네 아들을 왕이 되게 둘 것 같으냐?"

제우스는 아차 싶어 서둘러 자리를 떠났다.

알크메네가 출산할 날이 다가오자 헤라는 자신의 딸이자 출산의 신인 에일레이티아를 불러 말했다.

"저년이 산통만 계속하고 분만하지 못하게 해라."

과연 알크메네는 열흘이 넘게 산통을 계속하다가 결국 사경을 헤매게 된다. 그즈음 미케네 왕 스테넬로스의 아내도 임신 7개월째였다. 알크메네가 산통하는 동안 헤라는 이제 7개월이 된 스테넬로스의 아들 에우리스테우스를 태어나게 했다. 이로 인해 제우스의 예언은 물거품이 되었고, 미케네의 통치권은 에우리스테우스의 것이 되었다.

알크메네가 사경을 헤매는 가운데 하녀 갈란티아스는 족제비를 잡아다가 분만실에 슬며시 풀어놓았다. 알크메네의 출산을 방해하고 있던 에일레이티아는 갑자기 나타난 족제비를 보고 깜짝 놀라 도망쳤고, 이때 쌍둥이가 태어났다.

당시에는 쌍둥이가 태어나면 한 아이는 간통으로 태어났다고 믿었으므로 암피트리온은 아내에게 따지고 들었다.

"둘 가운데 누가 내 아들인가? 헤라클레스인가, 이피클레스인가?"

암피트리온은 아무 대꾸도 하지 않는 알크메네를 장작더미 위에 올려놓고 불을 붙였다. 알크메네에게 불이 옮겨 붙으려는 순간 제우스는 폭우를 뿌려 구출했다. 그리고 갓 태어난 헤라클레스만 데려다가 잠자고 있던 헤라의 젖을 물렸다. 신과 같은 불사의 존재로 만들기 위해서였다.

그런 줄도 모르고 꿈속을 헤매던 헤라는 아이가 워낙 거세게 젖을 빠는 바람에 깜짝 놀라서 엉겁결에 아이를 집어던졌다. 그때 헤라의 젖이 공중으로 뿜어 나가면서 은하수가 되었고, 땅으로 떨어진 젖은 백합이 되었다.

헤라는 이후 본격적으로 헤라클레스를 박해하기 시작했다. 생후 8개월쯤에는 독사 두 마리를 쌍둥이 방에 풀어놓았는데, 이를 본 이피클레스는 경기를 하며 울었지만 헤라클레스는 달랐다. 웃으면서 맨손으로 독사의 목을 잡고 혀와 이빨을 뽑기까지 했다. 이 광경을 본 암피트리온은 헤라클레스가 제우스의 아들이라는 것을 확신했다.

어느덧 18세의 건장한 청년이 된 헤라클레스가 키타이론 산을 오르고 있는데, 그 앞에 '쾌락'과 '미덕'이라는 이름의 두 요정이 나타났다.

"헤라클레스, 이제 당신도 성인이 되었으니 인생의 목적을 찾아야겠죠. 우리 둘 가운데 누구를 택하겠어요?"

쾌락이냐 미덕이냐? 당장은 쾌락이 좋겠지만 멀리 보면 미덕이 옳다. 고민하던 헤라클레스는 이내 "비록 고난을 겪더라도 미덕을 택하겠다"고 대답했다. 헤라클레스의 이런 선택조차 헤라의 화를 돋우었다. 헤라는 남편이 바람피워 낳은 자식들이 자기 자녀들보다 더 현명한 선택을 하는 것을 보고 괴로워했다.

청소년기는 자아정체감을 형성하는 시기인데, 그 시기에 헤라클레스는 올바른 선택을 한 것이다. 청소년기에는 급격한 신체적·정신적 진통을 겪으며 유아기의 전지전능했던 동일시의 효능감이 사라진다. 그 과정에서 자아정체감이 혼돈, 유실, 유예, 성취의 네 단계로 발달된다. 이것이 심리학자 제임스 마르시아의 정체감 상태다.

정체성의 확립을 위해 노력하지 않는 것이 정체성 혼돈 단계이며, 양육자나 종교 등의 가치에만 몰두하는 것은 정체성 유실 단계다. 그다음이 아직 정체감이 분명하지는 않지만 다양한 탐색을 통해 자신에게 맞는 직업이나 가치를 찾는 정체성 유예 단계다. 이 과정을 거쳐 정체성 성취 단계에 도달하는데, 타인의 가치나 신념을 이해하면서도 스스로 선택한 가치와 일에 헌신하기 시작한다.

헤라클레스가 쾌락이 아닌 미덕을 택하자 화가 난 헤라는 사자 무리를 보내 공격했다. 하지만 헤라클레스는 그 정도는 한 손에 든 몽둥이로 가볍게 때려누일 수 있었다. 그리고 나서 산을 내려갔는데, 테스피아의 왕 테스피우스가 찾아왔다.

"목장을 짓밟는 사자들을 제거해주어 고맙소. 한 가지 소원이 있소. 당신 같은 후손을 많이 두고 싶으니 내 딸 50명에게 그대의 아이를 하나씩만 낳게 해주시오."

그날부터 50명의 딸이 50일간 한 명씩 헤라클레스를 만나 각자의 아이를 낳게 된다.

헤라클레스는 왕의 요구를 완수한 뒤 테베로 갔다. 당시 테베는 적대국에게 해마다 조공을 바쳐야 했는데, 헤라클레스가 적의 왕을 죽이고 이를 해결해주었다. 그 공로로 헤라클레스는 테베 왕 크레온의 딸 메가라와 결혼했다. 제우스는 아들이 이제야 자리를 잡았다며 기뻐했고 헤파이스토스는 청동 곤봉을, 아폴론은 마법활과 화살을 결혼선물로 주었다.

헤라클레스와 메가라 사이에서는 세 명의 자녀가 태어났다. 하지만 이를 두고 볼 헤라가 아니었다. 헤라는 헤라클레스에게 광기의 여신 리사를 보냈다. 우라노스와 닉스의 딸 리사는 광견狂犬을 끌고 다니며 인간들에게 치명적 광기를 전염시켰다. 리사는 광견을 풀어 만취 상태인 헤라클레스의 눈꺼풀을 핥게 했다.

그때부터 광기에 사로잡힌 헤라클레스의 눈에는 아내와 자녀들이 독사로 보였다. 어린 시절 자신을 죽이려고 덤벼들던 바로 그 독사들로 보인 것이다. 그때는 웃으며 독사를 죽였지만, 자신의 생명을 위협하던 독사에 대한 트라우마가 헤라클레스의 의식에 잠재해 있었다. 리사는 바로 그 트라우마를 건드렸고, 광기에 휩싸인 헤라클레스는 끝내 아내와 자녀를 죽이고 말았다.

리사가 광견을 데리고 떠난 뒤에야 비로소 제정신을 차린 헤라클레스는 쓰러진 가족을 발견했다. 그는 죄책감을 견딜 수 없어 자신이 살던

<헤라클레스의 12가지 과업>

집의 기둥을 뽑아 던지며 울부짖다가 델포이에 있는 아폴론 신전의 신탁소를 찾아갔다. 당시 신탁소는 요즘의 상담소와 같은 역할을 했다.

"어떻게 해야 가족에게 저지른 잘못을 용서받을 수 있을까요?"

그러자 이미 헤라의 입김을 받은 여사제가 신탁했다.

"12년 동안 미케네의 왕 에우리스테우스의 부하가 되어 그의 명령을 따르라."

그것은 에우리스테우스의 손을 빌려 헤라클레스를 제거하려는 헤라의 계략이었다. 헤라클레스가 아무리 강해도 12년 동안 과업의 강도를 높여가면 결국 제거되리라 생각한 것이다. 이에 따라 에우리스테우스 왕은 헤라클레스에게 고난도의 12가지 과업을 내리게 된다.

12과업의 시작과 다양한 방어기제

헤라클레스에게 부과된 첫 번째 과업은 네메아 계곡에 사는 사자의 가죽을 벗겨 오라는 것이었다. 그런데 사자의 가죽이 얼마나 두꺼운지 헤라클레스의 활과 창이 튕겨 나왔고, 청동 몽둥이로 아무리 두들겨 패도 아무 소용이 없었다. 헤라클레스는 궁리 끝에 사자를 어두운 동굴 속으로 유인해 목을 졸라 죽였다.

헤라클레스가 사자 가죽을 어깨에 메고 왕궁에 나타나자 에우리스테우스 왕은 기가 죽어 청동 항아리 속에 숨었다. 왕의 미약한 자아가 발동한 것이다.

"헤라클레스, 다음부터 내게 보고할 때는 성 안으로 들어오지 말고 밖에서 외쳐라."

한 나라의 왕이고 헤라 여신의 전적인 도움을 받는다고는 하나 미성숙한 자아는 어쩔 수 없었다. 사실 신의 도움에 의지한다는 것 자체가 정체성을 확립하지 못하고 정체성 유실 단계에 머물러 있다는 뜻이다.

이처럼 자아가 약할 경우는 미숙한 방어기제(퇴행·분열성 공상·신체화·수동공격·행동화·차단·건강염려·내재화·동일시·전환·분열·회피)나 신경증적 방어기제(해리·주지화·억압·참기·반동형성·격리·취소·외부화·통제·전치·대치·상징화), 그리고 자기애적 방어기제(투사·부정·합리화·왜곡)를 사용한다. 반면 자아가 튼튼할 경우에는 성숙하고 건설적인 방어기제(이타주의·유머·예견·극기·승화·억제)를 사용한다.

에우리스테우스는 헤라의 계략에 걸려 미숙아로 태어났다. 오직 사촌형제인 헤라클레스를 억누르려는 목적으로 태어난 것이다. 간신히 헤라클레스의 왕위를 차지한 에우리스테우스는 헤라를 더욱 의지하며 교활해졌고, 그만큼 겁도 많아졌다. 즉, 그는 정체성 유실 단계에 그대로 머물러 있었다.

에우리스테우스는 헤라클레스가 자신의 명령대로 사자를 제거한 뒤 무서워서 직면하지 못하고 항아리 속으로 회피했다. 왕이 취한 행동으로는 너무 유치했다. 불안을 줄이기 위해 현실적 관점에서 벗어나 유년기 수준으로 퇴행한 것이다.

에우리스테우스는 그렇게 청동 항아리에 숨은 채 헤라의 지시를 받고 두 번째 과업을 내렸다.

"머리가 아홉 개인 물뱀 히드라를 처치하라!"

늪지에 사는 이 물뱀 때문에 나라 전체가 두려움에 떨고 있었다. 히드라의 아홉 개 머리 중 가운데에 있는 것이 불사不死의 머리였다.

헤라클레스는 히드라의 머리를 하나 베어냈다. 하지만 금세 새 머리가 솟아났다. 늪 속에서 계속 히드라의 머리를 베고 있는데, 헤라가 큰 게를 보내 헤라클레스의 허벅지를 물게 했다. 헤라클레스는 잠시 공격을 멈추고 먼저 게를 밟아 죽였다. 히드라의 머리는 온종일 새로 솟아나 아무리 자르고 잘라도 여전히 건재했다.

헤라클레스는 잠시 늪에서 나와 조카 이올라스를 불러 장작에 불을 붙여 오게 했다. 그런 다음 다시 늪에 들어가 자신은 히드라의 머리를 베고 이올라스에게는 잘린 목을 불로 지지게 했다. 잠시 후 히드라의 목이 타는 냄새가 늪에 가득했다. 그렇게 해서 겨우 히드라를 제거한 뒤, 헤라클레스는 그 목에서 나온 독액을 자신의 화살촉에 묻혀두었다.

그런데 헤라클레스가 성 밖에서 큰 소리로 히드라를 죽였다고 보고하자 왕은 조카의 도움을 받았으니 인정할 수 없다고 했다. 이것은 분명한 현실을 왜곡하고 평가절하하는 태도다.

그러고 나서 왕은 세 번째 과업을 주었다.

"처녀 신 아르테미스의 신성한 사슴을 산 채로 잡아 오라!"

사실 그 사슴은 원래 풍만한 여성이었는데 제우스가 접근하자 아르테미스가 눈치를 채고 사슴으로 만들었다. 아르테미스는 혹시 제우스가 사슴으로 변신해서 접근할까 봐 금빛 뿔과 청동 발굽을 주어 수사슴처럼 보이게 했다.

헤라클레스는 일 년 동안 산을 뒤져 강가에서 물을 먹고 있는 사슴을 발견했다. 헤라클레스가 다가가자 사슴은 청동 발굽으로 그를 걷어찼다. 하지만 헤라클레스는 뛰어오르며 한 손으로 사슴의 황금 뿔을 잡고 양 무릎으로 사슴의 긴 목을 휘어 감았다. 오랫동안 난타전을 벌인 끝에 헤라클레스는 사슴을 빙빙 돌려 기절시켰다. 그러고 나서 칡넝쿨로 사슴을 꽁꽁 묶어 어깨에 메는데 한 사냥꾼이 나타나서 꾸짖었다.

"여기가 아르테미스의 거룩한 산인 줄 모르십니까? 암사슴도 여신의 것입니다. 그러니 돌려주십시오."

"저는 헤라클레스입니다. 아폴론 신전의 신탁을 듣고 에우리스테우스 왕 아래서 종노릇을 하고 있습니다. 왕이 사슴을 잡아 오라고 했으니 보여주기만 하고 바로 돌려보내겠습니다."

그런데 헤라클레스가 마법의 사슴을 메고 나타나자 에우리스테우스는 웬일인지 이번에는 청동 항아리에 들어가지 않고 태연하게 맞았다. 헤라클레스를 두려워하는 감정이 갑자기 사라진 것이다. 무슨 일이 있었던 걸까?

에우리스테우스가 헤라클레스 때문에 불안했던 마음을 달래고 긴장을 감소시키기 위해 이성과 감정의 분리를 시도한 것이다.

'내가 왜 헤라클레스를 두려워하지? 헤라가 나를 돕는 한 헤라클레스는 나를 해치지 못한다. 헤라클레스가 아무리 용맹하다고 해도 헤라가 나를 통해 그를 괴롭히는 동안 나는 안전하다. 이 왕위도 헤라가 차지하게 해준 게 아닌가?'

이처럼 종교적이고 철학적인 주제에 매달려 갈등을 야기하는 감정을 회피하는 것이 '주지화intellectualization'다. 합리적으로 사태를 분석하는 주지화는 필요하지만 교리에 매여 지나치게 생각과 감정을 분리하면 편집증을 유발할 수 있다. 그래서 종교인들 중에 과도한 주지화가 많다.

내가 왜 두려워해야 하고, 왜 화를 내야 하고, 왜 슬퍼해야 하는가에 몰두하다 보면 본능적 욕망이 사라지고 지적인 활동만 남는다. 인간이기 때문에 긴장하고 불안하고 두려운데도 그 본능적 욕망을 지적 활동으로 분석하고 치환하는 것이 바로 주지화다. 상황과 감정을 유리시켜 보는 주지화는 때로 냉정을 유지하는 데 도움이 되기도 하지만 그것이 너무 강화되면 냉혹한 사이코패스가 될 수 있다.

에우리스테우스는 주지화를 통해 헤라클레스에 대한 두려움을 없애고 위엄을 되찾은 뒤 네 번째 과업을 내렸다.

"헤라클레스, 그 까짓 사슴 정도야 누가 못 잡겠는가? 이제 에리만토스의 멧돼지를 생포해 오라!"

헤라클레스는 약속대로 사슴을 아르테미스의 성산에 풀어준 뒤 멧돼지를 잡으러 나섰다. 왕이 멧돼지를 잡으라고 한 것은 사슴과 정반대의 이미지였기 때문이다. 하지만 아르테미스의 사슴은 다른 사슴과 달라서 멧돼지는 물론 어떤 맹수보다 사나웠다. 그런데도 주지화에 빠진 왕은 실체가 없는 이미지에 사로잡혀 과장된 명령을 내린 것이다. 이것이 '행동화'다. 방어기제로서의 행동화는 사회적 규범을 벗어난 무례하고 과장된 행동을 뜻한다.

에리만토스 산의 멧돼지는 크기도 했지만 몹시 난폭해서 근처 주민들과 사냥꾼들을 수없이 희생시켰다. 하지만 아르테미스의 사슴을 상대하는 것보다는 오히려 훨씬 쉬웠다. 겨울이 되어 산에 눈이 쌓이자 먹이를 찾아 강가로 내려온 멧돼지는 헤라클레스를 보더니 빙판 위로 도망가다가 미끄러졌다. 헤라클레스는 그물을 던져 멧돼지를 생포했다. 아르테미스의 사슴보다 훨씬 수월하게 과업을 달성한 것이다.

집채만 한 멧돼지를 생포해서 메고 오는 헤라클레스를 보는 순간 에우리스테우스는 다시 두려움을 느꼈다. 왕은 자신이 너무 안이했다는 생각이 들어 청동 항아리 안으로 들어가 다섯 번째 과업을 말했다.

"엘리스의 왕 아우게이아스의 외양간을 하루 안에 청소하라. 성공하면 보답으로 소떼의 일부를 주겠다."

식인마를 탄 헤라클레스

아우게이아스의 소 3천 마리가 있는 외양간은 지난 30년간 단 한 번도 청소를 한 적이 없어 산더미 같은 오물에서 악취가 진동했다. 이 과업은 얼핏 보기에는 무척 부드러워졌다. 지난 과업들과는 달리 싸워야 할 무서운 대상이 없는 데다가 청소를 하면 선물까지 준다고 했기 때문이다. 그런데 이것이 함정이었다.

그전 네 번은 괴물과 상대해서 제거하면 되었으나, 30년간 가축의 똥오줌이 산더미처럼 쌓여 있는 축사를 단 하루 만에 청소하는 것은 불가능했다. 설사 제우스가 번개를 치고 비바람으로 쓸어 간다 해도 어려운 상황이었다.

에우리스테우스가 헤라클레스에게 한 것처럼 직접적으로 공격성을 표출하지 않고 유연하게 대하면서도 배후에서 공격하는 것이 수동공격적 행동이다. 이는 보통 지능지수가 높은 사람들이 자주 사용하는 방어기제다.

헤라클레스는 코를 막은 채 먼저 외양간 양쪽 벽에 큰 구멍을 몇 개 뚫었다. 그런 다음 가까운 곳에 있는 두 강의 물줄기를 내고 양쪽 벽의 구멍에 연결했다. 그러자 물이 넘실대며 흘러들어 석양쯤에는 청소가 말끔히 끝났다.

예상과는 달리 헤라클레스가 쉽게 과업을 완수하자 에우리스테우스는 이색적인 여섯 번째 과업을 제시한다. 앞서 내주었던 과제처럼 괴물을 상대하되, 한 마리가 아니라 수많은 괴조怪鳥를 쫓아내라는 것이었다.

스팀펠리데스의 늪지에 서식하는 괴조 떼는 청동 발톱과 청동 부리로 사람이든 맹수든 가리지 않고 닥치는 대로 쪼아 먹었다. 누가 이 천하무적의 괴조를 물리칠 수 있을까? 헤라클레스도 마땅한 방도를 찾지 못해 한동안 방황했다. 그런데 아테나가 나타나서 청동 징을 주며 말했다.

"늪 속으로 들어가서 이 징을 울려라."

그 말대로 하자 징소리에 놀란 새들이 늪에서 무수히 날아올랐다. 괴조들은 서로 부딪쳐 부지기수로 떨어졌고, 나머지는 헤라클레스가 쏜 독화살을 맞고 떨어졌다. 만일 아테나의 청동 징이 없었다면 헤라클레스도 괴조를 처치하기는 어려웠을 것이다.

그런데 에우리스테우스는 왜 수동적 공격성에서 이토록 적극적인 공세로 전환했을까? 비로소 헤라클레스를 직시하고 그 능력의 정도를 수용했기 때문이다. 방어기제에서 수용은 현실적으로 상황을 직면하고 받아들이는 것이다. 그런 뒤에야 현실적 대안을 찾고 결과를 예측할 수 있다. 수용이나 용인, 예측은 모두 성숙한 방어기제다.

어쨌든 여섯 번째 과업으로 헤라클레스를 없애려던 에우리스테우스의 계획은 아테나의 개입으로 실패했다. 그러자 에우리스테우스는 깊이 고민한 끝에 아테나보다 더 강한 신들과 관련된 일곱 번째 과업을 준다.

"크레타 섬을 공포에 떨게 하는 미친 황소가 있다. 그 소를 산 채로 잡아 오라."

이 황소가 크레타 섬을 휘젓게 된 이유에 대해서는 두 가지 이야기가 전해 내려온다. 제우스는 요정 이오와 사랑을 나누다가 헤라에게 발각될 위기에 처하자 재빨리 이오를 아름다운 암소로 바꿔놓았다. 그리고 그 이오의 후손 가운데 이오를 닮은 에우로페에게 또 반했다. 에우로페가 백사장에서 놀고 있을 때 제우스는 황소의 몸을 빌려 납치했는데, 그 황소가 거만해져서 크레타 섬을 휘젓고 다닌다는 것이다. 또 다른 이야기는 크레타 섬 미노스 왕이 포세이돈에게 이 황소를 주기로 했다가 어기자 포세이돈이 소를 미치게 했다는 것이다.

어쨌든 이 황소는 제우스나 포세이돈과 관련돼 있어 사람들이 금기시 했지만 헤라클레스는 달랐다. 헤라클레스는 어쩌면 아버지 제우스와 한 때 동체였거나 포세이돈이 탐냈을 그 황소를 생포하러 나섰다. 그는 마을에 피해를 주지 않기 위해 황소를 크레타의 들판으로 유인해 큰 싸움을 시작했다.

헤라클레스는 제우스 또는 포세이돈의 능력과 자신의 유능함을 동일시했다. 아버지라고는 하나 헤라클레스는 제우스와 함께 살아본 적이 없었다. 더욱이 고대사회에서 하나님 노릇을 하던 제우스였다. 모두 그를 섬기고 무서워했다. 늘 중요하게 염두에 둔 대상을 닮거나 내면화해서 불안을 방어하고자 하는 것이 동일시인데, 병적 동일시와 긍정적 동일시가 있다.

부정적인 대상과의 병적 동일시는 왜곡된 성격을 형성한다. 하지만 헤라클레스는 다양한 경험을 바탕으로 인간들을 지배하는 신들도 극복해낼 수 있다는 긍정적 동일시를 획득해냈다. 지난 여섯 번의 과업을 완수해내는 과정에서 자아가 성장하고 자율성을 확립한 결과였다. 그래서 제우스 또는 포세이돈의 총애를 받은 황소와도 두려움 없이 싸울 수 있게 된 것이다.

어느 날 이른 새벽부터 시작된 미친 황소와 헤라클레스의 싸움은 몇 달이 지나도 끝날 줄 몰랐다. 워낙 오래 싸운 까닭에 에우리스테우스조차 헤라클레스가 죽은 줄 알고 기뻐할 정도였다. 그런데 헤라클레스가 황소를 타고 나타났으니 얼마나 놀랐겠는가.

에우리스테우스는 심리적으로 경황이 없는 가운데 여덟 번째 과업을 내놓았다.

"트라키아에 가서 사람을 잡아먹는 말들을 생포해 오라."

트라키아의 왕 디오메데스가 기르는 그 야생마 네 마리는 식인마였다. 말이 직접 사람을 잡아먹은 것은 아니고, 디오메데스 왕이 잘게 썰어준 인육人肉을 먹었다. 디오메데스 왕은 처음엔 말에게 사형수나 중범죄자를 먹잇감으로 주었지만, 차츰 여행객들과 시비를 벌여 죽인 뒤 말 먹이로 삼았다.

디오메데스 왕은 헤라클레스에게도 싸움을 걸었다.

"어이, 젊은 친구! 덩치 한번 좋구나. 나와 붙어보자. 진 사람은 이 말의 먹이가 되는 거야."

헤라클레스는 무작정 달려드는 왕의 허리를 한 손으로 가볍게 꺾어서 마구간에 던져 넣었다. 말들은 왕을 먹고 나서는 인육 맛을 상실하고 다시 목초만 먹기 시작했다. 헤라클레스는 온순해진 말들을 이끌고 미케네로 돌아왔다.

<디오메데스의 암말을 잡은 제우스>, 로마 모자이크, 3세기경.

언뜻 무서운 과업 같지만 이전에 비해 싱겁기 짝이 없는 과업이었다. 에우리스테우스는 왜 이처럼 어처구니없는 과업을 준 것일까? 차단심리가

발동해서 전후로 연결된 일련의 사안 가운데 일부를 단편적으로 기억하고 연결 지어서 해독하는 통찰력이 억압되기 때문이다. 일시적으로 어떤 충동이나 생각을 멈추는 것이 '차단'이다.

에우리스테우스도 앞선 일곱 과제를 잘 알고 있지만 연달아 실패한 까닭에 뒤의 과제와 적절하게 연결할 아이디어를 억압당한 것이다. 이런 차단이 심화되고 오랫동안 강화되면 갈등 상황에서 만족을 얻기 위해 자폐적 공상으로 후퇴하는 '분열적 공상'을 동반하기도 한다.

지옥을 웃음거리로 만든 헤라클레스

에우리스테우스가 차단심리 상태에서 내린 아홉 번째 과업은 아마조네스 여왕의 황금 허리띠를 가져오라는 것이었다. 왜 여왕의 허리띠일까? 아무리 어려운 과제를 내주어도 헤라클레스가 척척 해결하자 에우리스테우스의 심리는 자포자기 수준으로 떨어졌다. 하지만 후원자 헤라를 의식할 수밖에 없어 또 과업을 내주어야만 했다.

마침 에우리스테우스의 딸 아드메테가 아마조네스 여왕의 황금 허리띠를 구해달라고 졸랐고, 그 결과 헤라클레스를 제거하기 위한 과업이 딸의 소원을 이루는 과제로 변질되었다. 이는 내적 소망이나 욕망을 덜 위협적인 다른 대상으로 치환한 것이다. 쉽게 이룰 수 없는 초점을 수용하기 쉬운 다른 대상으로 바꾸는 것이다. 전치, 전이, 대치도 치환의 일종이다.

결국 에우리스테우스도 헤라클레스를 제거하려는 충동 에너지를 딸의 소원 성취로 돌려 일시적으로 내적 긴장을 완화하려 했다. 그는 헤라클레스가 떠나는 날 수많은 지원병까지 붙여주며 신신당부했다.

"꼭 아마조네스의 황금 허리띠를 가지고 무사히 돌아오라. 그래도 우리는 피를 나눈 사촌형제가 아닌가."

상황이 이러하니 헤라의 심정이 어떠했겠는가.

"내가 저런 놈을 왕으로 만들고 헤라클레스를 없애려 했구나. 본래 역량이 안 되는 놈인데 내 안목이 부족했다. 두고 보자. 네놈들 마음대로는 안 될 테니."

아마조네스는 여전사로만 구성된 부족이었다. 이들은 화살을 쏘기 위해 왼쪽 유방을 제거할 만큼 호전적이었다. 또한 종족보존을 위해 타국 남자를 약탈해 일시적으로 이용했으며, 남자아이가 태어나면 죽이고 여자아이만 살려두었다.

전쟁의 신 아레스가 시조여서 아마조네스 부족은 일단 누가 다가오든 싸울 준비부터 했다. 그런데 어찌된 일인지 헤라클레스 일행이 당도하자 여왕까지 나와서 환대를 했다. 그뿐 아니었다. 헤라클레스가 여왕의 황금 허리띠를 원한다고 하자 기꺼이 주겠다고 약속까지 했다.

예상외의 상황이 벌어지자 헤라는 방해공작을 펴기 시작했다. 아마조네스로 변장하고 골목마다 돌아다니며 헛소문을 퍼트린 것이다.

"이방인들이 여왕을 납치하려고 왔다!"

헛소문에 놀란 아마조네스들이 무기를 들고 헤라클레스 원정대를 에워쌌다. 헤라클레스는 자신이 여왕에게 속았다고 생각해 아마조네스들을 해치고 여왕을 사로잡은 뒤 황금 허리띠를 빼앗았다. 그러고는 즉시 배를 탔는데, 그때 비로소 부하들에게서 헤라가 훼방을 놓았다는 사실을 듣게 되었다.

한편, 에우리스테우스는 아마조네스 여왕의 황금 허리띠를 받으면서 헤라 여신의 방해가 심했다는 이야기를 듣고 크게 놀랐다. 그 결과 그는 치명적인 열 번째 과업을 내준다.

"괴물 게리온의 붉은 소떼를 몰고 오라."

헤라클레스가 수행한 12개 가운데 이 과업을 해결하는 네 시간이 가장 오래 걸렸다. 에우리스테우스는 헤라클레스를 9번 상대하면서 퇴행, 왜곡, 주지화, 수용, 예측, 차단, 치환 등 미숙한 방어기제를 사용했다. 그 경험을 통해서 다행히 자아가 평정을 회복하면서 성숙한 방어기제인 예견을 사용하게 된 것이다. 좋은 경험이든 나쁜 경험이든 경험은 그 자체로 큰 스승이다. 나쁜 경험이라도 어떻게 활용하느냐에 따라 무경험보다는 유익하다.

상황을 차분히 예견하고 만반의 대비를 하는 사람들은 신중하고 완벽주의적인 경향이 있다. 매사를 조심스럽게만 대처하다 보면 현실돌파는커녕 현실회피형이 될 수 있다. 그런데도 예견을 성숙한 방어기제로 분류하는 것은 상황을 객관적 인지활동으로 분석하고 통제하는 긍정적 기능이 있기 때문이다.

머리가 셋 달린 괴물 게리온이 사는 전설의 섬 에리테이아는 오케아노스 대양 너머 세상의 끝에 있었다. 항상 서쪽 석양빛을 받아 섬 전체가 늘 빨간 이곳에서 게리온은 붉은 소떼를 기르고 있었다.

이 섬으로 가는 항로는 얼마나 험난한지 세상의 배로는 건널 수가 없었다. 헤라클레스가 건너는 방법을 찾지 못해 좌절하고 있을 때 태양의 신 헬리오스가 황금 술잔을 빌려주었다. 헤라클레스는 그 술잔을 타고 겨우 에리테이아 섬에 들어갈 수 있었다.

붉은 소떼를 지키는 거인 목동 에우리티온과 머리가 둘 달린 개 두 마리가 헤라클레스를 향해 덤벼들었다. 네 개의 개머리가 사방에서 헤라클레스를 물어뜯으려 했고, 거인은 위에서 손으로 누르려 했다. 헤라클레스는 재빨리 땅에 엎드려 거인을 피하고 곤봉을 돌려 네 개의 개머리를 쪼갰다. 그러고는 옆으로 굴러 거인의 무릎을 곤봉으로 가격했다.

일대 소란이 일자 게리온이 달려왔지만 헤라클레스가 쏜 독화살을 맞고 쓰러졌다. 그렇게 해서 붉은 소떼를 차지했지만, 그것을 몰고 돌아가는 도중에도 어려움이 많았다. 소떼가 시칠리아 섬으로 도망가기도 했고 강도떼의 습격을 받기도 했다.

한편, 에우리스테우스는 헤라클레스가 오랫동안 돌아오지 않자 죽은 줄로 믿고 헤라에게 감사 제물을 바치고 있었다. 그런데 바로 그 자리에 붉은 소떼를 몰고 헤라클레스가 들어왔다.

"도대체 저놈은 누구냐? 전설의 섬에서 살아 돌아오다니……. 더 이상 인간의 힘으로는 저놈을 꺾을 수 없겠구나."

크게 절망한 에우리스테우스는 고심 끝에 열한 번째 과업을 주었다.

"헤리페리데스의 동산 가운데 있는 헤라의 황금 사과를 가져오라."

이것은 모든 일의 배후에 있는 헤라와 직접 부딪치게 유도한 과업이었다. 헤라를 상대하지 않고는 풀 수 없는 미스터리한 과제였다. 이 동산이 어디에 있는지를 아는 사람도 없었고, 설령 찾아간다 해도 사과나무의 주인은 사람이 아니라 헤라 여신이었다.

고대 신화에는 항상 지구 어딘가에 있는 고통 없이 행복만 가득한 동산이 나온다. 이 동산이 수메르와 성경의 에덴동산이고, 그리스신화의 헤라동산이다. 일종의 낙원인 셈이다.

헤라는 제우스와 결혼할 때 가이아에게서 선물로 받은 사과나무를 아틀라스의 딸인 요정 헤리페리데스의 동산에 심어두었다. 세상에서 유일하게 이 나무에서만 황금 사과가 열리며, 머리가 100개인 용이 이 사과나무를 지키고 있었다.

헤라클레스는 우선 동산의 위치를 알기 위해 프로메테우스를 찾아갔다. 그는 간을 쪼아 먹는 독수리를 독화살로 죽여주었고, 그 덕분에 비로소 자유로워진 프로메테우스는 황금 사과를 찾는 방법을 알려주었다.

"하늘을 떠받치고 있는 아틀라스에게 가서 대신 하늘을 떠받쳐주고 황금 사과를 구해달라고 해라."

헤라클레스가 그 말대로 했더니 아틀라스도 쾌히 승낙했다.

헤라클레스는 소기의 목적을 달성하기 위해 자신의 자유를 '억제'하고 아틀라스 대신 하늘을 떠받쳤다. 건설적 방어기제인 억제는 '인내'나 '극기'와 동등하다.

헤라클레스가 온 힘을 다해 하늘을 떠받치고 있는 동안 아틀라스는 동산에 가서 황금 사과 3개를 가져왔다.

"헤라클레스, 하늘이 무겁지 않은가? 여기 황금 사과가 세 개 있네. 내가 직접 왕에게 가져다줄 테니 조금만 더 하늘을 짊어지고 있게."

"그러시죠. 그런데 하늘 받침대가 조금 어긋나 있으니 바로잡을 동안 잠깐 하늘을 떠받쳐주십시오."

"그거야 해주지."

아틀라스는 황금 사과를 내려놓고 하늘을 살짝 떠받쳐주었다. 바로 그때 헤라클레스는 하늘을 통째로 아틀라스에게 들이밀었다.

"아틀라스여, 네가 아무리 신이라지만 나를 속이려들다니! 인간을 속이는 신에게는 똑같이 속임수로 응수하는 것이 내 방식이다."

그러고는 그길로 에우리스테우스를 찾아가 황금 사과를 내놓았다. 에우리스테우스는 헤라의 사과라며 차마 만지지도 못하고 아테나에게 바쳤다. 아테나는 이 황금 사과를 다시 동산으로 돌려보냈다.

열한 번째 과업을 행하면서 헤라클레스는 인간을 창조한 신 프로메테우스를 구출해냈다. 또한 거물신 아틀라스를 이용했고, 자신을 그토록 핍박하던 헤라의 황금 사과까지 가져왔다. 고대사회는 신화적 사회다. 이런 사회에서 인간 헤라클레스는 창조주를 비롯한 신들에게 더 이상 연연하지 않게 되었다. 헤라클레스처럼 타인이나 사회의 승인 여부에 연연하지 않는 것이 '정서적 자기충족'이다.

이제 헤라클레스 앞에는 마지막 과업만 남아 있었다. 신들의 세계에서 신들의 통제를 벗어난 헤라클레스에게 남겨진 과제는 필연적으로 하나일 수밖에 없다. 무엇일까.

"지옥의 개 케르베로스를 생포해 오라."

지옥은 하데스의 영역으로 하나님인 제우스도 감히 침범하지 못하는 곳이다. 그 지옥의 문을 지키고 있는 케르베로스를 누가 생포한단 말인가? 열두 번째 과업은 한마디로 요약하면 지옥을 무력화할 수 있느냐는 물음이다.

에우리스테스는 이렇게 생각했다.

'아무리 헤라클레스라 해도 일단 저승에 가면 돌아오지 못한다. 들어가기도 어렵고 들어갔다가 살아서 나오는 것은 더욱 불가능하다. 만일 살아온다면 신들이 무의미한 존재가 되고 말 테니까.'

헤라클레스는 혼자 힘으로는 지옥에 갈 수 없어 헤르메스와 아테나의 안내를 받아 하데스를 찾아갔다.

"케르베로스를 지상으로 데려가겠습니다."

"네 용기는 참으로 가상하다. 어디 한번 케르베로스를 데려가보아라. 단, 어떤 무기도 사용하지 말고 순전히 네 힘으로 해야 한다."

그래서 빈손으로 케르베로스에게 가던 헤라클레스는 중간쯤에서 망각의 의자에 묶여 있던 테세우스를 발견하고 풀어주었다. 잠시 뒤 어둠 속에서 개 짖는 소리가 들려왔다. 가까이 가보니 모습이 얼마나 흉측한지 섬뜩했다.

머리가 셋인데 등에 독사가 매달려 있고 용꼬리가 달려 있었다. 케르베로스가 달려오자 헤라클레스는 개를 향해 뛰어올라 꼬리를 밟고 곤봉으로 등의 독사들을 박살냈다. 그리고 두 발로 개의 목을 쪼아 포박했다.

에우리스테우스는 헤라클레스가 케르베로스를 끌고 온다는 소식에 사색이 되어 또다시 청동 항아리로 들어간 뒤 케르베로스를 보지 않겠다고 했다. 케르베로스를 본 사람들은 모두 혼비백산했다. 헤라클레스는 할 수 없이 케르베로스를 저승으로 돌려보내야 했다.

이로써 헤라클레스는 12과업을 모두 완수했고, 그 과정에서 육체와 정신의 자유를 얻었다. 무엇보다 지옥은 이제 더 이상 인간에게 무서운 곳이 아니라 웃음거리가 되었다. 케르베로스가 지키지 않는 지옥은 누구나 수시로 출입할 수 있었으며, 지옥문으로 복귀한 케르베로스는 이미 헤라클레스에게 길들어 있었다. 이로써 신들이 인간을 조종할 최후의 무기인 지옥도 의미를 잃었다. 지옥이 없으면 천국도 사라진다.

인간에게 최악의 장소인 지옥을 비웃듯 휘저은 헤라클레스의 행위는 '유머'라는 방어기제를 사용한 것이다. 자신의 과제를 불쾌감을 주지 않고 공개적으로 즐겁게 표현하는 것이 유머다.

인간은 죽음 같은 절체절명의 순간에도 웃음이라는 방어기제가 작동한다. 그래야 용기와 희망을 가지기 때문이다. 이를 프로이트는 '사형대의 유머'라 했다. 극도의 긴장을 유머로 해소하는 것이다. 청동기시대 이후 천국과 지옥을 앞세운 종교가 탄생한 뒤 인간에게 최고의 스트레스는 저승이었다. 그런데 저승이 헤라클레스에 의해 우스운 장소로 전환된 것이다.

"유머란 승리감을 느낄 때 나타나는 돌연한 영광이다."

이것은 유머에 대한 토머스 홉스의 명언인데, 지옥에 대한 헤라클레스의 승리와 완전히 부합된다.

그 뒤 헤라클레스를 그토록 괴롭혔던 헤라는 딸 헤베와 헤라클레스의 결혼을 허락했다. 그리스신화가 구전되면서 후세 사람들은 헤라클레스를 신의 반열에 올려놓았다.

테세우스, 아버지를 찾아라

오랫동안 자식이 없던 아테네의 왕 아이게우스는 델포이에 가서 신탁을 들었다.

"아테나에 도착한 뒤 술 주머니를 열라."

아이게우스는 도무지 무슨 뜻인지 알 수 없어 귀로에 트로이젠에 들러 피테우스 왕에게 물었다. 피테우스는 그 뜻을 단박에 알아차렸다.

'주머니 속의 술을 먹고 동침하면 영웅이 태어난다는 뜻이군.'

하지만 속으로만 생각하고 말하지는 않았다. 그날 밤 그는 아이게우스에게 술 주머니의 술을 다 마시게 한 뒤 딸 아이트라와 자게 했다. 이날 최고의 미남 영웅 테세우스가 잉태된다.

트로이젠을 떠나는 날, 아이게우스는 아이트라에게 부탁했다.

"아들을 낳거든 내가 숨겨둔 신표信標를 찾아 나를 찾아오게 하시오."

그러고는 자신의 칼을 큰 바위 아래에 숨겼다.

어느덧 16세가 된 테세우스는 고구려를 세운 주몽을 찾아갔던 유리처럼 칼 조각과 신발을 들고 아버지를 찾아 나섰다. 그는 어린 시절부터 두 가지 이유로 세상의 주목을 끌었다. 아버지가 누군지 모른다는 점과 뛰어난 외모 때문이었다.

"왜 아이의 아버지가 누군지 밝히지 않을까?"

"저렇게 잘생긴 얼굴은 이 나라에 없어. 방랑자와 눈이 맞은 게 분명해."

테세우스처럼 아동기에 신분과 관련해 끊임없이 비웃음을 당하면 심리적 고아가 될 가능성이 크다. 자신의 선택과 무관하게 상처받기 쉬운 환경 속에 던져졌다고 보기 때문에 자신을 보호하기 위한 수단으로 현실도피, 죄책감, 불신, 저항, 보상, 자기인생에 대한 무관심 등을 선택할 수 있다. 이 모든 것이 인정 욕구와 직간접으로 연결되어 있다. 심리적 고아로 자란 사람들의 강점은 고정관념에 얽매이지 않는다는 것이다. 테세우스는 항상 상대의 고정관점을 역이용해 승리를 쟁취했다.

테세우스가 사춘기에 들어서자 어머니는 비로소 출생의 비밀을 알려준다.

"네 아버지는 아테네의 왕이다. 저 바위 아래 그분이 감춰둔 신표가 있다. 그것을 가지고 아버지를 찾아가라."

그래서 테세우스는 신표를 가지고 아버지를 찾아 떠난다. 그런데 그는 아테네로 가는 가장 빠르고 안전한 해로를 놓아두고 험난한 육로를 선택했다. 아버지를 만나면 "나는 이런 아들입니다" 하고 인정을 받고 싶어서였다.

부계사회에서 테세우스는 아버지가 누군지 모르는 '뿌리 상실감'에 시달리며 성장했다. 참고로 모계사회에서는 어머니가 누군지 모를 때 뿌리 상실감을 가진다. 결국 뿌리가 무엇이냐는 것도 문화적이며 시대적이다.

테세우스는 뿌리 상실감에 시달리면서도 인정욕구에 휘말리지는 않았다. 워낙 잘생긴 외모 자체로 주목을 받은 까닭에 굳이 남에게 인정을 받으려고 정성을 기울일 필요가 없었던 것이다.

대중의 인정을 받을수록 특정 개인에 대한 인정욕구는 감소한다. 이런 우월심리는 자칫 개념도 없고 자신의 논리적 증명도 거부하는 방향으로 흐를 수 있다. 그런데 테세우스는 머나먼 땅 아테네에 있는 아버지의 존재를 확인하자 아버지에게 인정받고 싶은 욕구가 강하게 일어났다. 이는 그동안 겪은 아버지의 부재에 대한 보상심리이기도 하다.

테세우스는 그 당시 용맹을 떨친 헤라클레스처럼 아버지에게 자신의 능력을 입증해 보이려고 편한 뱃길 대신 험난한 육로를 택했으며, 그 바람에 6가지 모험을 해야 했다. 헤라클레스가 신탁에 의한 12과업을 부여받은 데 비해 테세우스는 스스로 문제를 제기하고 자기 방식으로 풀어갔다.

여행 첫날, 테세우스는 에피다우로스 부근에서 곤봉의 달인 페리페테스를 만났다. 그는 헤파이스토스의 아들로 협곡에서 지나가는 자들을 청동 곤봉으로 두드려 죽이고 재물을 약탈했는데, 누구도 그를 당해내지 못했다. 페리페테스는 테세우스가 다가오자 곤봉을 휘두르며 습격했다. 하지만 테세우스의 일격에 낭심을 걷어차이고는 곤봉을 떨어트리고 말았다. 테세우스는 그 곤봉을 잡아 페리페테스에게 결정타를 날렸다.

다음에 만난 악당은 소나무를 구부리는 괴력의 사나이 시니스였다. 시니스는 특이한 방법으로 사람들을 죽였다. 즉, 백 년 묵은 두 나무의 줄기를 양팔로 당긴 상태에서 칡넝쿨로 행인을 묶은 다음 나무줄기를 놓아 행인이 두 조각으로 튕겨 나가게 했다. 하지만 테세우스는 도리어 시니스를 그런 방식으로 처치했다.

세 번째로 테세우스는 코린토스 지협을 지나 멧돼지들이 출몰하는 크로미온 산에 이르러 티폰의 자손이자 사나운 멧돼지 파이아를 퇴치했다.

네 번째 악당은 메가라 지방으로 가다가 해안가의 가파른 절벽에서 만났다. 이 악당 스키론은 행인들에게 자기 발을 씻기게 한 뒤 벼랑 아래에 있는 괴물 거북이에게 먹이로 던져주었다. 테세우스는 스키론의 발을 씻기는 척하며 붙잡아서 절벽 아래로 내동댕이쳤다.

다섯 번째 악당 케르키온은 엘레우시스에서 만났다. 레슬링의 최강자 케르키온 왕은 나그네에게 무조건 레슬링을 강요한 뒤 자신에게 지면 발로 밟아 죽였다. 하지만 강적 테세우스는 케르키온을 무릎 사이에서 풍차처럼 돌리다가 죽였다.

마지막으로 만난 악당은 침대의 악당 프로크루스테스였다. '늘이는 자' 프로크루스테스는 나그네들에게 자기 집을 무료로 제공한 뒤 잠자는 동안 침대 크기에 맞춰 나그네의 몸을 늘리거나 잘라냈다. 테세우스는 똑같은 수법으로 그를 없앴다.

여섯 번에 걸친 테세우스의 성공에는 공통점이 있다. 상대의 고정된 성공방식이 무엇인지 간파하고 그 방식을 역으로 이용했다는 점이다. 즉, 곤봉 달인 페리페테스, 소나무를 굽히는 시니스, 레슬러 케리키온, 프로크루스테스 등이 그들의 익숙한 방식을 역이용한 테세우스에게 당했다.

개인의 성실성을 제외하고 모든 시대, 모든 경우를 관통하는 하나의 성공 방정식은 존재하지 않는다. 그 시대, 그 경우에 맞는 성공 방정식이 모두 다르다. 상대와 상황이 다른데 과거의 성공 방정식에 고착되면 테세우스의 적들처럼 자멸을 초래하고 만다.

테세우스는 고정관념에 빠진 여섯 방해자들을 제거한 뒤 마침내 아테네에 도착했다. 이제 왕이 될 일만 남은 줄 알았는데 또 예기치 못한 일을 만나게 된다. 아버지 아이게우스를 반갑게 만나는 자리에 함께한 왕비가 테세우스를 방해하기 시작한 것이다. 그녀는 이아손에게 배신당한 뒤 아이게우스와 재혼한 메데이아였다. 메데이아와 아이게우스 사이에는 왕자 메도스가 있었다.

메데이아는 메도스를 왕으로 삼고 싶어 왕에게 속삭였다.

"여보, 저 청년은 거짓으로 신표를 만들어 왕위를 빼앗으려는 거예요."

"그럴지도 모르지. 어찌하면 좋겠소?"

"마라톤 지방의 미친 황소를 퇴치하라고 하세요. 결국에는 황소에게 짓밟혀 죽을 거예요."

헤라클레스가 크레타 섬에서 잡아 와 에우리스테우스 왕에게 보여준 뒤 풀어준 그 황소는 아테네의 마라톤 평야를 휘젓고 다녔다. 한때 이 미친 황소를 잡겠다고 그리스 전역에서 용사들이 몰려들어 헤라클레스 같은 최고의 영웅이 되려 했으나 누구도 성공하지 못했다. 크레타 왕 미노스의 아들 안드로게오스도 이 황소와 싸우다가 죽임을 당했다.

테세우스는 마라톤 평야로 갔고, 황소가 그를 보더니 코를 벌름거리며 불을 내뿜고 달려들었다. 테세우스는 황소를 늪지대로 유인해서 죽였다.

테세우스를 제거하려던 작전이 실패로 돌아가자 메데이아는 다른 음모를 꾸몄다. 궁중 연회에 테세우스를 초대해서 독이 든 술잔을 권한 것이다. 그런데 그때 아이게우스가 테세우스가 차고 있던 칼집을 발견했다.

"오, 이 칼은 내가 아들에게 남겨준 칼이다. 네가 과연 내 아들이었구나! 메데이아, 내 아들을 죽이려 하다니, 당장 이 나라를 떠나라."

이렇게 해서 테세우스는 아이게우스의 후계자로 결정되었다.

하얀 돛단배, 검은 돛단배

테세우스가 아이게우스 왕의 후계자로 결정될 당시 아테네 사람들은 해마다 이웃 나라 크레타의 미노스 왕에게 조공을 바치느라 곤욕을 치르고 있었다. 크레타에는 '다이달로스의 미궁'이 있었는데, 괴물 미노타우로스가 그곳에 살고 있었다. 이 괴물은 해마다 일곱 명의 소년과 소녀를 먹어치웠다. 아테나가 그 조공을 바치게 된 배경은 이렇다.

미노스 왕은 아들 안드로게오스가 아테네의 마라톤 평야에서 황소에게 죽자 함선을 동원해 아테네를 침공했다. 마침 아테네에는 전염병이 돌아 항전을 할 수 없었고, 미노스는 철군을 하면서 해마다 일곱 명을 제물로 바칠 것을 조건으로 내세웠다.

테세우스는 크레타에 조공으로 바치는 생명을 구하려고 직접 일곱 명의 인질 안에 들어갔다. 인질을 태운 배가 검은 돛을 올릴 때 테세우스는 뱃머리에 서서 환송 나온 왕과 아테네 사람들에게 외쳤다.

"반드시 괴물을 죽이고 돌아오겠습니다. 슬픔의 이 검은 돛을 승리의 하얀 돛으로 바꿔 달고 오겠습니다."

그런데 미노타우로스는 어떻게 태어났을까? 이 괴물의 어머니가 미노스 왕의 아내 파시파에다. 포세이돈에게 제물로 바칠 하얀 황소 한 마리가 있었는데, 미노스가 이 황소를 탐내 약골 황소로 바꿔치기했다. 이에 화가 난 포세이돈은 파시파에가 하얀 황소에게 욕정을 품게 만들었다. 파시파에는 하얀 황소를 보고 애태우다 고민 끝에 다이달로스에게 도움을 청했다. 다이달로스는 암소 옷을 만들어주었고, 파시파에는 그 안에 들어가 하얀 황소와 관계를 맺었다.

이렇게 해서 태어난 존재가 소머리에 인간의 몸통을 한 미노타우로스였다. 미노스가 그 모습을 보고 끔찍해하고 있는데, 미노타우로스는 몇 시간도 안 되어 거대해졌다. 그 모습이 징그럽기도 하고 무섭기도 해서 미노스는 다이달로스를 불러 말했다.

"미궁을 만들어 저 괴물을 집어넣고 영원히 나올 수 없게 하라!"

그렇게 해서 미노타우로스는 누구나 들어가면 절대 나올 수 없는 미궁 안에 갇혔고, 식용으로 해마다 아테네의 젊은 남녀 일곱 명을 미궁 안에 넣어주게 되었다.

테세우스를 비롯한 일곱 청년은 크레타 섬에 도착해 미노스 왕을 만났다. 왕의 딸 아리아드네는 그 자리에서 멋진 조각상 같은 테세우스를 보고는 사랑에 빠졌다. 일곱 청년이 감옥에 갇혀 미궁에 던져질 날을 기다리고 있는데, 아드리아드네가 밤중에 테세우스를 찾아왔다.

"미궁에서 나올 해법은 저만 알고 있습니다. 부왕의 명으로 다이달로스가 제게 알려주었지요. 당신은 지금껏 내가 만난 남자들 가운데 최고예요. 눈빛은 또 얼마나 선한지……. 우리, 부부가 되기로 약속해요. 제가 해법을 가르쳐드릴게요."

테세우스가 고개를 끄덕이자 아리아드네는 붉은 실타래를 건넸다.

"미궁 입구에 이 실을 묶고 풀면서 들어갔다가 나올 때 실을 따라 나

<아리아드네와 테세우스>, 니콜로 밤비니(Niccolò Bambini).

오세요."

테세우스 일행은 미궁으로 들어가 중심에 이르러서 마침내 미노타우로스와 마주쳤다. 미노타우로스는 침을 흘리며 다가왔다. 모두 무서워 뒤로 물러섰는데, 선두에 있던 테세우스는 재빨리 미궁의 벽을 타고 올랐다. 그러고는 자신의 얼굴을 핥으려는 괴물의 혓바닥을 왼손으로 뽑아내고, 다른 손에 쥐고 있던 칼로 괴물의 머리를 베서 두 조각을 냈다.

그 후 실타래를 이용해 미궁에서 빠져나온 테세우스 일행은 아리아드네를 데리고 크레타 섬을 탈출했다. 이 일로 미노스 왕의 총애를 잃은 다이달로스는 아들 이카로스와 함께 미궁에 감금되었다. 미궁 주변의 해상도 철저히 봉쇄되어 다이달로스 부자는 육로든 해로든 탈출할 길이 없었다. 오랜 궁리 끝에 다이달로스가 이카로스에게 말했다.

"육지와 바다는 미노스가 지배할 수 있지만 하늘은 지배할 수 없다.

나는 하늘을 이용하겠다."

다이달로스는 그날부터 날개를 만들기 시작했다. 큰새의 깃털을 모아 실로 묶고, 그 사이에 작은 새의 깃털 밀랍蜜蠟으로 일일이 붙여가며 촘촘히 만들었다.

다이달로스와 이카로스 부자는 밀랍으로 만든 날개를 달고 마침내 미궁을 빠져나왔다. 창공을 날며 아버지가 아들에게 당부했다.

"아들아, 잘 따라오너라. 아버지처럼 중간 수준으로 날아라. 너무 높이 날면 태양열에 밀랍이 녹고, 너무 낮으면 바닷물에 밀랍이 젖는다."

들판의 농부, 언덕의 목동, 바다의 어부들은 하늘을 나는 부자를 보고 틀림없이 신이라며 머리를 조아렸다. 기분이 좋아진 이카로스는 아버지의 충고를 잊고 더 높이 날아올랐다. 어느덧 태양 가까이 가자 밀랍이 녹으며 깃털이 흩어지기 시작했다. 추락하는 이카로스에겐 날개가 없었다. 이카로스가 떨어져 죽은 바다가 '이카로스의 바다'라는 뜻의 이카리아 해다.

<테세우스와 미노타우로스>,
앙투안 루이 바리(Antoine Louis Barye), 19세기경.

다이달로스는 기성세대답게 자신이 만든 미궁 속에 갇히기도 했지만 경륜을 발휘해 다시 탈출했다. 반면 이카로스는

<이카로스와 다이달로스>, 찰스 폴 랜던(Charles Paul Landon), 1799, 레이스 미술박물관.

젊은이답게 더 높이 도전하다 추락했다. 이는 실패가 아니다. 다음 세대로 누적되는 도전이다. 이런 도전이 쌓여 비행기와 우주선이 나왔다. 미지의 세계에 대한 이카로스의 도전은 지금도 계속되고 있다.

한편, 테세우스는 귀항 도중에 잠깐 디오니소스의 섬인 낙소스에 들렀다. 그런데 다시 출항하면서 잠들어 있던 아리아드네를 두고 떠나버렸다. 아리아드네는 배가 저 멀리 떠난 뒤에야 자기만 홀로 남겨졌다는 것을 깨닫게 된다.

왜 그랬을까? 거기에는 아리아드네가 모르는 비밀이 있었다. 디오니소스는 섬에 내린 아리아드네를 보고 마음에 들어 테세우스에게 겁을 주었다.

"이 여인을 데려가면 나라가 망한다."

이 한마디에 테세우스는 아버지까지 배신하며 자신을 도운 여인을 버리고 말았다.

이처럼 테세우스에게는 고정관념도 없었지만 절대적 가치 기준도 없었다. 그가 디오니소스의 예언을 헛소리로 치부했다면 진정한 영웅이 되었을 것이다. 하지만 그렇게 하지 못해 영웅과 괴물의 경계선상에 선 인물이 되었다.

연인 사이에서는 더 사랑하는 사람이 약자다. 더구나 테세우스는 목적을 달성하기 위해 아리아드네와 연인이 되었고, 목적을 이루자 그 사랑은 힘을 잃었다. 적어도 사랑에 대해서만은 테세우스가 나르시시스트였다. 워낙 잘생긴 용모 때문이다. 그를 보는 순간 아리아드네도 아버지와 나라를 버릴 만큼 빠져들지 않았는가. 테세우스 같은 사람에게 사랑은 언제나 자기보다 후순위다.

어쨌든 버림을 받은 아리아드네는 홀로 섬을 떠돌다가 바다에 투신했고, 이때를 기다렸다는 듯 디오니소스가 바다에서 건져내어 포도주를 건넸다. 그리고 포도넝쿨로 만든 왕관을 씌워주었다.

낙소스 섬을 떠난 테세우스의 배는 저 멀리 보이는 아테네 항구를 향해 전력으로 질주했다. 그런데 승리하면 하얀 돛을 달기로 한 약속을 그만 까맣게 잊은 채 검은 돛을 달고 있었다. 항구에서 아들을 기다리던 늙은 왕 아이게우스는 저 멀리 나타난 배의 검은 돛을 보고는 아들이 죽은 줄만 알고 절벽 아래로 몸을 던져 죽었다. 그 바다가 에게 해다.

테세우스의 '돛단배 서사'는 켈트족의 전설 '트리스탄과 이졸데' 등 이후의 문학에 계속 차용되었다. 부왕을 잃은 슬픔을 딛고 아테네 왕이 된 테세우스는 아마조네스로 쳐들어갔다. 그리고 여왕 히폴리테를 사로잡아 아내로 삼고 아들 히폴리토스를 낳았지만, 히폴리테가 산후통으로 죽은 뒤 테세우스의 인생은 꼬여만 갔다.

테세우스는 아리아드네의 동생 파이드라를 두 번째 아내로 맞았다. 그런데 파이드라가 짝사랑에 빠진 상대가 하필 히폴리토스였다. 하지만 히폴리토스는 순결의 여신 아르테미스를 흠모했으므로 계모의 끈질긴 구애를 완강히 거절했다. 수치심에 몸이 달아오른 파이드라는 "양아들이 나를 겁탈하려 했다"는 거짓 유서를 남긴 채 자살하고 말았다. 그래서 아들에게 유달리 집착하거나 자신보다 훨씬 젊은 총각에게만 연정을 품는 증상을 가리켜 '파이드라 콤플렉스'라 한다.

아내의 유서를 읽은 테세우스는 차마 아들을 죽이지는 못하고 추방하면서 포세이돈에게 기도했다.

"계모를 강간하려 한 저놈을 죽여주십시오."

아버지에게 쫓겨난 히폴리토스는 마차를 타고 해변을 달리고 있었다. 그런데 포세이돈이 거대한 파도를 보내 바닷속으로 삼켜버렸다. 얼마 뒤 파이드라의 시녀를 통해 아들에게 아무 죄가 없다는 것을 안 테세우스는 땅을 치며 후회했다. 아내에 이어 건장한 아들까지 잃고 만 그는 자신과 마찬가지로 상처한 친구, 라피타이족의 왕 페이리토스를 찾아가서 한탄했다.

"여보게, 우리가 왜 이런 고통을 당해야 하나? 차라리 제우스의 딸을 아내로 삼으면 어떨까? 그러면 제우스가 지켜줄 것 아닌가? 자네는 누가 좋은가?"

"음, 나야 하데스의 왕비 페르세포네가 좋지."

"그래? 나는 스파르타의 공주 헬레네가 좋아."

페르세포네는 제우스와 데메테르의 딸, 헬레네는 제우스와 스파르타 왕비 레다의 딸이다. 엉뚱한 발상에 의기투합한 두 사람은 힘을 합쳐 먼저 헬레네를 납치했다. 그런 다음 페르세포네를 납치하러 지옥으로 갔는데, 하데스가 속셈을 간파하고 먼저 의자에 앉아 쉬라고 정중히 권했다. 그 의자는 '망각의 의자'로 한번 앉으면 지상의 일을 모두 잊어버렸다. 멋모르고 의자에 앉은 두 사람은 식물인간이 되어버렸다. 얼마 뒤 케르베로스를 잡으러 온 헤라클레스가 두 사람을 발견하고 각고의 노력 끝에 겨우 테세우스만 구출했다.

그동안 지상에서는 헬레네의 오빠들이 아테네를 공격해서 완전히 쑥대밭으로 만들고는 테세우스의 어머니 아이트라와 여동생까지 끌고 가버렸다. 더 이상 갈 곳이 없어진 테세우스는 이리저리 배회하다가 아들을 삼켜버린 해변에서 거친 파도 속으로 걸어 들어갔다.

카드모스와 오이디푸스의 테베 이야기

카드모스를 둘러싼 테베 이야기는 트로이 전쟁이나 영웅 헤라클레스보다도 더 오래된 이야기다. 카드모스는 그리스 도시 테베를 건국했고, 페니키아 알파벳을 그리스에 처음 들여왔다. 그는 페니키아 왕 아게노르(이오의 후손)의 아들이다.

아게노르 왕은 에우로페 공주가 실종되자 카드모스를 불러 말했다.

"누이를 찾아오너라. 찾지 못하거든 돌아오지 마라."

그래서 카드모스는 누이가 증발된 어촌을 찾아가 수소문을 했는데,

<에우로페의 납치>, 카를로 마라타(Carlo Maratta), 1680~1685, 아일랜드 국립미술관.

"한 처녀가 황소를 타고 사라졌다"는 말만 들었을 뿐이다. 과연 누가 데려갔을까? 제우스였다. 그는 바닷가에서 이름 모를 꽃을 따고 있던 에우로페를 보고는 한눈에 반했다.

"바닷가 처녀답지 않게 새하얀 피부에다 살결도 고래보다 더 매끈하구나."

제우스는 에우로페를 납치하기 위해 하얀 황소로 변신한 뒤 그녀 앞으로 걸어가 무릎을 꿇었다. 에우로페는 황소를 신기하게 바라보다가 꽃목걸이를 걸어주고는 황소 등 위에 올라탔다.

에우로페를 태운 소는 금세 일어나 바다를 향해 쏜살같이 달려갔다. 거친 물살을 헤치고 크레타 섬에 도착한 뒤 본래 모습으로 돌아온 제우스는 에우로페에게 사랑을 고백했다.

한편, 카드모스는 황소를 타고 사라졌다는 누이를 찾아 근처 섬을 다 뒤졌지만 도무지 찾을 수 없었다. 하지만 그대로 귀국할 수는 없어 다른 곳을 찾아보려고 델포이를 찾아 신탁을 들었다.

"들에서 암소를 보거든 따라가라. 암소가 멈추는 곳에 마을을 세워라."

그곳이 바로 테베였다. 카드모스는 테베를 세우기 전 제우스에게 제사를 드리려 했다. 그는 부하들에게 전쟁의 신 아레스 소유의 산속 동굴 우물에 가서 물을 길어 오게 했다. 한참을 기다려도 오지 않자 직접 우물을 찾아가보니 아레스의 용이 지키고 있었다. 그런데 그 용의 이빨과 비늘에 부하들의 피와 살점이 묻어 있는 게 아닌가.

카드모스는 화가 나서 용을 제거하고 용의 이빨을 뽑아 땅에 뿌렸다. 잠시 뒤 땅이 꿈틀거리더니 검객들이 우후죽순처럼 솟아났다. 카드모스는 재빨리 나무 뒤에 숨어 무사들 사이로 연이어 큰 돌을 던졌다. 돌에 맞은 무사가 다른 무사를 의심해 싸움이 시작되었고, 처절한 싸움이 끝난 뒤 최고 강자 다섯만 남았다. 바로 이들이 카드모스를 도와 테베를 세운 일등공신이다.

테베의 초대 왕이 된 카드모스는 아레스와 아프로디테의 딸 하르모니아를 왕비로 맞아들였다. 두 사람의 결혼식에는 올림포스 신들도 참석해 축하해주었다. 아레스는 직접 만든 목걸이를 딸의 목에 걸어주었다. 그러고는 사위 카드모스를 조용히 안으며 묘한 웃음을 지었다.

그 이후 카드모스 가문에는 불행이 휘몰아친다. 불행은 두 사람의 자녀 세멜레, 아가베, 아우토노에, 이노뿐 아니라 후손인 오이디푸스에게까지 이어졌다. 우선 세멜레가 제우스를 만나 디오니소스를 낳은 뒤 헤라의 미움을 받아 불에 타죽고 말았다. 또한 디오니소스를 길러준 이노도 헤라의 저주로 가족이 몰살을 당했다.

불행이 이어지자 카드모스는 지칠 대로 지쳐 부르짖었다.

"아레스여, 용의 생명이 그렇게도 소중합니까? 그래도 당신의 외손들인데……. 차라리 나도 뱀이나 되었으면 좋겠습니다."

아레스는 비웃으며 냉정하게 말했다.

"그래? 그렇다면 뱀이 되어라."

그때부터 카드모스는 서서히 뱀으로 변신했다. 그 과정을 두 달 동안 지켜본 하르모니아도 남편과 같은 운명을 선택해 뱀이 되었다.

카드모스 가문의 비극은 카드모스의 손자 라이오스의 아들 오이디푸스에게서 절정을 이루었다. 이 비극이 바로 프로이트 심리학의 핵심이다. 비극의 씨앗은 라이오스가 들은 신탁에서 잉태되었다.

"아들이 태어나면 크로노스가 우라노스를 죽였듯, 제우스가 크로노스를 죽였듯 너를 죽이리라."

라이오스는 그 뒤로 왕비 이오카스테와의 잠자리를 멀리했다. 그런데 어느 날 술에 취해 왕비를 안았는데 그만 임신이 되고 말았다. 아들이 태어나자 라이오스는 불길한 신탁을 떠올리며 양발을 묶어 키타이론 산의 나뭇가지에 묶어두었다. 다행히 짐승 밥이 되기 전 코린토스의 양치기가 아이를 발견했다. 양치기는 아이의 발목이 퉁퉁 부어 있는 것을 보고는 '부은 발'이라는 뜻의 오이디푸스로 불렀다.

양치기는 마침 아들이 없던 코린토스의 왕에게 아이를 데려갔고, 오이디푸스는 왕 부부를 친부모로 알고 성장했다. 그런데 멋진 청년이 되었을 때 "아버지를 죽이고 어머니를 아내로 차지한다"는 신탁을 듣고는 너무 놀라 천륜을 어기지 않기 위해 코린토스를 떠났다. 하지만 그 길이 수렁이 될 줄은 미처 몰랐다.

고대 그리스신화에서 신탁은 확정된 미래와 같았다. 그만큼 신들의 존재를 확신했고, 신들의 주사위 놀이인 운명을 믿었다. 이런 신화적 믿음을 깨기 위해 프로메테우스가 제우스의 불을 인간에게 주었고, 헤라클레스는 지옥의 개를 끌고 지상에 올라왔다.

고대 사회에는 신탁소가 많았다. 소크라테스도 플라톤도 궁금할 때 신탁을 들었다. 신탁소가 여러 군데 개설되었고 대표하는 신도 제우스, 아폴론, 헤라 등 각기 달랐다. 그 가운데서도 아폴론을 모신 델포이 신탁소가 가장 권위가 있었다. 그 권위는 어떻게 정해졌을까? 신의 능력이나 지혜가 아니라 지정학적 위치와 인간의 선호도에 따라 결정되었다. 종교의 정당성이 교리의 합리성이 아니라 인간의 인기에 의지한 것이다.

델포이는 다른 신전들보다 입지가 좋았고, 그 덕분에 유명인사가 찾아오면서 권위도 올라갔다. 신탁소의 권위는 본질적 권위가 아니라 인기에 의존해 '플라시보 효과placebo effect'를 냈다. 플라시보 효과는 어디까지나 속임수다.

속임수일망정 긍정적인 효과를 주는 예언도 있다. 하지만 부정적인 효과를 유발하는 불길한 예언 등은 무시해야 한다. 예언과 예측은 다르다. 예언은 합리적 도출 없이 신적인 운명으로 제시된 것이다. 거기에 휘말리면 예언자의 정신적 노예가 된다.

오이디푸스 역시 신탁의 포로가 되었다. 그는 이륜마차를 타고 정처

없이 떠돌다가 좁은 길 위에서 마차를 탄 노인을 만났다. 노인의 시종이 길을 비키라고 하자 오이디푸스는 반발했다.

"내가 먼저 이 길에 들어섰으니 그쪽이 비켜서시오."

그러자 마차에서 노인이 뛰어내리더니 채찍으로 오이디푸스를 갈겼다. 이에 오이디푸스도 지팡이로 시종과 노인을 몇 번 내리쳤는데 그만 죽고 말았다. 그 노인이 바로 오이디푸스의 아버지 라이오스였다.

신탁의 불길한 예언을 피하려고 코린토스를 떠났는데 그만 아버지를 죽이고 만 것이다. 이를 알 리 없는 오이디푸스는 가던 길을 계속 갔다. 그가 테베에 도착할 무렵 테베에는 괴물이 나타나 중앙로를 점령하고 사람들의 통행을 막고 있었다. 여인의 얼굴에 사자의 몸과 날개를 지닌 스핑크스였다. 오이디푸스가 이 스핑크스를 죽이자 테베인들은 그를 왕으로 추대했다. 그래서 그만 생모인 줄도 모르고 과부가 된 왕비와 결혼하게 된 것이다. 둘 사이에서는 안티고네, 이스메네 등 네 아이가 태어났다.

오이디푸스의 선정으로 오랜만에 테베에 태평성대가 열렸다. 그러던 어느 해 나라 전체에 흉년이 들고 전염병이 돌았다. 무수한 사람들이 병으로 쓰러지자 델포이 신전에서는 "선왕 라이오스의 원한을 풀어야 한다"는 신탁이 나왔다. 오이디푸스도 선왕을 죽인 자를 찾으려고 노력을 기울였지만 도무지 찾을 수 없어 신통력을 지닌 맹인 테이레시아스를 찾아갔다. 그는 새의 노래를 해석하는 능력을 지닌 사람이었다.

오이디푸스가 라이오스를 죽일 때 본 사람은 없었지만 근처를 날던 새들은 그것을 보았다. 그 새들이 테이레시아스의 집 지붕에 앉아 있다가 오이디푸스를 보더니 지저귀기 시작했다.

"당신이 죽인 노인이 라이오스 왕, 당신의 아내가 어머니입니다."

여기서 스위스의 심리분석학자 레몽 드 소쉬르는 '이오카스테 콤플렉스Jocasta complex'를 발견했다. 이는 남편이 미약하거나 일찍 헤어졌는데 아들이 듬직할 경우 아들에게 에로틱한 느낌을 갖는 증상이다. 물론 이오카스테는 오이디푸스가 친아들인 줄 모르고 결혼했다.

오이디푸스는 테이레시아스가 통역해준 새들의 이야기를 듣고는 뒤늦게 진실을 알았다. 그러자 그동안 밝기만 했던 세상이 잿빛으로 변했다.

"이런 패륜을 저지르고 어떻게 세상을 본단 말인가? 나와 사랑을 나눈 아내가 어머니였다니!"

그 순간, 오이디푸스는 항상 가슴에 품고 다니던 이오카스테의 머리핀을 꺼내 자신의 두 눈을 찔렀다. 그렇게 눈이 먼 채 오이디푸스는 속죄를 위한 고행의 길을 떠났다. 그때 안티고네가 아버지의 손을 잡았다.

"아버지의 잘못이 아니에요. 아무것도 몰랐잖아요. 아버지는 그 상황에서 최선을 다했을 뿐이에요."

<오이디푸스와 안티고네>, 알렉산더 코쿨라(Alexander Kokular), 1825~1828.

오이디푸스는 그저 주어진 여건에서 최선을 다했을 뿐인데 그 일이 불행의 씨앗이 되었다. 아리스토텔레스는 이를 '하마르티아'라 했다. 과녁을 빗나간 화살이라는 뜻이다. 누가 비극의 주인공이 되는가? 악한 자가 악행으로 맞는 비극은 비극이 아니라 당연한 대가다. 진정한 비극의 주인공은 선한 의지로 최선을 다했지만 불행한 운명을 맞아야만 하는 자들이다. 비극 중 최고의 비극은 이렇게 탄생한다.

주인공은 악의 없이 최선을 다한다. 그런데 우연한 계기로 그전까지 걸어온 길에서 이탈하더니 결국 파국으로 치닫고 만다. 여기에 가장 부합하는 인물이 오이디푸스다. 그는 딸의 손에 의지해 떠돌아다니다가 자연으로 돌아갔다.

오이디푸스 신화에서 프로이트는 인간 심리를 설명하는 모델을 차용했다. 그는 아버지 - 어머니(들) - 자식의 삼각구도를 만들었다. 아버지가 정점에 있으면서 독점적인 권력을 쥐고 있을 때 이는 초기 가부장사회의 모습이다.

고릴라 세계에서는 오직 힘 있는 수컷 우두머리가 다른 암컷들을 독점한다. 사슴이나 물범도 수컷들이 싸움을 벌여 승자가 모든 암컷을 차지한다. 그처럼 족장이나 왕은 말할 것도 없고 힘 있는 가부장들도 아내를 여럿 두었다. 프로이트가 말하는 아버지의 '어머니 독점'은 친모뿐 아니라 양모도 포함하는 개념이다.

이런 독점에 대해 소년은 적의를 느끼며 무의식적으로 아버지보다 어머니를 더 사랑하는 배타적 사랑이 생긴다. 어머니에 대한 사랑에는 자신을 비롯한 약자들에 대한 연민도 포함된다. 가부장제에서 아버지는 사회적 억압과 구속의 화신이다. 그런 아버지를 적대하면 위험하므로 자신도 모르게 아버지를 적대하는 대신 어머니의 사랑을 차지하려 한다.

물론 모계사회에서는 남성과 여성의 역할이 바뀐다. 삼각구도가 어머니 – 아버지(들) – 딸로 형성된다. 딸이 아버지들을 독점한 어머니에 대해 적의를 느끼게 되는데, 이것이 '엘렉트라 콤플렉스'다.

소년이 아버지의 독점에 적의를 느낄 때 간혹 아버지가 자신의 남성을 제거할지도 모른다는 거세불안을 동반한다. 보통 오이디푸스 콤플렉스는 다섯 살 이전에 끝난다. 이 시기에는 억압과 성숙이 동시에 일어난다. 어머니에 대한 독점 욕망과 아버지에 대한 적의를 억압하면서 어머니에 대한 애착이 조금씩 다른 대상으로 옮겨간다. 이와 같은 애착의 이동이 성숙이다. 이 과정에서 아동의 욕망이 적절히 제어되지 못하고 계속 어머니를 독점했다는 착각 속에 머무를 경우 청소년기 유예가 일어날 수 있다. 그 결과 어른이 된 뒤에도 아동기에 머무르려 하는 피터팬 신드롬에 빠질 수 있다.

제9장

아킬레우스, 오디세우스

자존감

헬레네로 야기된 트로이 전쟁

앞에서 트로이 전쟁의 원인을 살펴보았다. 불화의 여신 에리스가 테티스의 결혼식장에 최고 미녀신에게 주는 황금 사과를 던졌고, 이 사과를 놓고 헤라와 아프로디테, 아테나가 싸울 때 신들의 왕 제우스가 파리스에게 심판을 부탁했다.

당시 파리스는 유부남이었는데도 절세미인과 살게 해주겠다는 아프로디테의 유혹에 넘어가 아프로디테에게 황금 사과를 준다. 그 절세미인은 바로 스파르타 왕 메넬라오스의 부인 헬레네였다.

트로이의 왕자 파리스는 아프로디테의 도움으로 헬레네와 함께 스파르타를 떠났다. 헬레네를 찾기 위해 메넬라오스의 형 아가멤논이 동맹군 총사령관으로 선출되었다. 그런데 2년 동안 전쟁 준비를 하며 원정군을 결성하는 과정에서 참전을 꺼리는 영웅이 많았다. 아가멤논은 그 가운데서도 오디세우스와 아킬레우스만은 반드시 참전시키기 위해 직접 나섰다.

오디세우스가 참전을 꺼린 이유는 신혼의 단꿈에 젖어 있었기 때문이다. 오래전 그리스 도시국가의 영웅들은 스파르타 왕 틴다레오스의 딸 헬레네와 결혼하기 위해 몰려들었는데, 거기에는 이오니아 해의 작은 섬 이타케의 왕자 오디세우스도 포함돼 있었다. 영웅들의 구혼 경쟁이 너무 치열해져서 싸움이 벌어질 것 같은 분위기가 되자 당황한 틴다레오스 왕이 구혼자들을 불러 모았다.

"오늘 헬레네가 여러분 가운데 누구를 선택하든 승복하기로 하자. 만약 불복하는 자가 있다면 함께 징계하기로 결정한다. 이에 불만이 있으면 지금 떠나라."

왕의 제안에 구혼자 모두가 동의했고, 헬레네는 그 자리에서 한 사람씩 만나본 뒤 메넬라오스를 선택했다. 이후 오디세우스는 한동안 실의에 빠져 지내다가 틴다레오스 왕의 조카 페넬로페와 결혼했다. 페넬로페의 아버지 이카리오스는 틴다레오스 왕의 동생이었다.

오디세우스는 결혼 초에는 가끔 헬레네가 생각날 때도 있었지만 시간이 갈수록 성품이 곱고 절개를 중시하는 아내가 점점 더 좋아졌다. 거기에 텔레마코스까지 태어나자 아들의 재롱을 보면서 꿈 같은 나날을 보냈다.

그렇게 1년쯤 지났을 때 트로이 전쟁을 준비하던 아가멤논이 찾아온 것이다. 그때 오디세우스는 일부러 미친 사람 흉내를 냈다. 옷을 거꾸로 입거나 머리에 쓰고, 실컷 밭을 간 다음 물을 주어야 한다며 하얀 소금을 뿌리기도 했다.

오디세우스가 사랑하는 아내 때문에 참전을 망설이자 아가멤논은 헬레네에게 구혼할 당시의 약속을 근거로 출전을 요구했다. 오디세우스는 결국 마지못해 원정대에 합류했다.

마지못해 참전했지만 오디세우스는 탁월한 책사였고, 그에게 주어진 첫 번째 임무는 참전을 꺼리는 아킬레우스를 설득하는 것이었다. 트로이의 국왕 프리아모스는 비록 늙었어도 현명했으며, 국력도 강대했다. 그런 트로이를 이기려면 아킬레우스의 도움이 절대적으로 필요했다.

그렇다면 아킬레우스는 왜 참전을 꺼렸을까? 어머니인 요정 테티스 때문이다. 원래 테티스에게는 제우스, 포세이돈 등 많은 신들이 접근했지만, 테티스는 자신이 낳을 아들이 아버지보다 뛰어나리라는 예언을 듣고 신과의 결혼을 포기했다. 그리고 신이 아닌 인간 펠레우스와 결혼해서 낳은 아들이 아킬레우스였다.

바로 그 아킬레우스의 부모가 결혼할 때 유독 초대받지 못한 에리스가 식장에 황금 사과를 던져 트로이 전쟁을 유발한 것이다. 테티스는 아킬레우스를 낳자마자 불사의 몸으로 만들기 위해 아이의 몸을 스틱스 강물에 담갔다.

그런데 그때 테티스가 잡고 있던 발목 부분만 강물에 적시지 못했고, 그 부분이 유일한 약점인 아킬레스건이다. 이후 켄타우로스족의 현자 케이론에게 무술을 배워 강인한 전사가 되었는데, 마침 트로이 전쟁을

<케이론에게 교육받는 아킬레우스>, 장 밥티스트 레뇨(Jean Baptiste Regnault), 18세기경, 루브르 박물관.

준비 중이었다. 테티스는 요정이었지만 신성이 있어 아들의 미래를 내다보고 있었다.

"내 아들이 전쟁에 나가면 목숨 대신 명예를 얻는다. 하지만 참전만 하지 않으면 명예 대신 장수를 누릴 것이다."

이때부터 테티스는 아들의 참전을 막기 위해 온갖 노력을 기울였다. 그녀는 아킬레우스가 청소년일 때 여자로 꾸며 스키로스 섬의 리코메데스 왕에게 보냈다. 아킬레우스는 왕실에서 공주들과 함께 악기를 배우고 베를 짜며 지냈는데, 그러다가 왕의 장녀 데이다미아와 애정이 깊어져 아들 네오프톨레모스까지 낳았다. 이들의 사랑을 노래한 오페라가 바로 헨델의 〈데이다미아〉다.

아킬레우스를 찾아다니던 오디세우스는 그가 궁전에 피신해 있다는 소식을 듣고 행상으로 변장해서 찾아갔다. 그러고는 공주들 앞에 보석, 바늘과 실, 그릇, 광목, 잡화 등을 펼쳐놓고 유심히 반응을 살폈다. 다른 공주들은 보석을 보고 좋아하는데 유독 한 공주만 황금징과 칼을 응시하는 것이었다.

〈오디세우스 때문에 정체가 드러나는 아킬레우스〉, 장 드 브레이, 1664.

오디세우스는 그가 아킬레우스임을 직감하고 자신의 정체를 밝혔다.

"나는 오디세우스요. 그대가 국가의 전쟁에 빠진다면 누가 영웅이라고 부르겠소? 더구나 이 전쟁의 책임이 어느 정도는 그대 부모에게도 있지 않소."

사실 아킬레우스에게는 전쟁이 무서워서 피했다는 비난은 별로 영향이 없었다. 그가 싸움에 탁월하다는 것은 세상이 다 알고 있었기 때문이다. 그런데 부모의 결혼식이 트로이 전쟁을 야기했다는 심리적 부담감은 참기 어려웠다. 결국 이 때문에 아킬레우스도 전쟁에 참여하기로 결정했다.

아킬레우스가 동참하자 그리스 군대는 1000여 척의 함선에 10만 장병을 태우고 아울리스항에 집결했다. 그런데 항해하기 위해 함선의 돛대

<이피게네이아의 희생>, 얀 스틴(Jan Steen), 1671, 디킨슨 갤러리.

를 높이 올리고 바람이 불기를 기다렸지만, 아무리 기다려도 미풍조차 불지 않았다.

이때 예언자 칼카스가 나서서 말했다.

"이것은 과거에 아가멤논이 사냥 도중 아르테미스 여신의 사슴을 죽였기 때문에 일어난 일입니다. 아가멤논의 딸 이피게니아를 제물로 바쳐야 합니다."

며칠 동안 고민한 끝에 아가멤논은 결국 딸을 제물로 바쳤고, 그제야 바람이 불었다.

이는 고대사회의 인신공희人身供犧 풍습을 반영하는 사건이다. 그리스

신화에 이피게니아가 있었다면 우리 고대설화에는 아버지 심봉사의 눈을 뜨게 하려고 인당수에 몸을 던진 심청이가 있다. 어쨌든 이피게니아의 희생으로 그리스군은 순풍을 받고 트로이 해안에 상륙했다.

오디세우스와 아킬레우스가 있는 그리스 연합군도 최강이었지만, 트로이도 성벽이 강하고 튼튼한 데다 프리아모스 왕의 장남 헥토르 등이 버티고 있어 만만치 않았다.

그리스군은 일단 모래사장에 막사를 짓고 장기전을 준비했다. 첫 번째 전투에서는 선봉장 아킬레우스의 활약으로 트로이군이 밀려 성 안으로 도망갔다. 이후 이들은 성 아래 트로이 평야에서 무려 9년 동안이나 밀고 밀리는 공방전을 벌였다.

그렇게 일진일퇴를 거듭한 지 10년째 되던 해였다. 성을 공략하지 못한 그리스군은 아킬레우스를 앞세워 트로이의 이웃 동맹국들을 약탈하며 군수품을 조달했다. 어느 날 아킬레우스가 이웃 도시를 침략해 크리세이스와 브리세이스라는 두 여인을 전리품으로 잡아왔다. 아킬레우스는 둘 중 미모가 뛰어난 크리세이스를 차지하려 했지만 아가멤논이 데려가는 바람에 어쩔 수 없이 브리세이스를 차지했다.

어느 날, 크리세이스의 아버지가 아가멤논을 찾아왔다.

"저는 아폴론의 사제입니다. 막대한 보상금을 드릴 테니 딸을 돌려주십시오."

"어림없는 소리! 내 아내 클리타임네스트라보다 크리세이스가 더 좋다. 설사 너의 신 아폴론이 돌려주라고 해도 그렇게 하지 못한다."

그는 돌아가서 아폴론에게 탄원했고, 아가멤논에게 무시를 당한 아폴론은 그리스군 진영에 전염병을 보냈다. 많은 병사가 전염병에 걸려 죽어 나가자 대책회의가 열렸다. 아킬레우스가 일어나 아가멤논의 책임을 추궁했다.

"모든 원인이 크리세이스를 억류한 데 있습니다. 지금이라도 돌려보내야 합니다."

그러자 분노한 아가멤논이 고함을 쳤다.

"크리세이스를 석방하겠소. 그 대신 브리세이스는 내가 차지하겠소."

총사령관의 말에 아킬레우스도 어쩔 수 없이 따라야 했다. 하지만 아가멤논을 똑바로 바라보며 단호히 말했다.

"네가 대장이니 맘대로 그녀를 취해라! 하지만 너는 전투를 지휘할 자질이 없다. 이후 모든 전쟁에서 나는 빠지겠다!"

무적의 아킬레우스

그리스군이 전쟁을 치르는 동안 아킬레우스는 필수불가결한 존재였다. 총사령관 아가멤논은 자신의 욕구충족을 앞세워 아킬레우스를 여러 번 무시했고, 그리스군도 그런 아가멤논을 불신하기 시작했다.

리더에 대한 존경과 신뢰는 권력이 아니라 리더의 역량과 성품에서 비롯된다. 리더가 구성원에게 불신당하기 시작하면 존재가치가 급격히 떨어진다. 이것이 공자의 '무신불립無信不立'이다. 신뢰하지 않는 지도자의 지시는 허공을 스치는 바람과 같다. 존경받는 리더가 되려면 먼저 진정성과 절제력, 공감력을 갖춰야 한다. 또한 전체를 보고 적재적소에 인재와 자원을 배치하는 통찰력, 사안별로 대안을 마련할 줄 아는 전문성 등을 길러야 한다. 그래야 조직이 결속되어 소기의 목적을 달성할 수 있다.

아가멤논도 처음에는 리더의 성품과 역량을 어느 정도 보여주었다. 영웅 아킬레우스와 오디세우스를 참전시키기 위해 노력을 다했다. 하지만 9년간 지도자로 군림하다 보니 자신을 객관화하는 안목과 자기절제력이 줄어들었다. 절대권력은 절대 부패한다. 어떤 권력이든 사법권 분립이라든가 임기제도 등을 통한 견제와 균형이 필요하다.

뇌기능 연구에 따르면 평소 공감능력이 뛰어났던 사람도 권력을 행사하기 시작하면 공감능력이 축소되기 시작한다. 이에 대해 신경과학자 석빈더 옵하이 박사는 공감 신경 프로세스인 '거울뉴런'이 반복되는 권력 행사를 통해 손상되기 때문이라고 설명했다.

트로이 전쟁은 그리스인과 트로이인만의 전쟁이 아니었다. 올림포스의 신들도 두 진영으로 나뉘어 각각 응원했다. 물론 중립도 있었다. 제우스와 하데스, 그리고 불화의 여신 에리스는 중립을 지켰다.

제우스가 어느 한편을 들면 다른 편은 망해야만 한다. 그래서 그리스나 트로이를 잠깐 도와주다가도 금세 중립적인 자세로 돌아왔다. 신들은 되도록 전쟁을 오래 끌어 사람의 수를 줄이고 싶어 했다. 하데스 또한 사람이 많이 죽을수록 지옥이 번창하기 때문에 잠자코 있었다. 황금사과를 던져 전쟁을 유발한 에리스도 전쟁의 참상을 지켜보고만 있었다. 한쪽 편에 힘을 실어주어 전쟁이 빨리 끝나는 것을 원치 않았기 때문이다.

그리스 편을 든 신들은 파리스의 선택을 받지 못한 헤라, 아테나, 아킬레우스의 어머니 테티스, 트로이 왕가에 원한이 있는 포세이돈이었다. 아울러 헤파이스토스도 아내 아프로디테와 연인 아레스를 질투해 그리스 연합군에 가세했다.

그에 반해 파리스에게 황금 사과를 받은 아프로디테는 전쟁의 신 아레스를 꼬드겨 함께 트로이를 도왔다. 그들의 자녀 포보스와 데이모스도 마찬가지였다. 또한 트로이의 총사령관 헥토르를 총애하는 아폴론도 여동생 아르테미스를 설득해 함께 트로이 편을 들었다.

한편 테티스는 아킬레우스가 잡아온 여인을 아가멤논에게 빼앗기고 일선에서 물러나자 속이 상해 제우스를 찾아갔다.

"트로이가 그리스를 이기게 해주세요. 그래야 아가멤논이 아킬레우스에게 한 짓을 후회할 테니까요."

그래도 한때 사랑했던 테티스가 아닌가. 제우스가 그녀의 부탁대로 트로이를 도와주는 바람에 그리스군은 그때부터 연전연패를 했다. 아킬레우스의 공백은 너무나 컸다. 아가멤논이 포세이돈의 도움으로 트로이 성까지 몰려가는 거대한 해일을 타고 공격했지만 난공불락이었다. 도리어 그리스군의 해변 진지만 해일에 쓸려갔다. 할 수 없이 군사들은 전함 안으로 퇴각하고, 해안가에 전함으로 방벽을 쌓아야만 했다.

전쟁이 거듭될수록 아킬레우스에 대한 그리스군의 향수는 깊어갔다. 아킬레우스를 데려와야 한다는 여론도 높아져만 갔다. 결국 아가멤논은 아킬레우스에게 사죄단을 보내기로 결정했다. 먼저 브리세이스를 아킬레우스에게 돌려보낸 뒤, 사죄단이 최고의 선물을 들고 찾아가 설득했다.

"빨리 복귀하십시오. 그리스군이 전멸하게 생겼습니다."

하지만 아킬레우스는 단호하게 거절했다.

"다 필요 없네. 이미 늦었으니 그만 싸우고 배를 그리스로 돌리라고 전하게."

그 뒤 신뢰를 잃은 아가멤논이 지휘하는 그리스군의 사기는 나날이 떨어졌다. 급기야 트로이 군사들이 그리스 전함을 묶어놓은 방벽까지 뚫고 들어와 불을 지르려고 했다. 상황이 이런데도 아킬레우스는 복귀할 생각을 하지 않았다.

아가멤논은 아킬레우스가 참전할 때 대동했던 절친한 친구 파트로클로스를 불러 말했다.

"자네가 설득해주게. 아킬레우스의 참전이 늦어지면 우리 모두 몰살을 당하게 되네."

그래서 파트로클로스는 아킬레우스를 찾아가 간절히 호소했다.

"나는 너를 따라 참전했는데, 지금 그리스 군대가 전멸하게 생겼어. 차마 싸워달라고는 하지 않을 테니 그 대신 네 갑옷을 빌려줘. 내가 대신 싸우겠어."

아킬레우스는 선선히 갑옷과 투구를 내주며 당부했다.

"적을 너무 깊숙이 추격하지는 말게. 자칫 내 명예가 손상될 수도 있으니."

트로이군에게 밀리고 있던 그리스군 앞에 아킬레우스의 투구와 갑옷을 입고 전차를 탄 파트로클로스가 나타났다. 그리스군이 일제히 창을 높이 들고 환호했다.

"아킬레우스다! 그가 돌아왔다!"

트로이군은 순식간에 얼어붙었고 전열이 무너져 도망치기 시작했다. 선봉에 선 파트로클로스는 트로이군을 닥치는 대로 쓰러트리며 뒤를 쫓았다. 어느덧 적진 깊숙이 들어가 트로이 성 근처에 다다랐다. 그때 도망치던 트로이의 총사령관 헥토르가 갑자기 말머리를 돌려 파트로클로스를 대적했다. 양쪽 군대가 각각 뒤로 물러서서 지켜보는 가운데 두 영웅은 혼신을 다해 싸웠다.

그때 아폴론이 강풍을 일으켜 파트로클로스의 투구를 날려 보냈다.

"아니, 너는 아킬레우스가 아니잖아! 파트로클로스, 비겁하게 아킬레우스로 위장하다니……."

그 순간 그리스군의 사기는 저하되고 반대로 트로이군의 사기는 상승했다. 헥토르의 창에 얼굴을 관통당한 파트로클로스는 말에서 떨어지며 마지막 말을 남겼다.

"헥토르, 내 친구 아킬레우스가 반드시 너를 죽이고 말 것이다."

아가멤논은 파트로클로스의 죽음을 브리세이스에게 알렸다. 그녀가 조심스럽게 소식을 전하자 아킬레우스는 슬픔을 가누지 못하고 곧장 전장으로 달려가려 했다. 테티스가 이를 말리자 아킬레우스가 울분을 토했다.

"어머니, 나 때문에 친구가 죽었는데도 참기만 하란 말입니까?"

그러고는 두 주먹으로 자기 가슴을 때렸다. 그 모습을 본 테티스는 더 이상 말릴 수 없다는 것을 깨달았다.

<아킬레우스에게 갑옷을 가져다주는 테티스>, 벤저민 웨스트(Benjamin West), 미국 뉴브리튼 미술관.

"할 수 없구나. 다만 내가 헤파이스토스에게 부탁해서 튼튼한 갑옷과 투구를 만들어올 테니 그때까지만 참아다오."

다음 날 새벽, 테티스가 황금 투구와 갑옷, 방패를 들고 왔다. 아킬레우스는 그 자리에서 새 갑옷을 입고 방패를 든 채 트로이 성을 향해 달려갔다. 의기소침해 있던 그리스 병사들은 분노한 아킬레우스를 보고 다시 환호했다.

"아킬레우스, 아킬레우스……."

하늘을 찌를 듯한 함성과 함께 아킬레우스가 성문 앞까지 다가갔다. 트로이 병사들은 모두 성문 안으로 숨었지만, 오로지 헥토르만이 성문 밖에 남아 있었다. 그때 성문 위에서 프리아모스 왕이 외쳤다.

"아들아, 그만 들어와라. 위험해! 빨리 성 안으로 들어와."

하지만 아무리 애원해도 헥토르는 듣지 않았다. 그런데 막상 아킬레우스가 다가오자 겁을 집어먹고 성 안으로 들어가려 했으나 이미 성문이 닫힌 뒤였다. 헥토르는 성 외곽으로 도망쳤고, 아킬레우스가 그 뒤를 쫓았다. 두 사람은 쫓고 쫓기며 성을 여러 바퀴 돌았다.

먼저 지친 헥토르가 뒤돌아서면서 창으로 아킬레우스를 찔렀다. 아킬레우스는 옆으로 가볍게 피하며 헥토르의 창을 거세게 잡아당겼다. 그 바람에 헥토르가 비틀거리자 아킬레우스의 칼이 허리를 베었다. 헥토르는 숨을 거두며 부탁했다.

"저 성루 위에 내 노부모가 울고 있다. 제발 내 시체만이라도 부모에게 돌려다오."

"미친 놈! 내 친구를 죽인 놈에게 남겨줄 자비란 없다."

아킬레우스는 헥토르의 시체를 전차 뒤에 매달았다.

성루 위에 선 프리아모스 왕 부부는 아들의 시신이 아킬레우스의 전차 뒤에 매달려 끌려가는 광경을 차마 볼 수 없어 돌아섰다.

폴릭세네의 심리전에 넘어간 아킬레우스

그리스 진영으로 돌아온 아킬레우스는 헥토르의 시신을 막사 밖에 방치해두었다. 며칠 뒤, 한 노인이 금과 의복 등 진귀한 물품을 들고 밤중에 찾아와 아킬레우스에게 무릎을 꿇었다.

"누구십니까?"

"헥토르의 아비요. 아킬레우스여, 당신도 나라를 위해 싸웠지만 내 아들도 마찬가지요. 그러니 당신 탓을 하지는 않겠소. 다만 입장을 바꿔 생각해주시오."

아킬레우스도 고향의 늙은 아버지가 생각나 한참을 울었다.

"프리아모스여, 어찌 청을 거절할 수 있겠습니까?"

아킬레우스는 헥토르의 유해를 돌려준 뒤 장례를 위해 12일간 휴전하기로 약속했다. 헥토르의 유해가 돌아오자 트로이 사람들이 영웅의 얼굴을 보려고 성문을 열고 달려 나왔다. 그들은 서로 나무를 가져와 화장대를 높이 쌓았다. 10일째 되던 날, 헥토르는 불꽃과 함께 자연으로 돌아갔지만 그의 용맹함은 트로이 사람들의 가슴에 남았다.

헥토르가 죽은 뒤 트로이군은 한동안 성 안에만 머무를 뿐 전혀 움직이지 않았고, 그리스군도 긴장을 풀고 있었다. 그런데 트로이 동맹국들이 잇따라 원군을 보내기 시작했다. 먼저 아마조네스 여전사들이 몰려와 성 주변의 그리스군을 해안가까지 몰아냈다. 아마조네스의 여왕 펜테실레이아가 앞장서서 달려왔다. 아킬레우스는 기다렸다는 듯 그녀의 허리를 낚아채 바다로 던져버렸다.

여왕을 잃은 아마조네스가 물러가자 뒤를 이어 에티오피아 멤논 왕의 대군이 트로이군을 도와 그리스군을 압박했다. 하지만 멤논 왕도 아킬레우스의 창끝을 피하지는 못했다. 결국 트로이 주변 동맹국도 모두 아킬레우스에게 패했고, 트로이 함락이 눈앞에 다가온 듯했다.

그런데 아킬레우스는 헥토르의 장례를 위해 12일간 휴전을 허락했던 시기에 한 미녀를 만나게 된다. 프리아모스의 딸 폴릭세네가 눈에 들어온 것이다. 그때부터 아킬레우스는 그녀의 매력에 빠져들었다. 이를 눈치챈 폴릭세네는 오빠 헥토르의 원한을 갚을 궁리를 했다. 일단 아킬레우스와 우연히 마주칠 수 있는 시간을 노렸고, 그때마다 흠모하는 눈빛과 몸짓으로 유혹한 것이다.

단순하고 우직한 아킬레우스는 폴릭세네도 자신을 좋아한다고 여겨 전쟁 도중에도 일부러 시간을 내서 몰래 만나기 시작했다. 처음에는 자신의 무용담을 자랑하다가 결국 아무도 모르는 자신의 치명적인 약점까지 털어놓고 말았다.

이때 폴릭세네가 결정적인 추파를 던졌다.

"당신처럼 강한 남자를 만난 게 꿈만 같아요. 사흘 뒤가 만월인데, 그날 단둘이 아폴론 신전에서 만나요."

아폴론 신전의 신관은 트로이의 3대 예언자 라오콘이었는데, 미리 자리를 비켜달라고 부탁해두었다. 약속된 날 달빛 아래서 아킬레우스는 목마른 눈빛으로 청혼을 했다.

"폴릭세네, 나와 결혼해주오."

"당신이 아무리 영웅이라지만 내 나라를 무너뜨리려는 사람과 어떻게 결혼해요?"

"당신이 결혼만 해준다면 그리스군을 철수시키겠소."

그 말이 끝나기가 무섭게 어디선가 화살이 날아와 아킬레우스의 발뒤꿈치에 꽂혔다. 폴릭세네가 오빠 파리스에게 아킬레우스와 만날 장소를 알려주고 유일한 약점도 알려주었던 것이다.

"오빠, 아킬레우스는 갓난아이 때 테티스가 스틱스 강에 담가서 불사신이야. 딱 한 군데, 발뒤꿈치에만 상처를 입힐 수 있어. 그곳을 정확히 맞혀야 해."

그렇게 해서 아킬레우스는 독화살에 맞아 숨졌다. 그날 밤, 그리스 진영은 순식간에 슬픔에 휩싸였다. 그리고 다음 날 아침부터 17일간 아킬레우스의 장례가 성대히 치러졌다.

전쟁의 불사조 아킬레우스는 왜 허무하게 무너졌을까? 아킬레우스의 신체적 약점이 발뒤꿈치라면 심리적 약점은 지나친 자신감이다. 어떤 일을 이룰 때 낙관적 자신감은 중요한 원동력이다. 하지만 그것이 지나치면 현실감각을 상실하고 상황을 오판할 수 있다.

아킬레우스는 아무리 화살이 빗발쳐도, 창과 칼끝에 찔려도 별로 상처를 입지 않았다. 이런 엄청난 장점 때문에 자신의 작지만 치명적인 단점을 잊고 있었다. 그래서 치열한 전투 중에 적국 공주의 유혹에 빠져 자신의 약점을 누설하고 만 것이다.

<아킬레우스의 죽음>,
피에르 나르시스 게랭(Pierre-Narcisse, Gúerin), 1820년경.

그렇다면 폴릭세네는

백만 대군도 이기지 못하는 아킬레우스를 어떻게 혼자 제압할 수 있었을까? 자기 나라에 쳐들어와 오빠를 죽인 원수였지만 증오를 나타내지 않았다. 한발 물러서서 아킬레우스의 영웅담을 조용히 들어주었다. 그 영웅담이 대부분 자기 나라를 짓밟은 내용이었는데도 인내하며 아킬레우스의 치명적 약점을 알아낼 때까지 기다렸다. 그녀의 전략적 절제와 경청이 아킬레우스의 과시적 웅변과 용맹을 이겼다. 절제는 내면의 힘에서 나온다.

트로이 목마

아킬레우스가 독화살에 쓰러진 뒤 그리스군 진영에서도 독화살의 필요성이 제기되었다.

"우리도 적장을 화살로 죽여야 한다. 그러려면 헤라클레스의 화살밖에 없어."

그래서 그리스군은 헤라클레스의 화살을 찾기 시작했다. 다행히 헤라클레스의 친구 필록테테스가 원정대 장군이었다. 그는 헤라클레스가 죽을 때 주은 활과 화살을 가지고 있었다. 그런데 전쟁 도중 독사에게 물린 상처에서 워낙 독한 냄새가 나는 바람에 오디세우스의 명령으로 10년간 렘노스 섬에 격리된 상태였다.

오디세우스는 아가멤논의 명을 받고 필록테테스를 찾아가 그동안 쌓인 화를 풀고 전쟁에 참가할 것을 설득했다. 그렇게 해서 전장으로 돌아온 필록테테스가 히드라의 독이 묻은 헤라클레스의 화살로 처음 쏜 사람이 아킬레우스를 죽인 파리스였다.

파리스는 독에 전염되어 죽어가면서 그제야 오이노네를 떠올리고는 그녀를 찾아 나섰다. 헬레네 때문에 잊고 있던 오이노네만이 히드라의 독을 치유하는 약초에 대해 알고 있었기 때문이다. 하지만 오이노네는 다 쓰러져가는 몸으로 찾아온 파리스를 외면했고, 파리스는 결국 트로이로 돌아가 죽음을 맞았다. 오이노네와 헤어지고 헬레네와 결혼한 지 19년째 되던 해였다.

그리스군은 헤라클레스의 독화살로 파리스를 죽였지만 트로이 성을 무너뜨릴 수는 없었다. 지루한 공방전이 계속되던 어느 날, 오디세우스가 트로이의 3대 예언가 헬레노스를 생포했다. 그는 헥토르와 파리스의 형제이자 또 다른 예언가 카산드라와는 쌍둥이 남매였다.

헬레노스는 파리스가 죽자 헬레네를 차지하려고 형제인 데이포보스와 싸웠다. 하지만 싸움에서 지고 은거하던 중에 오디세우스에게 잡혔는데, 하필 그날이 데이포보스가 헬레네와 결혼하는 날이었다. 그래서 트로이를 함락시킬 비결을 묻는 오디세우스에게 선뜻 답했다.

"트로이의 아테나 신전에 여신이 직접 만든 신상 팔라디온을 훔쳐 오십시오."

당시 트로이 사람들은 팔라디온이 나라를 지켜준다고 믿고 있었다. 그래서 오디세우스가 한밤중에 트로이 성에 잠입해 팔라디온을 훔쳐 왔지만, 트로이는 여전히 잘 버텨냈다.

그제야 오디세우스는 신탁이나 예언 등에 의지하다가는 귀한 시간만

낭비하게 된다는 것을 깨달았다. 그는 신탁이나 예언이 아니라 전술전략으로 트로이를 함락할 방안을 모색하기 시작했다. 여기서 기상천외한 '트로이의 목마' 전략이 나온다.

그리스군은 일단 트로이 성을 포기하고 퇴각하는 것처럼 행동했다. 군대 막사를 모두 불태웠고 성문 앞에 거대한 목마를 만들며 일부러 소문을 냈다.

"이제 물러간다. 그동안 침략한 대가로 아테나 여신에게 이 목마를 바친다. 팔라디온까지 훔친 잘못을 사죄하기 위해 목마 안에 선물을 가득 담았다."

목마를 만든 그리스 병사들조차 이 소문을 믿을 정도였다. 그런 가운데 목마가 완성되었고, 오디세우스와 50명의 병사가 그 목마 안으로 몰래 숨어들었다.

다음 날 새벽 거대한 목마만 덩그러니 남긴 채 그리스군은 모두 함대를 타고 철군했다. 사실은 트로이 근처의 테네도스 섬 뒤로 가서 숨은 것인데, 트로이 사람들은 전혀 눈치채지 못했다. 그 대신 환호하며 성 밖으로 쏟아져 나와 목마 주변에 몰려들었다. 그리고 목마에 '아테나 신에게 드리는 선물'이라고 적혀 있는 것을 보고는 목마를 성 안으로 끌고 가려 했다.

이때 카산드라가 나서서 목마를 성 안에 들이면 트로이가 멸망하게 된다고 만류했지만, 이미 승리에 취한 사람들은 막무가내로 목마를 밀어 성 안으로 옮겨놓았다. 10년 만에 축제가 벌어졌고, 사람들은 술에 취해 춤추고 노래하며 마음껏 즐겼다. 축제는 다음 날 새벽까지 이어졌

<트로이로 들어가는 목마의 행렬>, 조반니 도메니코 티에폴로 (Giovanni Domenico Tiepolo), 1760년경, 런던 국립미술관.

다. 별이 하나둘 사라질 즈음 지친 사람들은 모두 깊이 잠들었다.

오디세우스와 50명의 병사는 그때를 기다렸다가 목마 속에서 뛰쳐나왔다. 한 병사가 성문으로 달려가 이미 밖에서 대기하고 있던 그리스군을 위해 문을 활짝 열었다. 그러자 그리스군은 순식간에 트로이 성을 점령하고 지쳐 잠든 트로이 사람들을 닥치는 대로 제거했다.

아킬레우스의 아들 네오프톨레모스는 시민으로 변장한 프리아모스 왕을 발견해 죽였고, 헥토르의 장남 헤스티아녹스를 성벽 아래로 던져 죽였다. 또한 헥토르의 아내 안드로마케를 전리품으로 챙겼는데, 후일 둘 사이에서 페르가모스가 태어나 도시국가 페르가몬을 건설한다.

이로써 트로이는 10년 전쟁 끝에 그리스군에게 함락되었다. 이 전쟁의 한 원인을 제공한 헬레네는 어떻게 되었을까?

10년 전쟁 동안 메넬라오스는 한 번도 헬레네를 잊은 적이 없었다. 잡히기만 하면 처절하게 죽여버리겠다고 다짐 또 다짐했다. 그런데 막상 그녀를 만나자 칼을 뽑기는커녕 무릎을 꿇고 그녀만 사랑하겠다고 맹세했다. 그리고 헬레네는 손을 내밀어 메넬라오스를 잡아주었다.

10년 전쟁이 끝나고 오디세우스는 성루에 올라 바다를 향해 외쳤다.

"으하하하, 내가 세상에서 제일 강하다. 저 바다의 신 포세이돈도 내 앞에서는 한갓 물거품에 불과하다. 어떤 신도 나를 이길 수 없다!"

그러고 나서 그리스군은 막대한 전리품을 챙겨 그리스로 항해를 시작했다. 그런데 귀항 도중에 폭풍우를 만나 항로를 이탈하는 바람에 지중해 해안을 표류했다. 페니키아, 이집트, 키프로스 등을 거치기도 했는데, 메넬라오스와 헬레네는 가장 먼저 스파르타에 도착해 다시 왕과 왕비가 되었다.

메넬라오스의 형이자 그리스 원정군 총사령관인 아가멤논도 무사히 미케네에 도착했지만, 바로 그날 축하연에서 살해당하고 말았다. 사실 아가멤논의 아내 클리타임네스트라는 남편이 전쟁을 하러 간 사이 아이기스토스와 불륜을 저질렀다. 그런데 아가멤논이 귀향하자 그 사실이 발각될 게 두려워 둘이 함께 공모해 죽였던 것이다. 후에 아가멤논과 클리타임네스트라의 딸 엘렉트라가 동생 오레스테스와 합력해 어머니와 정부를 죽이고 만다.

프로이트는 여기에서 '엘렉트라 콤플렉스'를 착안했고, '오이디푸스 콤플렉스'와 대비시켰다. 엘렉트라 콤플렉스는 2~5세의 여아에게서 나타나며, 아버지를 두고 어머니에게 경쟁심을 갖다가 5세를 지나 초자아가 발달되면 어머니와 자신을 동일시하면서 해소된다.

오디세우스의 선언, "나는 나 스스로 있는 자이다"

트로이 전쟁 후 가장 늦게 귀국한 사람이 오디세우스다. 포세이돈이 자신을 모독한 오디세우스의 귀향을 방해하는 바람에 10년이나 방랑했기 때문이다. 하지만 오디세우스는 그 모든 시련을 이겨냄으로써 결국 포세이돈보다 자신이 더 강인하다는 것을 증명했다.

오디세우스는 어떻게 신의 핍박을 이겨냈을까? 힘으로 이길 수는 없다. 그는 자기 앞에서 문제가 일어났을 때 충동적 힘으로 반응하지 않고 미래를 내다보는 지혜로 이겨냈다. 독일의 문호 요한 볼프강 폰 괴테는 《파우스트》에서 "노력하는 한 인간은 방황한다"고 했다. 이처럼 노력하기 때문에 겪는 방황은 값진 것이다.

인간에게 바람직한 삶이란 과연 무엇일까? 이에 대해 인간중심주의 심리학자 칼 로저스는 "목적보다 방향이고 상태보다 과정"이라고 보았다. 오디세우스는 포세이돈의 천형天刑을 받고 바다 위에서 10년이나 방랑했다. 그 방랑의 과정이 왕궁에 앉아 있는 것보다 훨씬 값지다는 것이다. 왕궁에서 잠들지 못하고 우울해하는 사람들은 많았어도 풍랑을 헤쳐 나간 오디세우스는 늘 강인했다. 어떤 고통도 인간의 정서를 침몰시키지는 못한다.

정신약물학 연구학자 크리스토퍼 레인은 《만들어진 우울증》의 저자다. 이 책을 참조해보면 현재 정신장애로 규정한 인간의 기벽, 수줍음, 불안 및 공포 반응 등도 예전에는 정상의 영역이었다. 누구나 삶의 과정에서 일시적으로 우울하고, 불안하고, 감정이 요동치고, 공포스러울 때가 있다. 그럴 때마다 우울증, 불안장애, 양극성장애, 사회공포증 등으로 명명하지 않도록 조심해야 한다.

이것이 심리학의 '라벨링labeling 효과'다. 즉, 어떤 사람에게 그의 특성, 태도, 가치관을 나타내는 라벨을 붙여주면 거기에 맞춰 언행이 변화할 가능성이 있다. 그렇게 그 사람의 언행이 달라지면 결과까지 달라진다. 누군가가 내 아픔이나 과거의 상처를 보고 라벨을 붙였다면 구속될 필요 없이 자신이 떼어내고 자신만의 라벨을 스스로에게 붙이면 된다. 이처럼 닫힌 자아를 열린 자아로 개방하는 것이 정신치료의 모든 것이다.

닫힌 자아를 열린 자아로 만드는 것도 마음먹기에 달려 있다. 오디세우스가 그렇게 했다. 자신의 상황에 맞게 라벨을 붙였다가 필요에 따라 떼어내기도 했다. 그만큼 자아가 열려 있었고 스스로 자아를 관리했다.

포세이돈의 모진 핍박을 이겨낸 오디세우스의 여정에서 세계 최초의 서정시 《오디세이》가 탄생한다. 그의 여정을 따라가보자.

오디세우스는 12척의 배에 전리품을 싣고 부하들과 함께 고향 이타케로 향했다. 도중에 먼저 키콘족이 살고 있는 항구도시 이스마로스에 상륙했다. 그런데 그곳 주민들과 충돌을 일으켜 배 한 척당 6명씩 모두 72명의 부하를 잃고 말았다. 그 뒤 출항을 했지만 강풍을 만나 바다 위를 9일 동안 떠돌았고, 그러다 겨우 닻을 내린 곳이 로토파고스였다. 다행히도 이 섬 주민들은 친절하게 물과 음식을 충분히 주었고 '로토스'라는 식물까지 내놓았다. 로토스를 먹으면 과거의 향수를 다 잊고 현재 있는 곳에만 머무르고 싶어 하게 된다. 부하 세 명이 로토스를 먹고 몽롱해져 로토파고스에 안주하려 하자 오디세우스는 이들을 강제로 배에 태웠다.

그다음에는 외눈박이 거인 키클롭스의 나라에 정박했다. 키클롭스의 존재를 알 리 없는 오디세우스와 12명의 부하는 함께 섬을 살펴보다가 큰 동굴을 발견했다. 키클롭스족 폴리페모스의 거처였다. 무심코 들어가니 포동포동한 양떼와 염소, 그리고 치즈 통이 있었다. 오디세우스 일행이 오랜만에 잔치를 벌이고 있는데 밖에서 쿵쾅거리는 소리가 나서 보니 폴리페모스가 나뭇짐을 지고 들어오고 있었다.

폴리페모스가 낯선 사람들을 보고 다그쳤다.

"너희는 누구냐? 누가 마음대로 내 굴에 들어와서 음식을 먹으라고 했어!"

폴리페모스는 지게를 내려놓고는 새파랗게 질린 일행에게 다가와 두 사람을 잡아먹었다. 그리고 배가 부르자 동굴 입구를 바위로 막고 금세 잠이 들었다. 오디세우스는 벌떡 일어나서 깊이 잠든 괴물의 머리 쪽으로 달려가 그대로 짓밟으려다 멈추었다. 그러고는 어이없어 하는 부하들에게 조용히 말했다.

"마음 같아서는 괴물의 대가리를 부숴버리고 싶다. 하지만 그러면 누가 저 커다란 바위를 치워주겠느냐? 힘만 세고 머리가 빈 괴물을 우리의 애완견으로 이용하고 죽여야지."

오디세우스의 비장감 넘치는 유머에 부하들도 여유를 찾고 괴물을 보며 웃었다. 오디세우스도 그 말을 하며 비장감 넘치는 허탈한 웃음을 지었다.

어떻게 이런 극한 상황에서 웃음이 나올 수 있을까? 물론 좋아서 웃는 것이 아니라 감당할 수준을 넘어선 상황에서 어이없어 하며 웃는 것이다. 그렇게 해야 잠시 여유를 찾고 전체를 보며 대응할 수 있다. 만약 걷잡을 수 없이 이성을 상실하면 시야가 좁아져 돌이킬 수 없는 상황을 초래하고 만다. 그것이 분노조절장애다. 자기 기분 외에 타인과 상황을 바라볼 여유가 전혀 없는 것이다. 따라서 객관성 없는 행동을 반복하는 악순환 속에 빠진다.

아무리 힘들고 화가 치밀어도 의식적으로 억제할 수 있어야 더 좋은 기회를 만날 수 있다. 그래서 니체는 유머를 감정의 기원이라고 보았다. 분노의 상황을 웃음으로 승화하는 것이 유머다. 세상이 아무리 힘들어도 인간이니까 웃는다. 상황이 좋아야만 웃는 것이 아니고 상황이 안 좋기 때문에 극복하려고 웃는 것이다. 이것이 비장감에서 오는 웃음의 역설이다. 부조리한 인생의 유일한 피난처가 웃음 속에 있다.

만성화된 부정적 감정은 결코 유머를 즐길 수 없다. 부정적 방어체계가 활성화될 때 나타나는 사회공포증 때문에 비장할수록 더욱 불안하기 때문이다. 누가 비장한 가운데서도 웃을 수 있을까? 모험가처럼 위기가 와도 불굴의 의지로 도전해서 해낼 수 있다는 긍정적인 마인드를 가진 사람이다. 이들은 인간을 '이미already와 아직not yet' 사이의 존재로 본다. 그래서 위기를 만나도 충분히 해결해 이미 성취한 업적처럼 만들 수 있다고 믿는다.

억제와 억압은 차이가 있다. 억제가 분노 대신 유머 등의 출구를 통해 여유를 찾는 건강한 방어기제라면 억압은 내면의 충동, 감정, 소원 등의 욕구를 무조건 억누르는 신경증적 방어기제다. 이처럼 승화되지 못한 억압은 정신적 부담을 가중시킨다.

절체절명의 상황에서도 오디세우스는 여유를 찾고 극복 방안을 마련했다. 다음 날 아침, 폴리페모스는 또 두 사람을 잡아먹었다. 그러고 나서 입구를 열고 양떼를 몰고 나가더니 다시 입구를 막아놓았다.

동굴에 갇힌 오디세우스 일행은 거인이 지팡이로 쓰려고 베어온 통나무 끝을 뾰쪽하게 깎았다. 그날 오후 늦게 폴리페모스가 술에 취해 들어왔다. 그는 양떼를 한쪽에 몰아넣고 젖을 짰다. 그런 다음 또 두 사람을 끄집어내서 머리를 박살내고 우유에 적셔 먹었다.

식사를 마친 폴리페모스가 오디세우스에게 손짓을 했다.

"너 이리 가까이 와봐. 보아하니 네가 대장 같은데, 이름이 뭐냐?"

"내 이름은 우티스Outis다."

"으하하하! 세상에 그런 이름도 다 있구나."

'우티스'는 '아무것도 아닌 존재'라는 뜻이다. 오디세우스는 지금 자신의 입장을 잘 알고 있다. 무자비한 폭력에 부하가 죽어 나가도 당장 대응해서는 안 된다는 것을. 섣불리 저항해봤자 소멸될 수밖에 없기에 지금은 자신이 아무것도 아닌 것처럼 인내하며 천재일우의 기회를 노려야 했다.

하지만 폴리페모스는 오디세우스의 인내를 굴종으로 해석했다. 오디세우스가 무릎까지 꿇고 트로이에서 가져온 고급 술 한 통을 올렸다.

<폴리페모스>, 줄리오 로마노(Giulio Romano), 1526~1528.

폴리페모스는 기뻐하며 술통의 술을 단숨에 비웠다.

"넌 참 겸손하구나. 내 맘에 쏙 들었어. 너를 맨 마지막에 잡아먹어주지."

그렇게 말하고는 금방 쓰러져 잠이 들었다. 그 순간 오디세우스가 나지막이 외쳤다.

"에고 에이미Εγώ είμι'."

이 말은 '나는 나 스스로 존재하는 자'라는 뜻이다. 이 말을 신호로 부하들이 뾰족하게 깎아둔 통나무를 들고 가서 끝을 장작불 속에 넣었다. 그런 다음 빨갛게 달구어진 통나무 끝으로 거인의 외눈을 깊이 찔렀다.

거인의 무서운 비명소리가 동굴 밖까지 흘러나가 주변 동굴에 살던 키클롭스들이 달려왔다.

"폴리페모스, 무슨 일이야?"

"친구들아, 나 죽을 것 같다. 우티스가 나를 찔렀어."

그 말에 키클롭스들은 배꼽을 잡으며 웃었다.

"야, 농담이 너무 지나치다. 세상에 없는 자가 너를 찔렀다니……. 그렇다면 제우스가 한 짓이니 참아야 해."

키클롭스들이 낄낄거리며 사라지자 오디세우스가 폴리페모스에게 말했다.

"너는 참 교만하다. 세상에 아무것도 아닌 존재는 없는 거야."

오디세우스의 처절하고 치밀한 복수였다. 저항할 수 없는 폭력 앞에서 침착하게 반전의 기회를 창출한 것이다.

폴리페모스가 악에 받쳐서 소리쳤다.

"내가 이렇게 되었다고 네놈들이 동굴 밖으로 나갈 수 있을 것 같으냐? 어림없다!"

다음 날 아침, 맹인이 된 폴리페모스가 양떼를 몰고 나가려고 동굴 입구의 바위를 치웠다. 그러고는 동굴 입구에 버티고 서서 오디세우스 일행이 빠져나가지 못하게 밖으로 나오는 양의 머리를 만지며 일일이 확인했다. 하지만 오디세우스와 부하들은 양의 아랫배에 매달려 무사히 빠져나갈 수 있었다.

동굴을 빠져나와 급히 배에 탄 뒤 오디세우스가 섬에 대고 소리쳤다.

"폴리페모스, 내가 네놈을 맹인으로 만들었다. 기억해라. 내 이름은 오디세우스다."

폴리페모스는 깜짝 놀라 소리가 나는 곳을 향해 포효하더니 산등성이의 거대한 바위를 뽑아 계속 집어던졌다. 바위가 바다로 쏟아졌고, 오디세우스 일행은 이를 피하기 위해 열심히 노를 저었다. 바위가 얼마나 많이 날아들었던지 해일이 일어 배가 전복될 뻔했다.

오디세우스가 눈을 멀게 한 폴리페모스는 포세이돈의 아들이었다. 이 때문에 포세이돈은 광분해서 오디세우스 일행을 제거하려고 했다. 거센

<외눈거인 폴리페모스>,
안니발레 카라치(Annibale Carracci), 1595~1605.

폭풍우와 파도가 배를 낙엽처럼 흔들었지만, 오디세우스 일행은 이를 견뎌내며 아이올리스 섬에 정박했다. 이 섬의 아이올로스는 시시포스의 아버지이자 바람의 지배자였다. 그는 오디세우스가 포세이돈의 박해를 잘 이겨내고 있다며 후하게 대접해주었다. 그리고 떠날 때 고무풍선 같은 주머니 하나를 주었다.

"주머니 안에 바다에 부는 역풍을 모두 넣어놓았으니 결코 열지 말게."

그러고는 순풍을 보내 항해를 할 수 있게 해주었다. 그대로라면 금세 고향에 닿을 것만 같았다. 오디세우스는 오랜만에 마음을 놓고 깊은 잠에 빠져들었다. 손에는 주머니를 꼭 쥐고 있었다. 이때 안에 뭐가 들어 있는지 궁금했던 부하들이 주머니를 살짝 열었다. 그러자 역풍이 몰아치기 시작했고, 배는 다시 아이올리스 섬으로 돌아갔다. 아이올로스는 어리석은 자들이라고 꾸짖으며 바람 주머니를 회수했고, 오디세우스 일행은 이제 전과 마찬가지로 온갖 역풍에 맞서 노를 저어야만 했다.

포세이돈이 고소해하며 거친 풍랑을 일으켜 오디세우스 일행의 배를 거인 식인종 라이스트리곤이 사는 항구로 몰아갔다. 배가 정박하자 식인종들이 몰려와 닥치는 대로 배를 부수고 부하들을 잡아먹었다. 오디세우스는 자신이 타고 있는 배만 겨우 지켰을 뿐 도망치는 것 외에는 달리 방법이 없었다.

다시 새로운 세계를 향하여

이제 오디세우스에게는 단 한 척의 배만 남았다. 식인종들에게 쫓겨 달아난 오디세우스 일행은 아이아이아 섬에 도착했다. 하지만 이전 경험으로 인해 쉽사리 닻을 내리지 못했다. 오디세우스는 에우리토스를 비롯해 부하 반만 보내서 섬을 살펴보게 하고 자신과 나머지 부하들은 배를 지키고 있었다.

한참 뒤 에우리토스가 혼자 헐레벌떡 달려왔다.

"다른 부하들은 어떻게 하고 혼자 왔느냐?"

"섬을 둘러보다가 중앙지대의 궁전을 발견하고 여왕 키르케의 초대를 받았습니다. 그런데 키르케가 따라준 술을 마신 뒤 키르케가 지팡이를 대자 부하들이 개, 돼지로 변했습니다. 저만 도망쳐 나왔습니다."

"오, 요술로 사람을 짐승으로 변하게 하는 마녀다."

오디세우스는 배에서 급히 뛰어내려 키르케의 궁전으로 향했다. 도중에 한 젊은이가 나타나 헤르메스라고 신분을 밝힌 뒤 키르케의 마법을 이겨낼 약초를 주었고, 오디세우스는 그 약초를 먹고 궁전으로 갔다. 늑대와 사자가 궁전을 지키고 있었고, 키르케가 나와서 환영한다고 말하며 술을 주었다. 오디세우스가 술을 마시자 키르케는 마법의 지팡이로 머리를 쳤다.

"너도 돼지로 변해 네 부하들과 함께 뒹굴어라."

그런데 처음으로 마법이 통하지 않자 키르케는 당황해서 지팡이만 휘둘러댔다. 그때 오디세우스가 칼을 뽑아 그녀의 목을 누르고 말했다.

"내 부하들을 원래 모습대로 돌려놓아라."

그렇게 해서 돼지가 되었던 부하들은 다시 사람으로 돌아왔다. 키르케는 자신을 압도한 오디세우스에게 반해 정성스럽게 대접했고, 오디세우스도 키르케와 즐거운 시간을 보냈다. 둘 사이에서는 아들 텔레고노스가 태어났다.

1년쯤 지나자 오디세우스는 더 이상 향수를 떨치지 못하고 키르케에게 말했다.

"그동안 잘 대해주어 고마웠소. 하지만 이곳은 고향으로 가는 길에 잠깐 머물다 가는 곳이오. 부디 이해해주시오."

키르케도 더 이상 오디세우스를 붙잡아둘 수 없다는 것을 알았다. 하지만 보낼 때 보내더라도 자기가 한때 사랑한 사람이 진정한 영웅이기를 바라는 마음으로 조건을 내걸었다.

"먼저 하데스의 지옥에 다녀오세요. 그러면 당신을 도와줄게요."

그리스신화의 영웅들은 지옥을 극복해야 했다. 헤라클레스, 테세우스 등이 통과의례처럼 하데스를 경험하고 진정한 영웅으로 부활했다. 오디세우스도 하데스가 두려웠지만 다녀올 수밖에 없다는 것을 잘 알았다.

그는 지옥을 찾아가 돌아가신 어머니와 전사한 동료들을 만나고 무사히 돌아왔다. 약속대로 키르케는 오디세우스의 출항을 도와주었고, 바다의 요정 세이렌들의 섬을 통과하는 방법도 알려주었다.

<오디세우스를 유혹하는 키르케>, 안젤리카 카우프만(Angelica Kauffmann), 1786.

세이렌들이 노래하는 섬 주위에는 암초와 여울목이 많았다. 선원들은 세이렌들의 노래에 매혹당해 자신도 모르게 바다에 뛰어들었고 배는 좌초당했다. 오디세우스는 키르케의 조언대로 부하들에게 자신을 돛대에 단단히 묶게 했다.

"세이렌의 협곡을 완전히 지날 때까지 내가 어떤 명령을 내려도 나를 풀어주어서는 안 된다. 너희도 모두 귀를 밀랍으로 단단히 막아라."

과연 세이렌의 노래는 너무 황홀하고 강력해서 배마저 그 노래에 춤을 추는 것 같았다.

"자, 이리 오세요. 여기 배를 대고 우리 노래를 들어봐요. 우리는 알고 있죠, 아르고 탐험대와 트로이 원정대의 이야기와 저 광활한 대지에서 벌어진 모든 일을. 어서 이리 와요. 조용히 귀를 기울여봐요."

<오디세우스와 세이렌>, 존 윌리엄 워터하우스(John William Waterhouse), 1891.

그러자 오디세우스가 더 이상 참지 못하고 소리쳤다.

"이 밧줄을 풀어라. 세이렌의 섬에 내려 노래에 취하고 싶다."

부하들이 거절하자 오디세우스는 애원을 했다.

"내가 언제 너희를 실망시킨 적이 있느냐. 마지막으로 부탁한다. 나를 풀어다오!"

그럴수록 부하들은 오디세우스를 묶은 밧줄을 더욱 단단히 죄었다. 그렇게 해서 세이렌의 해역을 간신히 통과했지만, 이번에는 메시나 해협에서 바다의 괴물 스킬라와 카리브디스를 만났다. 스킬라는 본래 미녀였는데 키르케가 하반신만 여인으로 남기고 상반신은 6개의 뱀 머리로 변신시킨 뒤 바다 옆 절벽 위의 동굴에 살고 있었다. 또한 카리브디스는 가이아의 딸인데 엄청난 대식가여서 닥치는 대로 먹어치웠다. 그로 인해 지구 생태까지 위태롭게 되자 제우스는 그녀에게 번개를 쳐서 메시나 해협에 쑤셔 넣었다. 그 후 두 괴물은 가끔 힘을 합쳐 선원들을 잡아먹었다.

오디세우스 일행이 나타나자 카리브디스는 바닷물을 한껏 들이마셨다가 뿜어냈다. 소용돌이가 일자 바닷물에 빠지지 않으려고 온통 바다에 주의를 집중할 때, 뒤쪽 동굴 속에서 스킬라가 긴 목을 빼서 여섯 사람을 날름 잡아갔다. 오디세우스는 부하들의 비명을 듣고도 달리 손쓸 방법이 없었다. 이것은 오디세우스의 일생에서 가장 슬픈 사건이었다.

이후 남은 일행은 트리나키아 섬에 상륙했다. 양떼와 소떼가 한가로이 풀을 뜯고 있었다. 오디세우스가 부하들에게 주의를 주었다.

"태양신 헬리오스의 목축이니 절대 손대지 마라."

하지만 식량도 없는 배 안에서 며칠이나 굶은 부하들은 허기를 견디지 못했다. 그들은 오디세우스가 물고기를 잡으러 간 사이에 얼른 살찐 소를 한 마리 잡아먹었다. 그러자 먹구름이 하늘을 덮더니 한 척뿐인 배에 번개가 쳐서 불탔고, 부하들도 벼락을 맞아 모두 죽고 말았다.

이제 오디세우스는 혼자가 되었다. 그는 뗏목을 만들어 헤엄치듯 다시 항해를 시작했다. 포세이돈이 또다시 강풍을 보내 방해하는 바람에 9일 동안 표류한 끝에 전설의 섬 오기기아에 불시착했다. 그는 의식을 잃고 바닷가에 쓰러졌다.

다행히 바다의 요정 칼립소가 오디세우스를 발견해 정성껏 보살폈다. 그녀의 집은 포도넝쿨이 덮고 있는 석굴이었다. 석굴 입구에는 세 개의 맑은 샘물이 있고, 앞에는 온갖 꽃이 만발한 목장이 있었다.

<오디세우스와 칼립소>, 아르놀트 뵈클린(Arnold Böcklin), 1883, 바젤 미술관.

칼립소는 어느덧 오디세우스와 정이 들어 간절히 애원했다.

"오디세우스, 이렇게 아름다운 석굴에서 단둘이 살아요. 나와 살면 영생할 수 있어요."

그래서 오디세우스는 7년 동안 오기기아에서 머물게 된다. 하지만 눈을 뜨면 사랑스러운 칼립소가 있고, 눈을 감으면 고향의 아내와 자식이 떠올라 안쓰러워하며 번민의 나날을 보내야 했다.

이를 딱하게 여긴 아테나가 제우스에게 요구했다.

"오디세우스를 고향으로 돌아가게 해주세요."

그래서 제우스는 헤르메스를 칼립소에게 보내 오디세우스를 보내줄 것을 명령했다. 칼립소는 몹시 서운했지만 명령을 거역할 수 없어 직접 뗏목을 만들어주었다. 칼립소의 도움으로 오디세우스는 다시 귀향길에 올랐지만, 이번에도 포세이돈이 심술을 부려 그만 돛대가 부러지고 뗏목마저 부서지고 말았다.

그때 칼립소가 보낸 요정이 까마귀의 모습으로 나타나 띠를 던져주었다.

"얼른 이 띠를 가슴에 두르세요."

그 덕분에 오디세우스는 파도를 타고 고향 이타케의 이웃 섬인 스케리아에까지 갈 수 있었다. 지칠 대로 지쳐 벌거벗은 채로 잠들었는데, 어디선가 처녀들이 깔깔대며 수다를 떠는 소리가 들렸다. 그 소리에 일어나보니 언덕 아래에서 처녀들이 빨래를 하고 있었다. 낯선 남자가 나타나자 모두 놀라서 도망친 가운데 스케리아 왕 알키노오스의 딸 나우시카만이 혼자 남아 오디세우스의 망측한 꼴과 대면했다.

<오디세우스와 나우시카>, 요아힘 폰 산드라르트(Joachim von Sandrart), 1630년경.

오디세우스의 사정을 들은 나우시카 공주는 의복과 음식을 주고 왕에게 데려갔다. 알키노오스는 오디세우스가 트로이의 영웅이라는 것을 알고 감격하며 그날 저녁에 배를 내주었다.

오디세우스는 그 배를 타고 다음 날 새벽 마침내 이타케 섬에 다다랐다. 선원들은 자고 있는 오디세우스를 조용히 모래사장에 내려놓았다. 그는 해가 떠오를 때쯤 잠에서 깼는데, 20년 만에 돌아온 고향이 낯설어 그대로 누운 채 지난 세월을 반추했다. 키콘족, 외눈박이 거인 키클롭스, 세이렌, 바다의 괴물 스킬라와 카리브디스 등을 만나 이겨냈다. 그리고 포세이돈의 방해로 온갖 조난과 표류, 파선을 이겨냈다.

그런 가운데 자신과 사랑을 나누었던 칼립소, 키르케 등이 흘러가는 구름 사이에서 웃고 있는 환영도 떠올랐다. 오디세우스는 벌떡 일어나 바다를 바라보았다. 그리고 10년 전 트로이 전쟁을 마무리하고 성루에 올라 외쳤던 말을 다시 외쳤다.

"바다의 신 포세이돈, 내가 널 이겼다. 내가 10년 전에 말했지? 넌 내 앞에서 한갓 물거품에 불과하다고. 지옥에도 다녀온 나를 어떤 신이 이길 수 있겠느냐!"

그러고는 통쾌하게 웃었다. 바다의 신 포세이돈도 더 이상 어쩔 도리가 없어 파도조차 치지 못했다.

오디세우스는 앞이 안 보이는 두려움 속에서도 용기라는 새로운 길을 만들며 나아갔다. 두려움, 용기 등의 감정은 어떻게 생기는가. 미국 기능심리학의 개척자인 윌리엄 제임스는 "사람이 곰을 보고 두려워서 도망가는 것이 아니라 도망가기 때문에 두려워진다"고 했다. 감정이 행동을 지배하게 하지 말고 행동으로 감정을 지배하라는 것이다. 기뻐서 웃는 경우도 있지만 웃기 때문에 즐거워지기도 한다. 오디세우스는 행동으로 자신의 감정을 지배해 20년의 역경을 이겨냈다.

한편, 20년 동안이나 남편의 생사도 모른 채 페넬로페는 어떻게 지냈을까?

트로이 원정대가 귀환할 때 오디세우스의 모습이 보이지 않자 수많은 구혼자가 페넬로페에게 몰려들었다. 그들은 오디세우스가 죽었으니 결혼해달라고 페넬로페를 끈질기게 괴롭혔다. 이들에게 시달리다 못해 페넬로페가 꾀를 냈다.

"지금 시아버지 라에르테스의 수의를 짜는 중입니다. 이 일이 끝나면 한 사람을 선택하겠습니다."

<페넬로페와 구혼자들>, 존 윌리엄 워터하우스(John William Waterhouse), 1912, 애버딘 미술관.

그러고는 낮에는 열심히 베를 짜고 밤이 되면 몰래 풀어놓았다.

3년이 지나도록 수의가 완성되지 않자 이상히 여긴 구혼자들이 염탐을 해서 결국 들통이 나고 말았다. 그러자 화가 난 구혼자들이 쳐들어와서 왕궁을 점거했는데, 이 긴박한 상황에 오디세우스가 도착한 것이다.

그러한 상황을 알게 된 오디세우스는 키클롭스의 동굴을 떠올리며 다시 아무것도 아닌 '우티스'로 돌아가기로 했다. 국내 정세가 어찌 변했는지 모르니 아무도 알지 못하는 거지꼴로 일단 정세를 살펴보려고 한 것이다.

오디세우스는 거지 행색으로 충복이었던 돼지치기 에우마이오스의 오두막을 찾았다. 오두막을 지키던 사냥개들이 마구 짖으며 덤벼들려고 할 때 에우마이오스가 나왔다. 오디세우스가 신분을 밝히자 그는 무릎을 꿇고 말했다.

"왕자님, 어찌 이리 초라해지셨습니까?"

그러면서 궁정의 일을 소상히 알렸다. 그 이야기를 듣고 오디세우스가 한탄하고 있는데, 한 청년이 나타났다. 에우마이오스가 울먹이며 청년을 소개했다.

"왕자님, 이분이 왕자님의 아들 텔레마코스입니다."

"정말인가? 오, 그러고 보니……."

오디세우스는 청년의 얼굴을 찬찬히 뜯어보며 20년 전 아이의 얼굴을 떠올렸다. 그는 아이가 막 태어날 때 고향을 떠났고, 텔레마코스는 그 아버지를 찾아 스파르타까지 갔다가 이 오두막에까지 온 것이다.

오디세우스는 아들에게 아직 자신의 귀향을 알리지 말라고 일렀다.

그러고는 더 추한 거지로 분장해서 왕궁으로 갔다. 아무도, 페넬로페조차도 그를 알아보지 못했다. 간혹 구혼자들만 호기심을 드러내며 누구냐고 물었을 뿐이다. 오디세우스는 그럴 때마다 "내 이름은 우티스"라고 짧게 대꾸했다. 그런데 그때 오디세우스를 반가워하는 소리가 들렸다. 아주 오래전 오디세우스가 데리고 다니던 사냥개 아르고스였다. 아르고스는 늙어서 털이 다 빠진 상태로 앉아 있다가 오디세우스를 보고는 간신히 꼬리를 흔들며 반가워했다.

그날도 구혼자들은 페넬로페를 거짓말쟁이라고 성토하면서 윽박질렀다.

"더는 참지 않고 우리가 배우자를 결정할 테니 무조건 따르시오."

더 이상 핑계를 대기 어려워진 페넬로페는 결국 다음 날 활쏘기 대회로 결정하겠다고 말했다. 다음 날, 페넬로페는 구혼자들 앞에 오디세우스가 출정하기 전 사용한 강궁强弓과 화살을 내놓았다.

"저 앞에 일렬로 세운 열두 개의 고리가 표적입니다. 이 활과 화살로 열두 고리를 단번에 관통한 사람과 결혼하겠습니다."

구혼자들이 차례로 나와 강궁을 구부리려 했지만 아무도 성공하지 못했다. 그때 거지 차림의 오디세우스가 나섰다.

"지금은 거지입니다만 저도 한때는 무사였습니다."

그가 나서자 구혼자들은 아우성을 쳤다.

"저 무례한 놈을 당장 쫓아내라!"

그때 텔레마코스가 나서서 변호를 했다.

"지나가는 과객에게 잘 대접하는 것이 우리의 풍속입니다. 기회를 한

<페넬로페의 구혼자들을 죽이는 오디세우스>, 그리스 도자기, 루브르 박물관.

번 줘야 합니다."

그러자 오디세우스가 강궁을 들더니 가볍게 구부리고 활시위를 멨다. 모두가 놀라는 가운데 화살이 힘차게 날아가 열두 개의 고리를 꿰뚫었다. 그 순간, 오디세우스가 외쳤다.

"내가 오디세우스다! 이제 페넬로페를 무고하게 괴롭힌 놈들이 표적이다."

먼저 페넬로페를 가장 심하게 괴롭힌 구혼자의 심장에 화살이 꽂혔다. 오디세우스는 계속 화살을 날려 구혼자들을 제거했다. 존재감을 드러내지 않고 아무것도 아닌 자처럼 행세하던 오디세우스가 마침내 정체를 드러내고 왕국을 되찾은 것이다.

오디세우스는 왕으로서의 삶에 만족했을까? 그는 페넬로페와 사이 좋게 늙어가며 나란히 앉아 하릴없이 화롯불을 뒤적였다. 그때 이렇게 적막한 삶은 야만인에게나 어울린다는 생각이 스쳐갔다.

결국 오디세우스는 얼마 남지 않은 생을 정적에서 구하기 위해 다시 모험을 찾아 떠난다. 아들 텔레마코스에게 왕좌를 넘겨주고 별들이 목욕하는 서쪽 하늘을 향해 떠나는 그 모습을 영국 시인 앨프레드 테니슨은 '율리시스'에서 이렇게 노래했다.

> 친구들이여, 다시 새로운 세계를 찾자.
>
> 아직 늦지 않았다.
>
> 배를 밀어 노를 젓자.
>
> 출렁이는 물살을 가르며 해지는 서쪽 하늘 별들이 목욕하는 그곳보다 더 먼 곳으로 가자.
>
> 살아 있는 한 노를 저어라. 파도가 우리를 삼킬지 모르지만.
>
> 혹시 낙원에 이르러 우리의 위대한 옛 친구 아킬레우스도 만나게 되리니.